TRUMPISMO Y RECONFIGURACIÓN GLOBAL
El tortuoso camino hacia un nuevo orden mundial

José Antonio Gurpegui Palacios

BIBLIOTECA BENJAMIN FRANKLIN

Para J.I.G., J.A.G. y A.V.

ÍNDICE

INTRODUCCIÓN

INTRODUCCIÓN   *TEAR DOWN THIS WALL*

"Mr. Gorbachev, tear down this wall!" ("¡Señor Gorbachov, derribe este muro!"), exigía el presidente Ronald Reagan un 12 de junio de 1987, frente a la Puerta de Brandeburgo en Berlín, en referencia al muro que dividía la ciudad desde el verano de 1961. Su alocución tuvo tanta repercusión como aquella "Ich bin ein Berliner!" ("¡Yo soy berlinés!"), pronunciada 24 años antes (1963) por el presidente John F. Kennedy desde el balcón del ayuntamiento del distrito de Schöneberg, también en Berlín.

Ambas alocuciones forman parte del imaginario colectivo del mundo libre occidental. La de Kennedy puede enmarcarse dentro de la retórica política habitual en ese tipo de proclamas, máxime dentro de la singularidad que suponía encontrarse en una ciudad dividida. En el caso de Ronald Reagan, se trataba de una exigencia directa, un desafío lanzado al corazón del sistema soviético y, al mismo tiempo, una declaración de principios, confrontado el espíritu democrático del liberalismo occidental frente al modelo absolutista del comunismo soviético. Tan solo dos años después, el 9 de noviembre de 1989, el vergonzante muro era derribado, pasando a convertirse en una de las imágenes icónicas en la historia europea del siglo XX.

Se considera tal acontecimiento como el fin de la Guerra Fría, librada entre el bloque oriental, liderado por la URSS, y el bloque occidental, capitaneado por Estados Unidos, desde prácticamente el final de la II Guerra Mundial. Para muchos también escenificaba el fracaso del modelo socialista y la incuestionable victoria del liberalismo que, con Ronald Reagan en Estados Unidos y Margaret Thatcher en el Reino Unido alcanzó su máxima expresión. Para entender en su justa medida el peso histórico de tal acontecimiento resulta conveniente retrotraernos varias décadas y analizar cómo se configuró el orden bipolar tras la Segunda Guerra Mundial. Fue en el contexto posbélico donde se sentaron las bases de un nuevo modelo social y económico que, además de finiquitar al anterior, moldeó la geopolítica internacional de forma distinta a como había venido siendo durante el siglo XIX.

La Primera Guerra Mundial marcó un antes y un después en la historia del mundo más allá de que intelectualmente la contienda supusiera la pérdida de la inocencia para la humanidad. Lo mismo que distintas revoluciones a finales del siglo XVIII sustituyeron el orden monárquico por uno de corte imperialista, la Gran Guerra puso fin a ese modelo de gobernanza mundial que medía el poder de las naciones en función de la extensión de sus territorios y la capacidad de sus colonias para proveer recursos naturales. Sin embargo, en ese momento histórico la devastada y desangrada Europa no disponía de una indiscutible alternativa político-económica sustitutoria al sistema imperialista. Al teórico marxista Antonio Gramsci se le atribuye la frase "El viejo mundo se muere, el nuevo tarda en aparecer y en ese claro-oscuro es cuando aparecen los monstruos" (1930). Bertolt Brecht destacaba en "Loa a la dialéctica" (1932) las bondades del marxismo-leninismo, triunfante en Rusia tras la Revolución de 1917, como referente para el nuevo orden social y las potencialidades sociales que ofrecía el marxismo-leninismo: "Lo firme no es firme / todo no seguirá igual / Cuando hayan hablado los que dominan, / hablarán los dominados". El comunismo se postulaba como alternativa social al liberalismo lockeano estadounidense, que en Europa adquiriría tintes socialdemócratas al combinar libertades políticas con derechos sociales. El autoritarismo comunista se contrarrestó con la tercera de las tendencias que conformarían el período, el fascismo italiano con la derivación supremacista del nazismo alemán abiertamente racista y expansionista.

La Segunda Guerra Mundial estalló debido a las tensiones entre los modelos liberales, comunistas y fascista. Su resolución significó establecer el nuevo orden social que estructuraría el mundo, habiendo sido finiquitado el modelo imperialista tras la Gran Guerra. Con el sonido de las armas de fondo, W. Churchill y F.D. Roosevelt suscribieron en 1941 la Carta del Atlántico sellando una alianza de posguerra, aunque los Estados Unidos todavía no habían sido atacados en Pearl Harbor. El documento antecedía lo que se acordaría en las conferencias de Yalta y Potsdam, en las postrimerías de la contienda cuando la derrota definitiva del fascismo/nazismo era cuestión de días, donde surgió un nuevo ordenamiento geopolítico bipolar en torno a los Estados Unidos y la URSS. Cada uno de los bloques estructuraría su modelo social de acuerdo a los principios ideológicos que representaban el capitalismo y comunismo respectivamente.

Finalizada la guerra, los aliados diseñaron un nuevo paradigma económico para el mundo en los Acuerdos de Bretton Woods de 1944, estableciendo los fundamentos estructurales de la economía capitalista. Se acordaron las nuevas normas en las relaciones comerciales y financieras entre los países occidentales y se crearon instituciones que aún hoy siguen marcando el rumbo económico internacional, como el Fondo Monetario Internacional y el Banco Mundial (originalmente Banco Internacional para la Reconstrucción y el Desarrollo). Además, el dólar estadounidense se convirtió en la moneda de referencia en el sistema internacional de cambio de forma que, adoptando el patrón oro-divisas, se garantizara la estabilidad monetaria como primer paso para favorecer las relaciones comerciales internacionales. Se trataba de diseñar una arquitectura financiera pensada para evitar el caos tras la Primera

Guerra Mundial y que, además, consolidó la hegemonía estadounidense. Entre los 44 países participantes estaba China, que se retiraría 5 años más tarde; también la Unión Soviética y sus países satélite, que no llegaron a suscribir los acuerdos.

Consecuencia directa de Bretton Woods sería el Plan Marshall de 1947. El gobierno estadounidense dedicó ingentes cantidades de dinero para ayudar a la reconstrucción de la arruinada Europa —también se ofreció a los países de la órbita soviética que rechazaron participar—. Las ayudas se vendieron como un gesto de solidaridad estadounidense, pero sus intereses distaban mucho del altruismo. Tras la guerra, la penosa situación en la que quedaron muchas naciones, en particular Grecia, era el caldo de cultivo propicio para el avance del marxismo, y ayudar a la reconstrucción era una forma de castrar el afán expansionista comunista; además, se abrían nuevos mercados a los que Estados Unidos podría exportar su estocaje de productos industriales almacenados por falta de liquidez en las naciones importadoras. El plan fue, en definitiva, la herramienta decisiva para consolidar el liderazgo mundial de los Estados Unidos sobre el principio de que el modelo capitalista conducía a la prosperidad y el comunista a la ruina y la miseria.

La crisis económica a comienzo de los setenta fue especialmente severa con los Estados Unidos y el presidente Nixon decidió tomar una serie de medidas —el "Nixon Shock"— para revertir la situación. Devaluó el dólar y canceló la convertibilidad dólar-oro, lo que supuso la retirada estadounidense de los Acuerdos de Bretton Woods. Sin embargo, la estructura del modelo económico establecido en aquellos acuerdos ha llegado hasta el siglo XXI.

En el bloque soviético no se planteó originalmente tipo alguno de estructura económica más allá del universalismo proletario apuntado en los postulados marxistas-leninistas, pero sí respondió al movimiento estadounidense del Plan Marshall creando en enero de 1949 el Consejo de Asistencia Económica Mutua, popularmente conocido como COMECON. Agrupó a países tan distintos y distantes como Mongolia y Cuba o Vietnam y la República Democrática Alemana (RDA). Se trataba de establecer un modelo de cooperación económica, con la URSS como centro de gravedad, que sería la alternativa comunista al Plan Marshall —y posteriormente a la Comunidad Económica Europea—, favoreciendo las relaciones comerciales para contrarrestar los organismos económicos de corte capitalista. Su modelo productivo estructurado en torno al Comité Estatal de Planificación (*Gosplán*) distaba años luz del libre mercado propio del liberalismo occidental, pues se trataba de una economía planificada desde Moscú donde se establecían las iniciativas de comercio. Fundamentalmente era un modelo económico intervenido por el Estado, con cuotas de producción por sectores previamente establecidos en zonas determinadas, y control de precios fijados *a priori*. Su momento de mayor esplendor fue durante la década de los setenta, cuando representaba el 10% del tráfico mundial de mercancías. Al disolverse en junio de 1991, el porcentaje había descendido al 7%.

La singularidad de un Berlín divido e incrustado en la República Democrática Alemana propició el bloqueo de la ciudad impuesto por Stalin en 1948. Pretendía con esta medida anexionar toda la ciudad y presionar a las potencias aliadas —Estados Unidos, Francia y Reino Unido— ante la previsible unificación de sus zonas de ocupación en Alemania. Un año antes, en marzo de 1947, el presidente estadounidense Truman había lanzado al mundo su propuesta política de acuerdo al principio de que "cada nación debe elegir entre dos formas de vidas alternativas: régimen democrático o terror comunista". La Doctrina Truman, como vino en denominarse, exponía de forma inequívoca las esferas de poder surgidas tras la guerra.

El bloqueo, infructuoso al establecerse un corredor de aprovisionamiento aéreo, se levantó un año más tarde, pero quedó patente que resultaba necesaria una organización de carácter bélico que diera respuesta a la amenaza expansionista comunista. En 1949 se creó la Organización del Tratado del Atlántico Norte (OTAN). La nueva alianza militar propició un acercamiento entre la URSS y China que se sustanció un año más tarde (1950), cuando Stalin y Mao firmaron el Tratado de Amistad, Alianza y Asistencia Mutua. En cualquier caso, la OTAN nació con el objetivo prioritario de enfrentar y detener cualquier avance soviético sobre Europa Occidental. También el bloque comunista temía un eventual ataque de los países occidentales, máxime tras el rearme en la República Federal de Alemania (RFA) como consecuencia de la creación de la OTAN. La respuesta soviética, con Stalin ya muerto, se sustanció en el Pacto de Varsovia de 1955. El planeta quedaba así dividido en dos bloques irreconciliables con vocación de intervenir militarmente en cualquier otra nación del mundo para incrementar su área de influencia política.

Nos encontramos en plena Guerra Fría, sin enfrentamiento directo entre las dos superpotencias pero con innumerables escenarios secundarios, donde los contendientes respondían a los intereses de los dos bloques en conflicto. Las guerras *proxy*, como se denominan este tipo de enfrentamientos, incluyen las de Corea, en los años cincuenta, y posteriormente Vietnam; en ambos casos se ponía de manifiesto la realidad de un nuevo orden mundial bipolar en torno a Rusia y Estados Unidos. La lógica siempre era la misma: frenar al adversario e impedir que un bloque ganara demasiado terreno en detrimento del contrario. En América Latina, la Revolución Cubana de 1959 marcó un punto de inflexión al convertirse en la primera nación comunista del continente y en referente para los movimientos insurgentes de Hispanoamérica.

El ámbito de la confrontación entre ambos bloques iba mucho más allá del escenario bélico, pues también fue una confrontación cultural, ideológica y propagandística. Estados Unidos difundía su modelo a través de Hollywood, la música, el consumo y la idea de la libertad individual. La Unión Soviética contrarrestaba con la exaltación del proletariado, el sacrificio colectivo y la igualdad social. Ese fue el marco que definiría la geopolítica mundial durante la segunda mitad del siglo XX. Se trataba de dos modelos económicos y políticos antagónicos: el capitalista, estructurado en torno a los Acuerdos de Bretton Woods (1944) en la esfera económica y la OTAN (1949) en defensa; y el comunista, con el COMECON (1949) y Pacto de Varsovia (1955) como alternativas económicas y de defensa respectivamente.

Durante la década de 1970 las propuestas marxistas alcanzaron su momento de máximo esplendor. El proceso de descolonización transformó el mapa global y, en el período entre 1950 y 1980, decenas de países en África y Asia lograron su independencia. Muchos de ellos, como Angola y Mozambique en África o Camboya y Laos en Asia, optaron por alinearse con el bloque comunista. La caída del sha de Persia en 1979 y la instauración de la República Islámica desafiante hacia Estados Unidos representaron un duro golpe a la influencia occidental en Oriente Medio. En el continente americano, el modelo cubano se convirtió en un símbolo para quienes buscaban una alternativa al dominio estadounidense, y gobiernos como el de Salvador Allende en Chile (1970-73) intentaron llevar adelante proyectos socialistas dentro de sistemas democráticos. En Europa, el Mayo del 68 francés mostró la fuerza de un movimiento juvenil e intelectual que cuestionaba el capitalismo y se acercaba a postulados socialistas. Los partidos comunistas de Francia e Italia contaban con millones de simpatizantes y surgió una alternativa al modelo capitalista, bautizada como "eurocomunismo". La propuesta, que buscaba un camino propio desligado de la ortodoxia soviética pretendiendo ser una "tercera vía", fue ideada y liderada en 1977 por Santiago Carrillo en España, Georges Marchais en Francia y Enrico Berlinguer en Italia. El eurocomunismo nunca alcanzó el poder, pero supuso un desafío ideológico al modelo liberal. Al comenzar la década de los ochenta, un tercio de la población mundial vivía bajo regímenes comunistas.

Este era el panorama cuando Ronald Reagan inició su presidencia en 1981. El republicano imprimió un nuevo tono a la política exterior estadounidense. Frente al pragmatismo diplomático de sus predecesores, apostó por una estrategia de confrontación directa con la URSS. Su "Doctrina Reagan" buscaba frenar al comunismo en todos los frentes: apoyó a los movimientos anticomunistas en América Latina, financió a los muyahidines en Afganistán contra la invasión soviética, aumentó el gasto militar a niveles nunca vistos... La Iniciativa de Defensa Estratégica, conocida popularmente como "Guerra de las Galaxias", para neutralizar cualquier ataque nuclear soviético representó la expresión máxima de tal apuesta.

Reagan supo ver que las reformas iniciadas por Mijaíl Gorbachov —la *glasnost* de 1985 y la *perestroika* de 1987— no eran virtud sino necesidad. El desastre de

Chernóbil en 1986 puso de manifiesto que la pretenciosa hegemonía soviética era en realidad un decorado de cartón piedra, pues la aparente fortaleza escondía graves debilidades estructurales. Su economía se encontraba estancada al punto de resultarle insostenible, por ejemplo continuar en la carrera armamentística y además su aparato burocrático era un mastodonte inoperativo e ineficiente. La humillación que supuso la retirada de Afganistán, recién estrenado en 1989 tras 11 años de guerra, caló en la opinión pública soviética de forma similar a la pérdida de Cuba para la sociedad española a finales del siglo XIX. Aquel año finalizó con la imagen de los jóvenes berlineses intentando derribar el muro que dividía su ciudad. Gorbachov renunció a la Doctrina Brezhnev, que limitaba la soberanía de los países del bloque comunista como en la Primavera de Praga (1968), y aceptó lo que vino en denominarse Doctrina Sinatra, según la cual los países comunistas podían decidir "a su manera" sobre asuntos internos.

En el ámbito doméstico, Gorbachov intentó reestructurar la antigua URSS proponiendo una suerte de federación donde las distintas repúblicas se adscribirían voluntariamente. De las 15 repúblicas que conformaban la URSS, 9 aceptaron la propuesta y todo estaba dispuesto para la firma de un Nuevo Tratado de la Unión cuando, el 19 de agosto de 1991, la denominada "Banda de los ocho", compuesta por miembros del gobierno y la KGB, creó el Comité Estatal para el Estado de Emergencia con objeto de derribar al presidente, de vacaciones en Crimea, para recuperar el poder y reconducir al país a la ortodoxia comunista. Gorbachov resistió, y el "Golpe de Agosto" apenas duró un par de días. La intentona golpista supuso el desprestigio y rechazo social del PCUS y tan solo sirvió para precipitar el definitivo colapso de la URSS.

De los tres modelos sociales surgidos tras la Gran Guerra, la Segunda Guerra Mundial enterró el fascismo/nazismo y la tumba del comunismo comenzaron a cavarla en 1989 los mencionados jóvenes berlineses que, pico en mano, se encaramaron en lo alto del muro para derribarlo —sin olvidar al joven chino que ese mismo año detuvo una columna de carros de combate en Tiananmén—. El acta de defunción la redactó Boris Yeltsin en agosto de 1991, cuando, recién elegido primer presidente de la República Soviética de Rusia, arengaba sobre un blindado a la población para enfrentarse a los golpistas que mantenían secuestrado a Gorbachov. El epitafio fue el Acuerdo de Belavezha, firmado por Yeltsin, Shushkevich y Kravchuk, presidentes de Rusia, Bielorrusia y Ucrania, el 8 de diciembre de 1991. Cuatro días más tarde, el Soviet Supremo de la República Socialista Federativa Soviética de Rusia (RSFS) derogó el Tratado de Creación de la URSS de 1922. Dos semanas después, en la navidad católica, se arriaba en el Kremlin la bandera roja de la Unión Soviética y se izaba la tricolor de Rusia.

George Bush Sr. ocupaba el Despacho Oval en ese momento, pero fueron los principios reaganistas los que propiciaron los históricos acontecimientos, convirtiendo la democracia liberal y la economía de mercado, el tercero de los modelos en liza, en único valor universal. La referida defunción y funeral del modelo comunista suponía, al mismo tiempo, la definitiva entronación del modelo liberal. El influyente economista soviético Nikolaj Šmelev había reconocido en *El Punto de Inflexión: La Revitalización de la Economía Soviética* (1989) que la URSS necesitaba "cambiar los principios básicos de sus mecanismos económicos [y] la estructura de propiedad en nuestra economía permitiendo mayor espacio a los sectores privados y semiprivados".[1] El estadounidense Francis Fukuyama afirmaba en "¿El fin de la historia?" que los momentos históricos que se estaban viviendo marcaban "el punto final de la evolución ideológica de la humanidad y la universalización de la democracia liberal occidental", y también defendía que la democracia liberal era una suerte de "Tierra Prometida".[2]

Fuera o no tal Edén, parecía sustanciarse la utopía del puritano John Winthrop, quien a comienzos del siglo XVII, frente a las costas de Massachusetts, proponía construir una "ciudad en la montaña" modelo para el resto del mundo. El liberalismo democrático surgido en Estados Unidos con su Constitución del siglo XVIII se había impuesto primero al imperialismo monárquico de la vieja Europa hegemónico en el siglo XIX, y después a las dos alternativas dictatoriales fascistas y comunistas surgidas en el siglo XX. La década de 1990 supuso la apoteosis del modelo liberal. La Carta de París[3] firmada en noviembre de aquel año proclamaba que "la era de la confrontación y división de Europa ha concluido", al tiempo que se anunciaba un "nuevo concepto de la seguridad europea", basado en la cooperación, el respeto mutuo y la confianza.

En 1993 el presidente Bill Clinton lograba reunir en Washington a los históricos enemigos Isaac Rabin y Yasser Arafat para la firma de los Acuerdos de Oslo. El apretón de manos entre ambos mandatarios hacía presagiar un futuro de paz no muy lejano. Un año más tarde, 1994, se firmaba el Memorándum de Budapest, por el que Rusia aceptaba el nuevo mapa geopolítico mundial surgido tras la debacle soviética a cambio del desarme nuclear de Ucrania, que en ese momento contaba con 1900 ojivas. La paz global parecía ser cuestión de tiempo cuando los conflictos bélicos en los Balcanes —Croacia, Bosnia, Kosovo— se resolvieron con el nuevo milenio y Clinton propició una nueva reunión entre palestinos y judíos en el año 2000. El escenario fue Camp David, donde Jimmy Carter logró en 1978 que Israel y Egipto alcanzaran un acuerdo de paz. Si dos personajes tan enfrentados como el egipcio Anwar el-Sadat y el israelí Menajem Beguin lograron firmar la paz, el jovial presidente Clinton conseguiría el mismo resultado entre el líder palestino Yasser Arafat y el primer ministro israelí Ehud Barak.

También la bonanza económica en esa misma década reflejaba el optimismo social. El nombre de Ronald Reagan reaparece como impulsor de un nuevo modelo económico que facilitaba tanto la producción de bienes como su comercialización. Se acuñó el término *reaganomics* para identificar una serie de medidas económicas liberales como controlar la oferta monetaria para combatir la inflación, disminuir el gasto público para reducir impuestos y limitar la intervención estatal para reactivar el tejido industrial. Fue la filosofía económica de Reagan por lo que Canadá, Estados Unidos y México firmaron en 1992 el Tratado de Libre Comercio de América del Norte (NAFTA), eliminando barreras y obstáculos para el comercio en Norteamérica.

NAFTA anticipaba un nuevo modelo de relación económica entre las naciones que vino a conocerse como "globalización". Se comenzó a utilizar el término neoliberalismo como etiqueta para explicar la nueva interdependencia económica entre países, propiciada con la aparición de internet. La globalización de los años noventa aceleró el crecimiento de la economía mundial como nunca antes. Se abrió para los países menos desarrollados, en especial los países satélite de la antigua URSS, una ventana de oportunidades hasta entonces cerrada. También los "países ricos" experimentaron un notable crecimiento del PIB, pero la deslocalización empresarial provocó la pérdida de poder adquisitivo en ciertos segmentos sociales productivos como la automoción o la siderurgia. Es en el contexto de la globalización donde el gigante dormido que era China despierta y se convierte en protagonista de la geopolítica y economía mundial bajo el liderazgo de Xi Jinping, alumno aventajado de Deng Xiaoping.

Deng, que continuaba manejando los hilos de la política rusa desde la sombra, supo leer el significado de los acontecimientos de Tiananmén en China e inició una singular transformación social renunciando a la planificación económica propia del maoísmo, sin propiciar con ello una apertura democrática que, sin duda, hubiera resultado trágica para China —como lo fue para Yugoslavia y en cierta forma Rusia— debido al componente social multicultural. Como Reagan, Deng revolucionó el modelo económico tomando una serie de medidas exitosas, como fomentar las inversiones extranjeras, privatizar parcialmente ciertos sectores y abrir China al comercio internacional.

Xi percibe que el hegemonismo occidental se está desmoronando y propone la alternativa China como nuevo gendarme mundial, al menos para el Sur Global y los países emergentes, encabezando la Organización de Cooperación de Shanghái. Fue Barack Obama quien primero desdeñó el histórico liderazgo estadounidense ausentándose en crisis como la Primavera Árabe de 2010. Xi está aprovechando la oportunidad histórica que propicia "el factor Trump", un presidente a quien, pese a vislumbrar el futuro, le ciega su egolatría y le preocupa únicamente el programa

MAGA hasta el punto de mostrarse dispuesto a desmantelar la democracia más antigua del mundo para llevarlo a cabo —como puso de manifiesto el asalto al Capitolio—, y actúa con inusual zafiedad en las relaciones internacionales en un continuo enfrentamiento con sus socios históricos. En este panorama adquieren plena significación las palabras del líder chino en la reciente Cumbre de la Organización de Cooperación de Shanghái en septiembre de 2025, cuando mencionaba la necesidad de un "sistema de gobernanza mundial más justo y equitativo".[4] También aseguró que el nuevo orden global será multipolar, más complejo y fragmentado, cuestionando la pretendida unipolaridad occidental tras el fin de la bipolaridad a raíz del desmembramiento de la URSS. Europa, atrapada en su propia trampa de regulaciones burocráticas y legislación caduca, acepta sumisa el humillante papel de actor de reparto en los grandes debates económicos y geopolíticos que estamos enfrentando en estos momentos.

Este es el panorama mundial cuando Rusia invade Ucrania en febrero de 2022, como continuación de la anexión de Crimea en el 2014. El número de guerras en el mundo desde la derrota del fascismo/nazismo en 1945 alcanza tal cifra que ningún organismo se atreve a cuantificar. Según el Programa de Datos sobre Conflictos de la Universidad de Uppsala, en junio de 2024 se contabilizaban 56 enfrentamientos armados. Las consecuencias derivadas de cualquiera de ellos, ya fueran los "seis días" en Oriente Próximo, la guerra sino-india de los sesenta, las acontecidas en la zona del golfo, o el conflicto de los Balcanes en el mismo corazón de Europa, no tuvieron las repercusiones que tendrá la guerra de Ucrania. Indistintamente del resultado final, a raíz de ese conflicto se está conformando el nuevo orden geopolítico mundial.

Con el paso de los años la predicción de Fukuyama sobre el fin de la historia resulta excesivamente optimista en lo relativo al futuro del modelo liberal. Ciertamente su lectura sobre el final de la bipolarización característica del siglo XX resulta acertada, pero no predijo que las luchas ideológicas adoptarían nuevas convenciones distintas a la disyuntiva comunista-capitalista, ni que el mundo sería liderado por personajes como Putin o Trump. El posmoderno Jacques Derrida planteaba en *Espectros de Marx: el estado de la deuda, el trabajo del duelo y la nueva internacional* (1993) una propuesta alternativa al afirmar, con razón, que las fuerzas históricas son mutantes y adoptan nuevas formas de acuerdo a nuevos conflictos de corte social sobre principios identitarios. Más cuestionable resulta su referencia a las injusticias y desigualdades sociales como generadora de conflictos bélicos, al referenciarlo según planteamientos próximos al materialismo marxista de la lucha de clases.

Definitivamente el fin de la historia no está escrito, probablemente todo lo contrario. La tesis planteada en este libro defiende que la guerra de Ucrania, con un presidente miope como Donald Trump gobernando Estados Unidos, un sátrapa como

Putin mandando en Rusia, y un astuto zorro como Xi Jinping, dará paso a una nueva historia que tal vez comenzó a escribirse cuando unos fanáticos musulmanes atentaron contra el Pentágono y las Torres Gemelas en el 2001. Un acontecimiento que, más allá de la tragedia humana, bien pudiera significar para las sociedades liberales lo mismo que el derribo del Muro de Berlín en 1989 para el comunismo soviético.

CAPÍTULO I
Colapso de la Unión Soviética y nueva estrategia atlantista

CAPÍTULO I   COLAPSO DE LA UNIÓN SOVIÉTICA Y NUEVA ESTRATEGIA ATLANTISTA

1.1. El colapso de la Unión Soviética.

1.1.1. La Revolución de Octubre (1917-1922): los gobiernos son pésimos empresarios.

El desmembramiento de la URSS en 1991 supuso la reconfiguración del orden bipolar internacional que, a partir de ese momento, se caracterizaría por la hegemonía del liberalismo occidental en el ámbito social y el capitalismo global en el económico. Para los historiadores, el desplome se debió a la coincidencia de multitud de factores como las tensiones internas provocadas por la fuerte crisis económica que se venía arrastrando desde la década anterior, las contradicciones programáticas y rivalidades internas dentro del Partido Comunista de la Unión Soviética (PCUS), el liderazgo de un reformista como Mijail Gorbachov, y la presión ejercida por personajes cruciales como Ronald Reagan y Juan Pablo II.

Gorbachov, último presidente de la URSS, intentó modernizar el país aplicando reformas sociales y económicas, la *perestroika* y la *glasnost*, que sirvieron únicamente para desestabilizar las bases políticas y económicas del régimen. El liderazgo espiritual de Juan Pablo II alimentó la resistencia anticomunista en los países satélite de la URSS. Ronald Reagan presionó en el tablero político —contra el "Imperio del mal"— y en el militar —con la "Guerra de las Galaxias" ("Iniciativa de Defensa Estratégica" —SDI— 1983), forzando a la URSS a competir en el rearme—, desvelando que el colosal universo soviético era una construcción de cartón piedra.

Participando con los reseñados criterios de historiadores políticos, considero que el derrumbe soviético respondió fundamentalmente a la incapacidad de su modelo económico para competir con el dinamismo capitalista en un contexto de economía global. Las debilidades económicas que pusieron fin a siete décadas de comunismo venían incubándose desde la victoria bolchevique de 1922. Ya en sus orígenes el modelo soviético de planificación económica, con empresas nacionalizadas y controlando el comercio interior y exterior, fue generando una crisis estructural que terminó por estallar al comenzar la década de los noventa. Ninguno de los presidentes de la URSS, desde Lenin a Gorbachov, logró resolver la contradicción entre ideología y eficiencia económica, ni fueron capaces de revertir la inviabilidad económica de un sistema que nunca pudo o supo adaptarse a las exigencias del momento.

Tras la victoria bolchevique en la guerra civil, los "rojos" —en confrontación a los "blancos" que eran los mencheviques— implantaron un modelo de "comunismo de guerra" confiscando excedentes agrícolas para abastecer a las ciudades y al ejército. Esta medida, junto a otras de carácter empresarial, provocó un gran descontento social —el 80% eran campesinos— y desestabilizó la economía. Las fuertes tensiones sociales fruto de tales actuaciones alcanzaron el momento más crítico con el motín de Kronstadt, en febrero de 1921, cuando los marineros se rebelaron contra el gobierno bolchevique que habían apoyado. Fueron brutalmente reprimidos, pero pusieron de manifiesto que, de no rectificar, "los días del poder soviético están contados", como aseguró Trotski al Politburó en agosto de aquel mismo año. En respuesta Lenin introdujo la Nueva Política Económica (NEP), una medida temporal para aliviar las tensiones sociales, aceptando la propiedad privada de tierras, la comercialización individual de excedentes agrícolas y la actividad de pequeñas y medianas empresas privadas. También se creó el *chervonetz*, la nueva moneda que sustituyó al devaluado rublo y frenaría la hiperinflación.

La NEP generó intensos debates en el seno del PCUS entre quienes lo veían como vía gradual hacia el socialismo y quienes, como Stalin, lo interpretaban como una peligrosa restauración del capitalismo. Para Lenin, el giro económico no implicaba rechazar el marxismo, se trataba de un retroceso táctico para salvar el sistema, donde el comunismo coexistiría temporalmente con "el libre mercado y el capitalismo, [pero] ambos sujetos al control estatal".[5] Tras la muerte de Lenin en 1924, la NEP se convirtió en núcleo de la pugna entre Stalin y Trotski por el liderazgo del Partido Comunista. La NEP funcionó relativamente bien durante la década de 1920, propiciando la recuperación de la productividad agrícola e industrial; sin embargo, la ideología ganó la partida al pragmatismo económico cuando Stalin alcanzó el poder. Lenin concibió la revolución rusa como el germen de una "revolución global". La "revolución permanente" de Trotski compartía esta visión internacionalista, pero, como es bien sabido, debió abandonar Rusia tras la muerte de Lenin. Stalin no era un teórico como Lenin o Trotski, sino un pragmático sin escrúpulos cuyo único propósito era consolidar el poder del Estado a cualquier precio. Asumió que la revolución mundial era una quimera enfrentada a la realidad del aislamiento de la URSS en el período de entreguerras, y se propuso mantener el "comunismo en un solo país".

En 1928 lanzó el "Primer Plan Quinquenal" estatalizando la industria, colectivizando la agricultura y erradicando cualquier tipo de propiedad privada.

Millones de campesinos fueron obligados a integrarse en *koljoses* (cooperativas) o *sovjoses* (granjas estatales). Quienes se resistieron fueron acusados de *kulaks* (campesinos ricos) y ejecutados. Los planes quinquenales lograron una rápida industrialización, transformando a la URSS en potencia militar. Sin embargo, el costo humano fue enorme, y la eficiencia económica se subordinó a principios y objetivos ideológicos. Los planes quinquenales se estructuraban en el principio de que el gobierno planificaba la economía según postulados filosóficos marxistas, y los distintos agentes y estamentos sociales debían cumplir unas cuotas productivas determinadas por Moscú. El Estado, con las empresas y la agricultura nacionalizadas, concentró recursos en grandes proyectos y movilizó a millones de trabajadores. Se impulsaron obras de infraestructura y grandes colectivizaciones agrarias, pero lo verdaderamente prioritario era la industria pesada de siderurgia, minería y energía para alimentar la industria armamentística. Los resultados iniciales parecían confirmar el éxito de la estrategia. La producción industrial creció de forma considerable multiplicándose la producción en las mencionadas áreas y la URSS pasó de ser un país agrario atrasado a situarse entre las primeras potencias industriales del mundo. La industria pesada superaba en un 10% las metas previstas, pero la agricultura se hundía en la miseria.

Stalin se legitimó y consolidó como líder internacional y ante su pueblo gracias a la victoria sobre el nazismo y la expansión del comunismo entre sus naciones vecinas que vinieron en denominarse "países satélite". La Guerra Fría, que él inició bloqueando Berlín en 1948, obligó a la URSS a destinar recursos económicos al sector armamentístico en detrimento de la producción de bienes industriales de consumo interno. La rigidez de este modelo productivo desequilibró la estructura económica rusa y terminó convirtiéndose en un auténtico talón de Aquiles para la URSS, hasta el punto de ser la verdadera causa de su descalabro. Su legado a la historia soviética, más allá de producir acero y armas como ningún otro país, fueron las purgas ideológicas y un país azotado por hambrunas que causaron millones de muertos por dedicar los recursos nacionales a la industria armamentística.

1.1.2. "Desestalinización" y contradicciones del marxismo-leninismo.

La muerte de Stalin en 1953 abrió un período de incertidumbre en la URSS. Los abusos del dictador habían provocado fuertes tensiones en el seno del PCUS. Cuando Nikita Jrushchov tomó el relevo como primer secretario del partido en 1953, se inició un proceso de "desestalinización" que tuvo su momento crítico en el XX Congreso del PCUS (del 14 al 26 de febrero de 1956). En un histórico y secreto discurso, Jrushchov denunció y condenó los crímenes de Stalin. No renunciaba al marxismo ni a la economía planificada, sino que se trataba de humanizar el socialismo presentando el estalinismo como una trágica desviación ideológica. El modelo estalinista había convertido a la URSS en potencia industrial y militar, pero a costa de una agricultura desorganizada y escasez de bienes de consumo básicos para la población. Jrushchov intentó introducir reformas para mejorar la eficiencia de la agricultura y la industria de consumo. Para ello introdujo medidas agrícolas como ampliar las zonas de producción —"conquista de las tierras vírgenes"— y también impulsó la industria de consumo y descentralizó parcialmente la planificación, pero la rigidez estructural del sistema imposibilitó los avances económicos. Pese a resultar evidente que el sistema necesitaba transformaciones más profundas, Jrushchov persistió en seguir la misma política heredada del estalinismo, priorizando la ruinosa industria militar en detrimento de la agricultura y la industria de consumo.

Jrushchov protagonizó el conflicto diplomático más grave de toda la Guerra Fría: la crisis de los misiles en Cuba. El incidente se solventó con el retorno a Rusia de los buques con la carga de misiles a cambio de garantías estadounidenses sobre Cuba y la retirada de misiles estadounidenses en Turquía. Miembros del PCUS interpretaron este acuerdo como una cesión inadmisible, e interpretaron como debilidad la posterior firma en 1963, con Estados Unidos y el Reino Unido, del Tratado de Prohibición Parcial de Ensayos Nucleares. También China cuestionó el tratado considerando tal hecho, además de una traición a la causa revolucionaria, una nueva capitulación de Jrushchov ante Estados Unidos. A partir de entonces las relaciones entre Moscú y Pekín se deterioraron drásticamente y a finales de la década incluso se produjeron enfrentamientos fronterizos armados.

La ruptura sino-soviética debilitó gravemente el bloque comunista. Mao radicalizó su régimen lanzando tres años más tarde la Revolución Cultural y la URSS perdió el liderazgo indiscutido del movimiento comunista internacional. Los países del Tercer Mundo comenzaron a oscilar entre la influencia de Moscú y la de Pekín, y en Europa las organizaciones comunistas se fracturaron en facciones seguidoras de una u otra nación. Internamente, la división obligó a la URSS a concentrar más recursos en la carrera armamentista y en el control de su propia esfera en detrimento de su economía civil. La economía rusa con Jrushchov entró en la viciosa dinámica de invertir en defensa para mantener su estatus de superpotencia a cambio de desatender la industria de bienes de consumo y las necesidades básicas de la población. El Politburó destituyó a Jrushchov en 1964 por su interés en buscar una coexistencia pacífica con Occidente y fue sustituido por Leonid Brezhnev, quien revertiría buena parte de sus reformas económicas.

El objetivo económico de Leonid Brezhnev fue recuperar y estabilizar la economía tras las veleidades de Jrushchov, lo que se tradujo en un período de cierta calma con un nivel de vida, dentro de la modestia, relativamente aceptable. Revitalizó el antiguo *Gosplán* —Comité Estatal de Planificación—, articulador del modelo económico soviético, que establecía los planes económicos de cinco y diez años, siguiendo las directrices del Comité Central del Partido y del Consejo de Ministros. En 1973 el primer ministro Aleksei Kosyguin intentó desarrollar una serie de reformas tendentes a mejorar la eficacia introduciendo mecanismos de mercado, pero la burocracia del PCUS vetó la implantación por representar una amenaza a su control y, además, el mercantilismo traicionaba la revolución.

El fracaso reformista de Kosyguin propició que los economistas del *Gosplán* optaran por aplazar los problemas estructurales en vez de enfrentarse a ellos. Las malas cosechas en 1975 provocaron una drástica reducción en la producción agrícola y la URSS, segunda potencia mundial, tuvo que importar grano de Estados Unidos y Canadá para evitar una crisis mayor. El sacrificio de millones de vidas llevado a cabo por Stalin para conseguir la autosuficiencia colectivizando la agricultura había sido en vano, pues ahora dependían del capitalismo para evitar la hambruna. La rivalidad con Estados Unidos en la Guerra Fría y los gastos para mantenerse en la carrera espacial requerían una inversión descomunal que se detraía de la industria de bienes. Se tomaban medidas que eran paliativos incapaces de revertir los problemas estructurales. La falta de competencia significaba que no había incentivos para mejorar la calidad y el *Gosplán* se enfocaba en cifras de producción brutas, ignorando la eficiencia o la utilidad real. Al no existir competencia ni necesidad de rentabilidad, las empresas cumplían las cuotas de producción en términos cuantitativos, pero sin importar la calidad o la utilidad real de lo producido. En vez de atender las necesidades reales, se fabricaban productos inútiles que se almacenaban sin ser utilizados.

Cuando murió Brezhnev en 1982 los graves problemas económicos latentes desde Stalin comenzaron a manifestarse con virulencia. La población se precipitaba en una espiral de apatía, desidia y desgaste psicológico, teniendo que hacer colas para conseguir bienes de consumo tan básicos como pan y leche. La URSS era una superpotencia agotada con una industria de consumo inservible, un tejido productivo obsoleto, y una agricultura incapaz de alimentar a la población. Debido todo ello a una mastodóntica e hipertrofiada burocracia inmovilista inmune a las mínimas propuestas reformistas. Era una nación, en palabras de los historiadores políticos, "poderosa hacia fuera, pero frágil hacia dentro". Las reformas propuestas por Kosyguin mostraron, por primera vez, que el problema económico estaba alcanzando dimensiones incontrolables, pero el inmovilismo político bloqueó cualquier posibilidad de cambio. El fracaso de su reforma fue una oportunidad perdida y la URSS continuó atrapada en un modelo cada vez más ineficiente. El modelo económico soviético respondía a la metáfora, habitual en manuales universitarios, de "acero y tanques en vez de pan y ropa".

Yuri Andropov, antiguo jefe de la KGB, sucedió a Brezhnev y su presidencia duró poco más de un año —murió de insuficiencia renal en febrero de 1984—. Durante ese tiempo impulsó algunas reformas de reestructuración económica luchando contra la corrupción e imponiendo una mayor disciplina laboral. Fue el primero en ver que la vieja guardia de dirigentes, anquilosada en el largo liderazgo de Brezhnev (1964-1982), necesitaba ser renovada. Durante su presidencia, jóvenes formados en la "Generación Komsomol" —*Kom*munisticheski *So*yuz *Mol*odiozhi (Unión Comunista de la Juventud)—, fueron promocionados a cargos de responsabilidad dentro del partido. Mijail Gorbachov fue uno de ellos.

Tras la prematura muerte de Andropov fue Konstantin Chernenko, quien ocupó la Secretaría General del Comité Central del PCUS. Su mandato fue incluso más breve que el de su predecesor y supuso el último intento de la vieja guardia para frenar a los reformistas liderados por Gorbachov. En apenas un año no pudo impulsar reformas políticas o económicas y su mandato simbolizó la parálisis del sistema. Cuando falleció en marzo de 1985, se abrió la puerta para que Gorbachov se convirtiera en secretario general del PCUS.

1.1.3. Mijail Gorbachov, el reformador necesario.

Mijail Gorbachov fue nombrado secretario general del Partido Comunista de la Unión Soviética con tan solo 54 años —lo que contrastaba con la avanzada edad de sus predecesores inmediatos Brezhnev, Andropov y Chernenko—. Su juventud proyectaba la imagen de un renovador dispuesto a superar el estancamiento que se remontaba a Brezhnev y capaz de inyectar nueva savia a un régimen anquilosado, caduco y agónico. Además de su juventud, su discurso reformista suponía el inicio de una nueva etapa tras décadas de estancamiento.

En aquel 1985, cuando Gorbachov se hizo con el poder, la profunda crisis que se venía arrastrando desde la época de Stalin se reveló como insalvable. El deterioro social, político y económico resultaba evidente en todos los niveles sociales. El aparato burocrático del PCUS había perdido legitimidad a ojos de una sociedad que mostraba evidentes signos de desafección y agotamiento. Continuaba siendo una potencia militar pero su economía estaba hundida en un pozo sin fondo, lo que convertía a la URSS en un gigante con pies de barro. A mediados de los años ochenta, la economía de la Unión Soviética se encontraba en punto muerto. La productividad industrial estaba estancada y la agricultura continuaba siendo deficitaria desde la crisis de 1975. El undécimo plan quinquenal (1981-1985) reveló la magnitud de la crisis, la URSS importaba de Estados Unidos y Canadá más de 40 millones de toneladas de trigo al año. Durante ese período el crecimiento fue del 2%. Ese era el porcentaje oficial, pero en la práctica era nulo o cercano a 0%, y el colapso del precio del crudo terminó por agravar la situación. En 1980 el barril rondaba los 35 dólares y en 1986 cayó a menos de 10. Las exportaciones de petróleo pasaron de 200 millones de toneladas en 1980 a 150 en 1990 y un año después, 1991, fueron tan solo 90. Para una economía dependiente de la exportación de petróleo y gas, esta caída resultó devastadora.

El desafío de Gorbachov para modernizar la URSS era más institucional que ideológico. Los organismos de planificación, además de resultar ineficientes, se habían convertido en un freno estructural y resistían las sucesivas propuestas de cambio. Los intereses creados durante décadas, la corrupción institucional, la descomunal burocracia, representaban un muro insalvable que ninguno de sus predecesores logró superar. El primer obstáculo para transformar el país era enfrentarse a la inercia contrarreformista característica de la anquilosada maquinaria comunista. Ese pulso entre la vocación reformista y la resistencia burocrática marcará los momentos más críticos de su mandato. Para Gorbachov el comunismo no era una utopía fracasada, estaba convencido de que el sistema socialista era viable si se desarrollaban los necesarios ajustes económicos, sociales y políticos de modernización que venían aplazándose desde hacía décadas. Su objetivo, como manifestó repetidamente, no era desmantelar el marxismo, sino revitalizarlo con instrumentos adaptados a la realidad del momento. También él, como Lenin obligado a impulsar la NEP, debía revitalizar la economía promoviendo un nuevo modelo político-social de apertura ideológica. En su libro *Perestroika, nuevas ideas para mi país y el mundo* (1987), afirmaba Gorbachov que "la esencia de la *perestroika* reside en el hecho de que une el socialismo con la democracia y revive el concepto leninista de la construcción socialista, tanto en el plano teórico como en la práctica".

Lo que significó la NEP en tiempos de Lenin, significarían la *perestroika* y la *glasnost* en época de Gorbachov. Con la *perestroika* ("reestructuración") se ponía fin al *Gosplán* con el propósito de impulsar una transformación económica dotando de mayor autonomía a las empresas, abriendo una puerta a formas de propiedad privada no estatal y descentralizando la planificación económica. La *glasnost* ("transparencia" en referencia a la apertura política) surge como complemento político de la *perestroika* con el fin de democratizar el régimen permitiendo una relativa libertad de expresión.

La *perestroika* pretendía dinamizar una economía claramente atrasada respecto a Occidente, especialmente en el terreno tecnológico. La revolución informática que transformaba el mundo dejaba a la URSS rezagada y su producción industrial resultaba obsoleta por su atraso tecnológico. Con la *glasnost* se pretendía recuperar la legitimidad del PCUS propiciando la transparencia gubernamental y permitiendo cierta libertad de crítica. Se abrieron espacios para la prensa, se publicaron obras antes censuradas y se discutieron abiertamente los errores del pasado. La combinación de *perestroika* y *glasnost* tuvo un efecto corrosivo y tangencialmente opuesto a lo pretendido. La *perestroika* debilitó la economía sin generar mejoras visibles en la vida cotidiana. El surgimiento de cooperativas provocó inflación y corrupción, mientras que el cierre de fábricas ineficientes aumentó el desempleo, fenómeno desconocido hasta entonces en la URSS. En el ámbito político se erosionó la autoridad y legitimidad del PCUS y, al alentar el pluralismo, el resurgimiento de identidades nacionales reprimidas durante décadas hizo que encontrasen una vía para expresarse. Lo que pretendía ser un antídoto contra la corrupción terminó siendo un catalizador de demandas separatistas.

Aquello que Gorbachov había concebido como una renovación socialista se convirtió en el inicio de un proceso de desintegración. El debate público sacó a la luz problemas hasta entonces encubiertos como la corrupción endémica, la ineficiencia productiva o la represión histórica. La ciudadanía, en lugar de recuperar la fe en el sistema, empezó a cuestionar su legitimidad y, lejos de salvar a la URSS, las reformas de Gorbachov aceleraron el colapso dinamitando los carcomidos pilares que sostenían la nación. Lo que se presentó como una modernización socialista se convirtió, en la práctica, en el preludio de la desintegración del imperio soviético, y se desencadenaron toda una serie de procesos sociales y políticos que escaparon a su control.

Además de lo expuesto durante su gobierno, se sucedieron tres acontecimientos de calado histórico, próximos en el tiempo, que propiciaron un pesimismo social generalizado en una población empobrecida para la que resultaba cada día más evidente que el modelo comunista había fracasado. En 1986, el accidente en la central nuclear de Chernóbil reflejaba la negligencia estatal y el oscurantismo informativo; en 1989, las tropas soviéticas se retiraban de Afganistán poniendo fin a una guerra que se venía luchando desde 1979, lo que fue interpretado por la población como una derrota comparable a la de Estados Unidos en Vietnam; finalmente, en noviembre de 1989, la caída del Muro de Berlín fue el preludio para el derrumbe del comunismo en los países satélites. Todos estos sucesos tuvieron una repercusión doméstica de primer orden. Cada concesión de autonomía debilitaba el poder central y lo que comenzó como un intento de flexibilización del federalismo soviético terminó por dinamitarlo. Desde Estonia, Letonia y Lituania hasta Georgia, Armenia y Azerbaiyán, distintas repúblicas comenzaron a reclamar mayores grados de autonomía. Para las repúblicas bálticas la independencia se convirtió en un objetivo irrenunciable. Manifestaciones multitudinarias, como la "Cadena Báltica" de 1989, mostraban que la unión forzada de estas repúblicas resultaba insostenible.

En 1990 se modificó la Constitución para legalizar el pluripartidismo poniendo fin al monopolio del PCUS, carente de legitimidad social, que sería formalmente disuelto en 1991. El armazón institucional que había sostenido al régimen durante más de siete décadas se desmoronó como un castillo de naipes. Las repúblicas optaron por la independencia, y la URSS se extinguió sin especial resistencia. La pretendida modernización llegó demasiado tarde y las actuaciones con vocación reformista y liberalizadora se convirtieron en el acta de defunción del comunismo soviético. El 17 de marzo de 1991 se celebró un referéndum con la pregunta: "¿Considera necesario preservar la Unión de Repúblicas Socialistas Soviéticas como una federación renovada de repúblicas soberanas iguales en la que se garantizarán plenamente los derechos y libertades de una persona de cualquier nacionalidad?". La participación fue del 80%, con un 77,8% de votos favorables en las nueve repúblicas que participaron. Sin embargo, repúblicas clave como las bálticas y Georgia boicotearon la consulta. Aunque el resultado parecía avalar la continuidad de la URSS, en la práctica reflejaba un país fracturado. El Nuevo Tratado de la Unión, propuesto por Gorbachov en 1991 para transformar la URSS en una confederación de repúblicas soberanas, llegó tan tarde como sus propuestas reformistas.

En agosto de 1991 un grupo de nostálgicos soviéticos intentó un golpe de Estado contra Gorbachov, pero fracasó. El 20 de diciembre de ese mismo año, once de las quince repúblicas soviéticas firmaron la creación de la Comunidad de Estados Independientes (CEI). Cinco días después, Gorbachov dimitió y la bandera roja con la hoz y el martillo fue arriada del Kremlin. La URSS había dejado de existir, había implosionado tras décadas de estalinismo por primar la ortodoxia ideológica comunista por encima de la eficiencia económica.

La figura emergente en aquellos años fue Boris Yeltsin, presidente de la Federación Rusa, quien, además de personificar la oposición a los golpistas que retenían a Gorbachov, impulsó la independencia de las repúblicas. Las nuevas repúblicas nacieron con minorías étnicas dentro de sus fronteras —rusos en los países bálticos y Ucrania, armenios en Azerbaiyán, uzbecos en Tayikistán…—, lo que generó enfrentamientos interétnicos que desembocaron en guerras localizadas, como el conflicto de Nagorno Karabaj, la guerra civil en Tayikistán o la librada en Georgia por los secesionistas en Osetia del Sur.

El nuevo espacio postsoviético de la Federación Rusa sufrió una crisis de dimensiones históricas marcada por la inseguridad y el caos generalizado que marcaron los primeros años de independencia, en contraste con el aparente orden del período soviético. La llamada "terapia de choque", privatizando empresas estatales y eliminando subsidios, supuso el colapso de la red de seguridad social que garantizaba la estabilidad social por precaria que fuera. El desempleo se disparó y millones de personas cayeron en la pobreza, el PIB se hundió casi a la mitad, el desabastecimiento propició la hiperinflación, de igual forma que la pobreza provocó un aumento de criminalidad, y Rusia perdió la influencia internacional que tenía la extinta URSS. Lo sorprendente del desmembramiento soviético fue que se produjo sin derramamiento de sangre, a diferencia de la desintegración de Yugoslavia, probablemente debido a la pasividad y apatía social provocada por siglos imperialistas y décadas comunistas de desgaste social y político.

La disolución de la Unión Soviética supuso una radical transformación del modelo bipolar en otro unipolar dominado por los Estados Unidos, sin rivales que desafiaran su supremacía militar, tecnológica y económica. El nuevo orden capitalista-liberal en el terreno económico y liberal-democrático en el político se impuso como paradigma normativo global, y la recién nacida Federación Rusa —con una economía de subsistencia y sin apenas influencia internacional— vio limitada, cuando no ignorada, su capacidad de intervención. Washington establecía las reglas económicas, políticas y de seguridad, que eran aceptadas sin que la marginada nueva federación pudiera ejercer ningún tipo de contrapeso.

1.2. La nueva estrategia atlantista tras el colapso soviético.

1.2.1. OTAN: de la "represalia masiva" a la "respuesta flexible".

La guerra en Ucrania, iniciada con la invasión rusa en febrero de 2022, no puede comprenderse sin un análisis histórico que tenga en cuenta la evolución de la OTAN y su ampliación hacia el Este desde el fin de la Guerra Fría. El núcleo de la confrontación radica en la expansión de la Alianza, entendida por Europa y Estados Unidos como un proceso natural de integración de las nuevas democracias europeas, y por Rusia de forma radicalmente distinta como traición a las promesas de 1990 y amenaza directa a su seguridad nacional. Este choque de narrativas explica por qué, décadas después del colapso soviético, se vuelve a librar en suelo europeo una guerra de alta intensidad que cambiará el orden mundial como ocurrió tras el segundo conflicto mundial.

La penuria europea finalizada la Segunda Guerra Mundial propició la rápida imposición de regímenes comunistas bajo la órbita de Moscú en el este de Europa. La división en bloques acordada en las conferencias de Yalta y Potsdam supuso el inicio de una creciente rivalidad entre las dos superpotencias, y en Occidente comenzó a tomar cuerpo la necesidad de garantizar la seguridad colectiva mediante un pacto militar común. El bloqueo de Berlín ordenado por Stalin en 1948, y el temor a que la URSS pudiera extender su dominio hacia Occidente, aceleró un proceso que venía gestándose desde el final de la guerra.

El 4 de abril de 1949 Estados Unidos y sus aliados europeos firmaban el Tratado de Washington dando vida a la Organización del Tratado del Atlántico Norte

(OTAN). En el "Preámbulo" se aseguraba que el propósito de tal pacto era preservar la democracia, la libertad individual y el estado de derecho, situando a la Alianza en el terreno de los valores universales. El verdadero propósito de los firmantes era bastante más realista y trascendental que el idealismo altruista de la formulación. Se trataba de un movimiento estratégico para contener el expansionismo soviético garantizando la presencia militar estadounidense en Europa emulando al mercantilista Plan Marshall, que garantizaba a Estados Unidos su presencia en la reconstrucción europea y su posterior desarrollo económico, también con Truman ocupando la presidencia. Creando la OTAN, los Estados Unidos se garantizaban un vínculo trasatlántico que suponía un seguro estratégico frente a la URSS y también un medio para ejercer influencia política en los distintos gobiernos.

Durante los primeros años de existencia de la Alianza, el equilibrio se construyó sobre la base de la disuasión nuclear. La supremacía atómica estadounidense otorgaba a la OTAN un margen de seguridad frente a la superioridad numérica soviética en fuerzas convencionales. Sin embargo, el monopolio nuclear de Estados Unidos se quebró en 1949 con la primera prueba atómica soviética, obligando a la Alianza a redefinir su estrategia defensiva. En la década de 1950 se adoptó la política de "represalia masiva"; si la URSS atacaba cualquier nación miembro, la Alianza se reservaba el derecho de responder utilizando armamento nuclear.

La incorporación de la República Federal de Alemania a la Alianza fue respondida por la URSS creando en 1955 el Pacto de Varsovia como contraparte a la OTAN, lo que supuso dividir *de facto* Europa en dos bloques antagónicos, en dos esferas irreconciliables, con la frontera interalemana como símbolo del enfrentamiento Este-Oeste. La bipolaridad adquirió rango político y dio lugar a un sistema de seguridad basado en la confrontación que se conoció como Guerra Fría. En este escenario la OTAN dejó de ser una alianza meramente defensiva para desempeñar un papel central en la construcción del orden occidental, garantizando la cohesión de Europa occidental bajo liderazgo estadounidense.

Durante los años de Guerra Fría, la OTAN evolucionó en su estructura y en su estrategia. En la década de los sesenta se abandonó la política de "represalia masiva" en beneficio de la doctrina de "respuesta flexible", instrumentalmente más laxa al rechazar la escalada nuclear apostando por el uso de fuerzas convencionales y un amplio abanico de opciones militares ante un eventual ataque comunista. Este cambio respondía tanto a la paridad nuclear alcanzada por la URSS como a las crecientes presiones de los aliados europeos que deseaban mayor capacidad de maniobra ante la amenaza soviética. Al mismo tiempo, la OTAN se convirtió en un foro de consultas políticas, reforzando el carácter político-estratégico de la organización más allá de lo exclusivamente militar.

1.2.2. La unificación alemana: "Ni un centímetro hacia el Este".[6]

La cuestión relativa a reunificación de la RDA y la RFA se planteó en el mismo momento en que caía el Muro de Berlín. ¿Era recomendable reunificar un país que en dos ocasiones anteriores había desestabilizado Europa? ¿Cómo se debería integrar a una nación de ochenta millones de habitantes sin reabrir viejas heridas? ¿Qué papel jugarían los ejércitos que todavía ocupaban su territorio? Y, sobre todo, ¿qué ocurriría con la OTAN y el Pacto de Varsovia, las alianzas militares que habían sostenido la Guerra Fría? El "problema alemán", que había perseguido a Europa desde el siglo XIX, volvía a plantearse. Desde la distancia temporal algunas propuestas surgidas tras la guerra resultan estrambóticas, como la de Henry Morgenthau, secretario del Tesoro estadounidense al finalizar la Segunda Guerra Mundial, quien propuso desindustrializar el país y convertirlo en una economía agraria incapaz de volver a fabricar armas. La realidad geopolítica del momento, a las puertas del siglo XXI, ofrecía posibilidades de distinto calado y consecuencias.

A la caída del Muro de Berlín (1989) y la unificación alemana (1990) le siguió la disolución del Pacto de Varsovia en 1991, coincidente temporalmente con el colapso de la Unión Soviética. Estos cuatro acontecimientos suponían la desaparición del enemigo que justificaba la existencia de la OTAN, nacida en su momento como un instrumento de contención de la ahora extinta Unión Soviética. El nuevo espacio postsoviético presentaba un escenario de incertidumbre y, al mismo tiempo, propiciaba la redefinición de equilibrios estratégicos. La desaparición del conflicto bipolar ofrecía la oportunidad de superar la lógica de bloques para establecer un sistema de seguridad compartido. Se suscitó un dilema existencial para la organización al plantearse su posible disolución. Si el enfrentamiento ideológico había concluido, carecía de sentido mantener bloques militares antagónicos. La "fórmula Tutzing" —en referencia al discurso de Genscher el 31 de enero de 1990 en Tutzing, Baviera— apostaba por la disolución simultánea de la OTAN y del Pacto de Varsovia y, en último extremo, por la neutralidad alemana según lo pactado en Potsdam cuando se acordó "el desarme y desmilitarización completos de Alemania y la eliminación o el control de toda la industria alemana que pudiera utilizarse para la producción militar".[7] La respuesta del secretario de Estado estadounidense James Baker erradicaba tal posibilidad: "Antes de comentar la cuestión alemana, quería recalcar que nuestras políticas no buscan separar a Europa del Este de la Unión Soviética. Ya teníamos esa política antes. Pero hoy nos interesa construir una Europa estable y hacerlo junto con ustedes".[8]

Tras más de cuatro décadas de confrontación ideológica, militar y política entre las dos superpotencias, parecía abrirse un horizonte de cooperación y seguridad compartida desde el Atlántico a los Urales. Habiendo desaparecido el principal rival estratégico y reducida la amenaza de un conflicto militar, Occidente y Estados Unidos podían reducir considerablemente los gastos militares y reasignar esos recursos a fines sociales como la educación, invertir en modernización de infraestructuras o en reducción del déficit, en lo que vino en conocerse como "dividendo de la paz". La ilusión apenas si duró unos pocos años en la década de los noventa, pues las guerras en los Balcanes, la expansión de la OTAN y los atentados del 11-S supusieron el fin de una oportunidad irrepetible. Obviando estas expectativas ingenuamente optimistas, en el nuevo escenario geopolítico se planteaban cuestiones de compleja resolución. ¿Debía disolverse la OTAN como bloque militar al haber cumplido su misión o, por el contrario, reinventarse y continuar actuando como gendarme de la seguridad europea y global? ¿Se debía aprovechar la oportunidad histórica de construir una nueva arquitectura de convivencia, un nuevo orden paneuropeo que superara las divisiones heredadas y se basara en una mutua confianza de cooperación y en instituciones como la CSCE (Conferencia sobre la Seguridad y Cooperación en Europa)?

Uno de los documentos que mejor refleja el debate suscitado es el memorándum de Paul H. Nitze, arquitecto de la estrategia de contención durante la Guerra Fría, enviado al presidente Bush Sr. el 6 de febrero de 1990 tras asistir a la conferencia Foro para Alemania, en Berlín.[9] En su nota, Nitze relataba cómo muchos líderes de Europa del Este consideraban que había llegado el momento de disolver la OTAN y el Pacto de Varsovia. Sin embargo, tanto Nitze como otros líderes occidentales defendieron la continuidad del vínculo transatlántico, que había propiciado la paz durante cuatro décadas, como garante de la estabilidad y, pese a no mencionarse, como instrumento para mantener la presencia de Estados Unidos en Europa. Gorbachov propuso en el marco de su política del "nuevo pensamiento", a finales de la década de los ochenta, la idea de "la Casa Común Europea" superando la división en bloques… sus palabras se las llevó el viento. Nadie presuponía en esos momentos el giro estratégico que marcarían las décadas posteriores con la expansión de la Alianza hacia el este, raíz del conflicto actual entre Rusia y Ucrania. Para comprender la actual guerra resulta imprescindible volver a esos años y revisar las promesas, declaraciones y compromisos que se hicieron en el marco de la reunificación alemana y la redefinición del orden europeo.

La decisión de mantener la OTAN tras la desaparición de su enemigo histórico acarreó profundas consecuencias. Entre otras, impidió que los países europeos desarrollaran una estrategia de seguridad propia y autónoma al perpetuarse la presencia militar estadounidense, y también incentivó la incorporación de países pertenecientes al extinto Pacto de Varsovia, ahora liberados del dominio soviético, que veían en la OTAN la única garantía efectiva de protección y de integración en Occidente. Este proceso de redefinición con vocación expansionista determinó el futuro conflicto con Rusia, que interpretó la expansión como una amenaza a su seguridad nacional y como una violación de las promesas hechas al Gorbachov.

En diciembre de 1989, semanas después de la caída del Muro de Berlín, el presidente estadounidense George H.W. Bush y Gorbachov se reunieron en Malta para declarar oficialmente el final de la Guerra Fría. Ambos líderes proclamaron el inicio de una nueva era de cooperación, reforzada por los acuerdos de desarme alcanzados desde mediados de los años ochenta. Entre ellos, destacaban el Tratado INF (1987, Fuerzas Nucleares de Alcance Intermedio), que eliminó una categoría completa de misiles nucleares en Europa, así como las negociaciones que desembocarían en el START I (1991) orientado a la reducción de arsenales estratégicos. También se firmaron acuerdos de reducción de fuerzas convencionales en Europa (CFE) y de transparencia, como el programa Open Skies. En cuanto a la reunificación alemana, Hans Modrow, primer ministro de la RDA, presentó el 1 de febrero de 1990 lo que se conoció como el Plan Modrow. Proponía avanzar hacia la unificación alemana en tres etapas con el objetivo final de crear una Alemania neutral que no estuviera alineada ni con la OTAN ni con el Pacto de Varsovia. Estados Unidos y sus aliados rechazaron tal posibilidad, al igual que el gobierno de Alemania Occidental. La propuesta de Baker, "Dos Más Cuatro", resultaba más lógica y sería finalmente aceptada. Se trataba de negociar una reunificación que se ajustara a la ley y fuera consensuada por las "Dos" Alemanias y las "Cuatro" potencias vencedoras —Estados Unidos, la URSS, el Reino Unido y Francia—.

La reunificación alemana fue el momento decisivo en el que se negociaron las bases del futuro orden europeo. Para la URSS, aceptar la integración de una Alemania unificada en la OTAN suponía un sacrificio inmenso ya que implicaba la pérdida de la principal pieza de su esfera de influencia en Europa central. A cambio, Gorbachov buscaba garantías de que la OTAN no aprovecharía esta concesión para expandirse hacia otros países del Este. En diversas reuniones de 1990, altos dirigentes occidentales ofrecieron verbalmente esas garantías. Baker le aseguró que "ni el presidente ni yo pretendemos obtener ventajas unilaterales de los procesos en curso"[10] y garantizó en febrero de 1990 que la OTAN no se expandiría "ni un centímetro hacia el este" si Moscú aceptaba la reunificación de Alemania dentro de la Alianza. El *quid pro quo* abrió la puerta a lo impensable hasta entonces: que la Unión Soviética aceptara la unificación alemana y la presencia de la OTAN en el corazón de Europa.

Baker incluso presentó a Gorbachov un documento con nueve puntos incluyendo la transformación de la OTAN, la desnuclearización de Alemania y el respeto a los intereses de seguridad soviéticos. De manera similar, el canciller alemán Helmut Kohl aseguró el 10 de febrero de 1990 que la OTAN no ampliaría su ámbito de actividad hacia Europa del Este. Margaret Thatcher, por su parte, insistió en que había que garantizar la seguridad de la URSS a través de fórmulas de cooperación: "Debemos encontrar maneras de dar a la Unión Soviética la confianza de que su seguridad estará garantizada... La CSCE podría ser un paraguas para todo esto, además de ser el foro que llevará a la Unión Soviética a un debate pleno sobre el futuro de Europa".[11] Estas promesas no quedaron plasmadas en un acuerdo formal, pero constituyeron compromisos políticos que influyeron en la decisión de Gorbachov de aceptar la reunificación. Aquel clima de esperanza pronto se vería ensombrecido por las tensiones derivadas de las decisiones estratégicas que adoptaron Estados Unidos y sus aliados. La OTAN, lejos de disolverse junto al Pacto de Varsovia, se embarcó en un proceso de ampliación hacia el Este que marcaría el inicio de nuevas rivalidades durante la presidencia de Putin, quien alimenta la narrativa de la desconfianza al referir la traición a la palabra dada para alcanzar estos acuerdos de caballeros.

La OTAN siempre negó la existencia de las referidas promesas. En un documento oficial de 2014, la Alianza afirmaba: "Nunca se hizo esa promesa, y nunca se han presentado pruebas que respalden las afirmaciones rusas".[12] La disputa se enredó en un problema de lenguaje y expectativas. Para Washington, las palabras de Baker fueron una oferta exploratoria sin valor vinculante; en el sentir ruso existe el convencimiento de haber sido engañados. Lo que para Occidente fue una frase sin fuerza jurídica, para Rusia fue la palabra que condicionó la aceptación de la reunificación alemana; lo que para Occidente fue una negociación flexible y no escrita, para Rusia fue un compromiso político roto.

En diciembre de 2017 se desclasificaron reveladores documentos del Archivo de Seguridad Nacional.[13] En ellos se relaciona que todos y cada uno de los líderes europeos —Genscher, Thatcher, Mitterrand, Kohl, Major, Woerner...— garantizaron a Gorbachov que la OTAN no se ampliaría hacia el Este tras la caída del muro. En el "Documento 1" del archivo se recogen las advertencias de Hans-Dietrich Genscher, ya en 1990, previniendo de que "los cambios en Europa del Este y el proceso de unificación alemán no deben conducir a un perjuicio para los intereses de seguridad soviéticos. Por lo tanto, la OTAN debería descartar una expansión de su territorio hacia el este, es decir, acercarlo a las fronteras soviéticas".[14] Otra frase atribuida a Genscher, en el "Documento 2", reza "los rusos deben tener alguna garantía de que si, por ejemplo, el gobierno polaco abandona el Pacto de Varsovia un día, no se unirán a la OTAN al siguiente".[15] El asunto quedó cerrado durante la Conferencia de Malta a finales de ese mismo año; Bush Sr. tranquilizó a su homólogo ruso asegurándole que "no he saltado arriba y abajo sobre el Muro de Berlín".[16]

Zbigniew Brzezinski, consejero de Seguridad Nacional con Jimmy Carter, publicaba en febrero de 1995 el artículo "La nueva Rusia y la ampliación de la OTAN" planteando la cuestión capital: "ambas partes deben definir lo que hoy constituye 'Europa' y cuál es el perímetro de seguridad de su alianza", preconizando que "aunque tenga en cuenta y trate de paliar las inquietudes rusas, creará nuevos problemas".[17] Dos años más tarde publicó *El gran tablero mundial*, describiendo la expansión de la OTAN hacia el este y planteando la pregunta "¿Qué hará Rusia a medida que Europa y la Alianza Atlántica avancen hacia sus fronteras?". Según él, Rusia no tendría otra alternativa más allá de aceptar esa realidad con lamentos y protestas. Se equivocó.

1.2.3. La presidencia de Clinton y la narrativa de la traición.

En noviembre de 1990, la CSCE —hoy OSCE— adoptó la Carta de París para una Nueva Europa, un documento histórico que proclamaba el fin de la confrontación y abría el camino hacia una seguridad cooperativa. En su preámbulo se afirmaba que "la era de la confrontación y división de Europa ha concluido", y se planteaba la creación de un "nuevo concepto de seguridad europea" basado en la confianza, la transparencia y la cooperación. "El cambiante panorama político y militar de Europa abre nuevas posibilidades de esfuerzos comunes en el campo de la seguridad militar", se prometía. "Construiremos sobre la base de los importantes logros alcanzados en el Tratado sobre Fuerzas Armadas Convencionales en Europa y en las Negociaciones sobre Medidas Destinadas a Fomentar la Confianza y la Seguridad". La idea central era que todos los Estados europeos, incluidos los de la antigua URSS, formarían parte de un espacio común de seguridad. El texto recogía compromisos concretos en materia de desarme convencional y medidas de confianza reflejando el optimismo de la época. Incluso fecha los compromisos proponiendo "establecer en 1992 […] nuevas negociaciones sobre desarme y fomento de la confianza y la seguridad abiertas a todos los Estados participantes".[18]

Sin embargo, un año después (1991), en la Cumbre de Roma, la OTAN interpretó de forma tangencialmente distinta la reunificación alemana. En su declaración, los líderes de la Alianza afirmaron que la disolución del Pacto de Varsovia no alteraba ni el objeto ni las funciones de la OTAN, sino que confirmaba su validez y abría nuevas oportunidades para una "concepción ampliada de la seguridad". En lugar de reducir su papel, la organización se preparaba para expandir su radio de acción y para atraer a los países de Europa del este que buscaban protección militar como primer paso para integrarse en la CEE. Los gestos de apertura y buena voluntad de Gorbachov y la debilidad rusa, que en ese momento carecía de capacidad intimidatoria, representaban una oportunidad para avanzar en la expansión sin aceptar exigencias de neutralidad.

El antecedente a la Cumbre de Roma fue la Declaración de Londres de 1990, donde se anticipaba la nueva orientación al señalar que los miembros de la OTAN debían "mantenerse unidos para ampliar la paz duradera disfrutada durante las cuatro últimas décadas".[19] La narrativa oficial rechazaba el precepto de que la OTAN fuera un bloque en contra de Rusia, pues en realidad propiciaba una comunidad de valores que debía extenderse a otros países europeos. Para Moscú, sin embargo, estas decisiones eran prueba de que Occidente estaba reinterpretando los acuerdos de 1990 en beneficio propio. Yeltsin escribió al presidente Bill Clinton en 1993, advirtiendo que la expansión de la OTAN sería vista en Rusia como un resurgimiento de la Guerra Fría. Sin embargo, su debilidad interna y la dependencia de la ayuda financiera occidental limitaban su margen de maniobra.

La historia, que tiene sus propios tiempos, pareció acelerarse en una vertiginosa y alocada carrera. Los antiguos países satélites, liberados del control ruso, despreciaban el comunismo soviético hasta el punto de prohibirlo en algunas constituciones, y poco menos que imploraban a las organizaciones europeas ser admitidas en su seno. De la antigua URSS no quedaba ni la bandera con la hoz y el martillo, la crisis económica estaba a punto de degenerar en hambruna, y el territorio nacional se troceó en 15 repúblicas, cada una con su propia singularidad y problemas e incluso enfrentadas entre sí. Para Clinton, esta decadencia económica e institucional de la Unión de Repúblicas era la mayor bicoca que podía regalarle la historia, posibilitando terminar de una vez por todas con su legendario enemigo. Ante la magnitud del asunto, solo un presidente ciego y necio dejaría pasar tal oportunidad por cumplir ridículos compromisos adquiridos en respuesta a una situación puntual.

Dos años después de ocupar la Casa Blanca, la Administración Clinton comenzó a maniobrar para debilitar a Rusia aceptando en seno de la OTAN el ingreso de antiguos países pertenecientes al Pacto de Varsovia e incluso a antiguas repúblicas soviéticas. La Estrategia de Seguridad Nacional para la era global del 2000, sobre el liderazgo estadounidense para asegurar la prosperidad y seguridad del país, no versaba sobre si la OTAN sería o no ampliada, sino "como y cuando" lo sería. Decidir ampliar su área de influencia suponía traicionar el espíritu de cooperación expuesto en la Carta de París. Gorbachov se sintió engañado y, tal como expone en sus memorias, entendía que la ampliación de la OTAN era, en realidad, la respuesta de Estados Unidos al temor de perder influencia en Europa tras el fin de la Guerra Fría. Para Washington, la Alianza no era solo un instrumento de seguridad, sino también una herramienta para mantener el liderazgo político y estratégico en el continente. El inconveniente fundamental residía en que la OTAN se mantenía como una alianza militar excluyente en lugar de transformarse en un sistema de seguridad verdaderamente inclusivo. El original proceso de transformación se reconvirtió en uno de ampliación que alimentaría una creciente tensión con Rusia.

Moscú reaccionó a la vocación expansionista de la OTAN promoviendo la creación de la Comunidad de Estados Independientes (CEI) y el Tratado de Seguridad

Colectiva (TSC) como organismos para mantener lazos políticos, económicos y de seguridad entre las antiguas repúblicas soviéticas, este último con el propósito de constituir una alianza militar equivalente a la OTAN en el espacio postsoviético. El acuerdo fue suscrito inicialmente por Rusia, Armenia, Bielorrusia, Kazajistán, Kirguistán, Tayikistán y Uzbekistán. El propósito era crear un marco de defensa común bajo el liderazgo de Moscú, pero la debilidad militar y económica de Rusia, unida a las reticencias de varios Estados a subordinarse nuevamente a la hegemonía rusa, limitó su eficacia. Ucrania, junto a Georgia y Azerbaiyán, participó como observador en las conversaciones iniciales y firmó los acuerdos de la CEI, pero no los del TSC. Los tres países quedaron definitivamente fuera de esta alianza militar promovida por Rusia cuando no renovaron su solicitud de inclusión al expirar el primer período de vigencia en 1999. En 2002, el TSC se transformaría en la Organización del Tratado de Seguridad Colectiva (OTSC), integrada en la actualidad por Rusia, Armenia, Bielorrusia, Kazajistán, Kirguistán y Tayikistán.

La década de 1990 marcó el inicio del proceso de ampliación de la OTAN hacia los países del antiguo bloque soviético. Se presentaba como un mecanismo de estabilidad y de integración de las nuevas democracias, lo que Rusia interpretaba como una expansión que traicionaba las promesas efectuadas a Gorbachov por todos los líderes europeos, y comenzó a generarse en el imaginario colectivo ruso una sensación de agravio y desconfianza que se profundizaría en las décadas siguientes. La guerra de los Balcanes (1991-1999) fue un laboratorio en el que se puso a prueba la capacidad de la OTAN para actuar en el nuevo contexto internacional. Ante la desintegración violenta de Yugoslavia, la Alianza intervino progresivamente en operaciones de pacificación y, finalmente, en bombardeos aéreos contra las fuerzas serbias pese a no contar con la autorización del Consejo de Seguridad de la ONU. Estas operaciones demostraron que la actual OTAN era algo más que un bloque militar defensivo al proyectarse más allá de sus fronteras tradicionales. Además, los países satélite de la extinta URSS asumieron que para garantizar su seguridad frente a un eventual resurgimiento del poder ruso, integrarse en la OTAN era mayor garantía que las ofrecidas por incipientes alternativas como la CEI o la CSCE. La OTAN se estaba convirtiendo, definitivamente, en instrumento de hegemonía occidental.

El Programa de Asociación para la Paz (APP, o PfP) promovido por la OTAN en 1994 nació como propuesta de colaboración con los países exsoviéticos para atraerlos hacia la órbita occidental. Ingresar en la asociación no implicaba compromiso de membresía en la OTAN, pero implícitamente era el paso preliminar hacia la adhesión. La frase "la geopolítica no admite espacios vacíos" es una formulación clásica dentro de la teoría de las relaciones internacionales utilizada para explicar que cuando un actor pierde influencia en un territorio, otro lo ocupará. Clinton certificó la veracidad del axioma durante la Cumbre de Bruselas de 1994, dejando clara la nueva dirección estratégica al afirmar que era necesario "abrazar a las nuevas democracias de Europa"[20] y garantizarles un lugar en el sistema de seguridad euroatlántico. La ampliación de la OTAN hacia el este resultaba irreversible.

En los referidos documentos desclasificados en 2024 por el NSA (National Security Archive, o Archivo de Seguridad Nacional) aparecen voces tan ilustradas como la de Strobe Talbott —secretario de Estado adjunto en la Administración Clinton en 1997— quien escribía una carta a George F. Kennan —artífice de la Doctrina Truman, inspirador del Plan Marshall, e ideólogo de la teoría de la disuasión nuclear para contener a la Unión Soviética en la década de los cuarenta— asegurando que la ampliación de la OTAN sería "el mayor error de la política occidental en toda la era posterior a la Guerra Fría".[21] Kennan respondió el 5 de febrero de 1997 con un artículo en *The New York Times* afirmado que "la esencia de la estrategia […] es prepararse para lo peor mientras se intenta lograr lo mejor".[22]

Rusia intentó paliar los efectos de la inminente ampliación exigiendo el establecimiento de un mecanismo vinculante que otorgara a Moscú cierta capacidad de influencia en las decisiones de la OTAN, que se descartara la incorporación de los países bálticos y muy especialmente de Ucrania, y que no se desplegara armamento nuclear en los territorios incorporados. En un memorándum de 1996, el subsecretario de Estado estadounidense John Kornblum apuntaba que se trataba más de "preocupaciones" que de "exigencias", y podían ser atenuadas mediante gestos de cooperación.[23] De ahí surgió la idea de negociar un marco institucional que regulara las relaciones OTAN-Rusia. Moscú necesitaba apoyo occidental para su transición económica, para la modernización de su ejército y para mantener cierta legitimidad internacional. Por ello, aceptó participar en iniciativas conjuntas y firmar documentos como el Acta Fundacional OTAN-Rusia (París, 1997) creando un Consejo Conjunto Permanente para el diálogo y estableciendo los principios de cooperación.

Presentado oficialmente como el inicio de una nueva relación de asociación, se trataba de un simbólico gesto de inclusión para mitigar tensiones, pues su carácter era únicamente consultivo y no vinculante. Documentos internos conocidos años después revelan el verdadero trasfondo, y la transcripción de conversaciones entre Yeltsin y Clinton muestran que Moscú aceptó el acuerdo como un "paso obligado", como un mal menor. En la Cumbre de Helsinki de marzo de 1997, donde quedó explícito que la OTAN ampliaría sus fronteras, Yeltsin manifestó que consideraba la expansión un grave error: "Nuestra posición no ha cambiado. La ampliación de la OTAN hacia el Este es un error. Tengo que emprender pasos para mitigar los efectos negativos de esto para Rusia. Estoy dispuesto a firmar el Acta Fundacional no porque quiera, sino porque es un paso obligado. Al día de hoy no hay alternativa".[24]

El Acta fue una fórmula para maquillar la decisión ya tomada de expandir la OTAN y Rusia no tuvo alternativa posible, estando debilitada política, económica y militarmente para oponerse. El ejército ruso estaba mal equipado, mal financiado y desmoralizado, y el sentimiento en Moscú era de impotencia frente a la arrogancia occidental. Soy "ministro de un ejército que se desmorona y de una flota moribunda", dijo Igor Rodionov, el ministro de Defensa ruso en la década de los noventa.[25] Las repetidas maniobras militares de la OTAN en territorios sensibles, como en Noruega, cerca de bases estratégicas de la flota rusa en la península de Kola, agravó la frustración rusa. "Ellos deciden todo y luego nos invitan a tomar café en Bruselas para comunicárnoslo", se lamentó Sergei Rogov,[26] director del Instituto de Estados Unidos y Canadá de la Academia de Ciencias de Rusia —años más tarde Putin le privaría de todos sus cargos por oponerse públicamente a la invasión de Ucrania—. Aunque en ese momento Rusia no tenía la fuerza para revertir la situación, la expansión propició un conflicto latente que estallaría años después en Ucrania.

Finalmente, en la Cumbre de Madrid de 1997, se invitó a Polonia, Hungría y la República Checa a iniciar negociaciones de adhesión y en 1999 los tres países ingresaron formalmente en la Alianza. Fue la primera ampliación hacia el antiguo espacio del Pacto de Varsovia y un símbolo inequívoco del cambio en el equilibrio de poder. Tal decisión transformó el mapa estratégico de Europa y, al mismo tiempo, enviaba a Rusia el mensaje de que la OTAN estaba dispuesta a expandirse hasta sus fronteras. Moscú lo interpretó como una amenaza directa a su seguridad y una violación del espíritu, si no de la letra, de las promesas de 1990. Washington y Bruselas veían la oposición rusa como un problema de gestión diplomática, y no como una amenaza estructural para la ampliación, que era lo sustancial. En este contexto, las visitas del secretario general de la OTAN, Javier Solana, a Moscú eran percibidas como gestos vacíos que confirmaban la impotencia rusa frente a la expansión.

1.2.4. Vladimir Putin y la "paz caliente".

Desde el año 2000, la dinámica entre la OTAN y Rusia se centró cada vez más en la cuestión ucraniana. Las mencionadas ampliaciones de la Alianza dejaron claro que la posibilidad de incorporar Ucrania a la OTAN era más real que teórica. Para Moscú, esa posibilidad resultaba tan inaceptable como en 1997, cuando Yeltsin advirtió a Clinton que la integración de Ucrania en la Alianza era una línea roja que Rusia nunca aceptaría ni permitiría.

La admisión en el 2004 de las repúblicas bálticas de Estonia, Letonia, y Lituania —junto a Bulgaria, Eslovaquia, Eslovenia y Rumanía—, supuso para Moscú una provocación mayor, pues significaba que la OTAN acampaba junto a las fronteras de la

Federación Rusa. Las posteriores incorporaciones de Albania y Croacia en 2009, Montenegro en 2017 y Macedonia del Norte en 2020, incrementaron el número de países de la Alianza de 16 en 1991 a 30 en 2020. Bruselas insistía en que la ampliación era un proceso voluntario que respondía a la lógica de garantizar la estabilidad de Europa consolidando democracias emergentes. Para Moscú era la confirmación de que la Alianza Atlántica, al incumplir las promesas de 1990, pretendía cercar a Rusia reduciendo su influencia y capacidad de maniobra para privarla de cualquier margen estratégico. Esta subestimación de las percepciones rusas por parte de Europa traería consecuencias nefastas. WikiLeaks filtró una comunicación el 1 de febrero de 2008 entre William J. Burns, embajador estadounidense en Rusia —años más tarde director de la CIA—, y la secretaria de Estado Condoleezza Rice titulado "*Nyet* ["No", en ruso] significa *Nyet*: las líneas rojas de la ampliación de la OTAN por parte de Rusia" asegurando que la incorporación de Ucrania a la Alianza representaba una línea roja para Rusia:

> La ampliación de la OTAN, en particular a Ucrania, sigue siendo un asunto emotivo y neurálgico para Rusia, pero consideraciones de política estratégica también subyacen a la firme oposición a la adhesión de Ucrania y Georgia a la OTAN. […] Las aspiraciones de Ucrania y Georgia a la OTAN no solo tocan una fibra sensible en Rusia, sino que también generan serias preocupaciones sobre las consecuencias para la estabilidad en la región. Rusia no solo percibe un cerco y esfuerzos para socavar su influencia en la región, sino que también teme consecuencias impredecibles e incontrolables que afectarían gravemente los intereses de seguridad rusos.[27]

La decisión estadounidense de retirarse en el 2019 del Tratado INF (Fuerzas Nucleares de Alcance Intermedio), acordado en 1987 por Reagan y Gorbachov, tensionó las relaciones con Rusia. Washington afirmó tomar tal medida en respuesta a la violación del tratado por parte de Rusia al desarrollar un nuevo misil de crucero terrestre (el Novator 9M729). Moscú lo negó y acusó a Estados Unidos de querer instalar sistemas de misiles en Europa oriental. La retirada del INF supuso el colapso de un referente de estabilidad estratégica de la Guerra Fría y reforzó la percepción rusa de que Occidente buscaba obtener ventaja militar directa en su frontera.

La invasión napoleónica, la participación británica y francesa en guerra de Crimea a mediados del siglo XIX, la intervención alemana en la Primera Guerra Mundial, la injerencia aliada durante la guerra civil, la invasión nazi —por no mencionar la disparatada "Operación Impensable", elaborada por el Estado Mayor británico en 1945 a petición de Churchill para atacar la URSS— son algunos de los motivos por los que Rusia siempre consideró sus fronteras occidentales esenciales para preservar la seguridad e integridad nacional. Una OTAN expandida hasta las puertas de casa suponía para Moscú un riesgo difícil de aceptar. El dilema de Ucrania, percibida como pieza clave de la seguridad rusa, comenzó a perfilarse como un peligroso asunto de confrontación. Rusia se encontraba atrapada entre la necesidad de mantener buenas relaciones con Occidente y la convicción de que la expansión de la OTAN socavaba sus intereses vitales. Lo que en los años noventa fueron desavenencias diplomáticas, se podía transformar en el siglo XXI en un conflicto abierto, y el resentimiento acumulado durante la década de Yeltsin sería el combustible de la política más agresiva que Putin emplearía durante su presidencia.

Aunque el nuevo milenio llegaba con aires de recuperación económica, la sociedad rusa recordaba las penurias de la década precedente y en especial el "trienio desolador" (1991-1994), marcado por la corrupción y la miseria social que derivó en una pérdida de orgullo nacional. Los años de carencias alimentaron la nostalgia soviética y crearon el caldo de cultivo para el retorno del autoritarismo, que se sustanció con la elección presidencial de Vladimir Putin en el año 2000. La personalidad de Putin, exagente de la KGB, nada tenía que ver con la de sus predecesores, lo mismo que la del debilitado Biden en nada se parecía a la de Reagan o Clinton. Durante la primera presidencia de Putin, Rusia comenzó a recuperarse gradualmente de la crisis postsoviética gracias, en buena parte, a las compras europeas de gas y petróleo. La situación económica y política era radicalmente distinta a la debilidad del gobierno de Yeltsin, que debió doblegarse ante decisiones tomadas a miles de kilómetros de Moscú sin que sus advertencias pudieran traducirse en medidas políticas efectivas. Además, en la sociedad rusa había tomado cuerpo la narrativa de la traición a las promesas de contención territorial y la sensación de resentimiento se venía incubando desde la aceptación de los países bálticos, antiguas repúblicas soviéticas, en el seno de la OTAN. Aquella línea roja de la que hablara Yeltsin se convirtió en la piedra angular de la política exterior rusa, y el paso dado por la Alianza fue percibido como antesala para una futura admisión de Ucrania. La "concordia americana" de los años noventa se antojaba como un paréntesis histórico porque tras la llegada de Putin el mundo entraba en una nueva fase de "paz caliente".

Durante la cumbre de la OTAN en Bucarest de 2008, Ucrania y Georgia se sumaron al Plan de Acción para la Adhesión (MAP), paso previo para la plena membresía. Alemania, Francia y otros aliados mostraron ciertas reticencias, pero Estados Unidos impuso su criterio y en la declaración final se certificaba que "estos países se convertirán en miembros de la OTAN".[28] Occidente parecía no haber entendido que el escenario de asimetría insalvable que marcó la década de los 90 nada tenía que ver con el momento actual. Durante la era Putin, la situación económica y política era radicalmente distinta a la de Yeltsin. Rusia había recuperado músculo, y unos meses después de la cumbre en Bucarest su ejército atacaba Georgia para apoyar a las separatistas prorrusas Osetia del Sur y Abjasia. La guerra de Georgia fue una suerte de singular mensaje que Rusia envió a Occidente indicando estar dispuesta a utilizar la fuerza, si era necesario, para garantizar su seguridad. Supuso un giro en la política exterior rusa desde la disolución de la URSS y fue un claro aviso de lo que ocurriría en Ucrania de continuar con su pretensión de integrarse en la OTAN.

Con más de 40 millones de habitantes, recursos estratégicos y una posición geográfica clave entre Europa y Rusia, la orientación política de Ucrania resultaba vital para ambos bloques. Desde su independencia en 1991, los distintos gobiernos oscilaron entre los prorrusos y los prooccidentales, reflejando una división interna entre el este y el sur del país, más cercanos a Moscú, y el oeste, más orientado hacia Europa. Por su tamaño, ubicación geográfica y vínculos históricos con Rusia, Ucrania era considerada una pieza central en la seguridad europea y en la identidad rusa. En la Conferencia de Seguridad celebrada en Múnich a comienzos del 2007, Putin tuvo una durísima e histórica intervención, conocida como "Discurso de Múnich". Por primera vez desde la caída del Muro de Berlín se enfrentaba abiertamente Rusia a Estados Unidos cuestionando el modelo unipolar del nuevo orden que trataban de imponer los estadounidenses. Pero el asunto central de su intervención fue acusar a la OTAN de incumplir las promesas realizadas por las autoridades de la Alianza a Gorbachov tras la unificación alemana. Las incorporaciones ya consumadas suponían una afrenta para su país y la posibilidad de aceptar a Ucrania y Georgia, una amenaza inadmisible porque ello supondría la presencia directa de fuerzas militares pertenecientes a la organización en sus fronteras. Rusia nunca lo admitiría porque, según lo expresó Putin:

> Creo que está claro que el proceso de la expansión de la OTAN no tiene nada que ver con la modernización de la Alianza misma o la seguridad en Europa. Al revés, es un factor provocador serio que reduce el nivel de la confianza mutua. Y tenemos el derecho de preguntar abiertamente: ¿contra quién va dirigida esta expansión? ¿Y dónde están aquellas garantías que nuestros socios occidentales hicieron tras la disolución del Pacto de Varsovia?[29]

No fue el único reproche hacia Occidente lanzado por el presidente ruso en este trascendental discurso. También se refirió, una vez más, a las promesas incumplidas por Europa:

> Hubo promesas a nuestro país de que la OTAN no se expandiría ni una pulgada hacia el Este. Reitero: nos engañaron, en otras palabras, simplemente nos timaron. Sí, muchas veces se oye que la política es un asunto sucio. Tal vez lo sea, pero no tanto. Después de todo, tal comportamiento engañoso contradice no solo los principios de las relaciones internacionales, sino sobre todo las normas generalmente reconocidas de moralidad. ¿Dónde está la justicia y la verdad aquí? Nada más que mentiras totales e hipocresía.[30]

Se desoyó el argumentario ruso y en la Cumbre de Bucarest se ofreció a Ucrania y Georgia un Plan de Acción para la Adhesión. No se establecían plazos ni condiciones, pero Putin, invitado a participar en la cumbre, repitió las mismas demandas del Discurso de Múnich, exigiendo garantías jurídicas que excluyeran futuras expansiones con una eventual incorporación de las exrepúblicas soviéticas Ucrania y Georgia a la Alianza. Sus reivindicaciones fueron ignoradas una vez más, y Putin lo interpretó como una nueva amenaza para la seguridad de Rusia. La OTAN parecía dispuesta a incumplir el compromiso relativo a la ampliación de su espacio, no reconocía los límites de influencia rusa, e ignoraba sus inquietudes respecto a la seguridad. La guerra en Georgia de aquel mismo año fue un claro mensaje en el sentido de que Rusia no aceptaría futuras ampliaciones de la OTAN en su área de influencia.

Las revueltas políticas en Ucrania conocidas como "Revolución Naranja" (2004) y "Euromaidán" (2014) desembocaron en la independencia de Crimea y los levantamientos prorrusos en el Donbás. Rusia no permanecía ajena a estos acontecimientos teledirigidos desde Moscú para prevenir que Ucrania se integrara plenamente en la OTAN y proteger sus intereses estratégicos, en particular la base naval de Sebastopol en el mar Negro. Para la OTAN, la anexión de Crimea supuso una violación flagrante del derecho internacional y del orden europeo surgido tras 1991. Desde ese momento, las relaciones entre Rusia y Occidente entraron en una fase de confrontación abierta con Ucrania como epicentro del conflicto. La confrontación dejó de ser diplomática para volverse bélica; lo que para Moscú significaba una amenaza existencial, era garantía de paz y estabilidad para Occidente.

La primera presidencia de Donald Trump (2017-2021) introdujo una variable nueva en el equilibrio interno de la OTAN. Trump inició una política de confrontación con sus socios tradicionales, acusándoles de no invertir lo suficiente en defensa y amenazando con retirar a Estados Unidos de una organización cuya utilidad cuestionaba. Durante su primera presidencia el gobierno estadounidense reforzó la presencia militar en Europa del Este y aumentó la venta de armas, sin embargo, el discurso rupturista de Trump provocó un cierto distanciamiento entre Europa y Estados Unidos. La situación se degeneró al punto que el presidente francés Emmanuel Macron aseguró el 7 de noviembre de 2019 en una entrevista a *The Economist* que "la OTAN está en estado de muerte cerebral".[31]

La segunda guerra de Chechenia, la intervención en Georgia, la incorporación de Crimea, el apoyo a la insurrección en el Donbás, las operaciones en Siria… ponían de manifiesto que Rusia había pasado de la retórica a la acción. Ucrania no solo ignoró el nuevo escenario, también desoyó los continuos mensajes que llegaban de Moscú exigiendo su neutralidad como garantía de seguridad. El presidente

Poroshenko promovió en el 2019 una reforma constitucional fijando como objetivo estratégico la adhesión a la OTAN y la CE. En septiembre de 2021 Zelenski firmó el Boletín Estratégico de Defensa de Ucrania que confirmaba la prioridad de la adhesión a la OTAN. Además, el Consejo de Seguridad Nacional y Defensa aprobó incrementar en casi 100 millones de dólares —3.300 millones de UAH, moneda ucraniana— el presupuesto estatal de ese año para desarrollar el programa de armamento de misiles.

En 2019 el *think tank* RAND (Research and Development —Investigación y Desarrollo—, asesora a las Fuerzas Armadas de Estados Unidos en temas de defensa, seguridad nacional, y planificación a largo plazo) publicó "Expandiendo Rusia: competir desde una posición ventajosa".[32] En más de 300 páginas se plantea cómo podría Estados Unidos debilitar a Rusia y "reconociendo que cierto nivel de competencia con Rusia es inevitable, este informe busca definir las áreas en las que Estados Unidos puede hacerlo en su propio beneficio", además de avisar que "las medidas geopolíticas para incitar a Rusia a extenderse excesivamente y las medidas ideológicas para socavar la estabilidad del régimen conllevan riesgos significativos". La presidencia de Biden siguió fielmente las indicaciones del informe de RAND, que finalmente desembocaron en el conflicto armado del que Occidente culpa a Rusia, que intentó, hasta el último momento, alcanzar algún tipo de acuerdo.

El 15 de diciembre de 2021, Rusia entregó a EE.UU. un borrador del Tratado sobre Garantías de Seguridad exigiendo que ningún país exsoviético como Ucrania se pudiera unir a la OTAN y prohibiendo el despliegue de misiles terrestres de corto o medio alcance con capacidad de atacar territorio ruso y de fuerzas armadas, con referencia en mayo de 1997. Europa y Estados Unidos respondieron a finales de enero calificando de inaceptables las demandas rusas al entender que se trataba de una inadmisible injerencia política en contraposición a la política de "puertas abiertas" que posibilitaba la incorporación de terceros países a la OTAN. No llegó a firmarse convenio alguno.

Jeffrey Sachs —fue asesor económico de Gorbachov y Yeltsin— pronunció en febrero de 2025 en el Parlamento Europeo el discurso titulado "La geopolítica de la paz", donde referencia una conversación mantenida con Jake Sullivan —Asesor de Seguridad Nacional en 2021— en la que le rogaba evitar la guerra: "Jake, evita la guerra. Puedes evitarla. Solo tiene que decir Estados Unidos: 'La OTAN no se ampliará a Ucrania'. Y él me respondió: 'Oh, la OTAN no se ampliará a Ucrania. No te preocupes'". Continúa Sachs relatando la conversación, "Dije: 'Jake, dilo públicamente'. 'No. No. No. No podemos decirlo públicamente'. Dije 'Jake, ¿vas a tener una guerra por algo que ni siquiera va a suceder?'. Él dijo: 'No te preocupes, Jeff. No habrá guerra'".[33]

Rusia respondió a los acontecimientos de la Revolución Naranja con presión económica y utilizando los suministros de gas como herramienta de coerción, y al Euromaidán anexionando Crimea y apoyando a los secesionistas del Donbás. El Boletín Estratégico y el rechazo a su Tratado sobre Garantías de Seguridad suponía un nuevo desafío. Putin vio en la debilidad de una OTAN desunida y "en estado de muerte cerebral", citando a Macron, la oportunidad de poner fin de una vez por todas al perverso juego que se remontaba a finales de los ochenta.

El reconocimiento de la independencia de las repúblicas de Donetsk y Lugansk significaba el preámbulo a la invasión. En el discurso del 21 de febrero de 2022 pronunciado por ese motivo, Putin repitió la argumentación que durante más de 30 años habían esgrimido los dirigentes soviéticos: "La adhesión de Ucrania a la OTAN es una amenaza directa para la seguridad de Rusia".[34] Cuando tres días más tarde, el 24 de febrero de 2022, se dirigió a la Asamblea Federal de Rusia justificando la invasión, mencionó de forma explícita la citada Estrategia de Seguridad Nacional de Clinton del año 2000, que para Putin suponía "un intento de ignorar los intereses de Rusia en la resolución de importantes problemas internacionales, incluidas las situaciones de conflicto, que pueden socavar la seguridad y la estabilidad internacional".[35]

Sin pretenderlo, la OTAN se encontraba atrapada en un contrasentido tan complejo como la paradoja del mentiroso ("Esta oración es falsa"). Se expandió hacia el este era para garantizar la seguridad de Europa, y ahora esa seguridad dependía de su capacidad para superar las complicaciones derivadas de tal expansión. Tres años más tarde, resulta evidente que ni el poder militar ruso ni el armamento suministrado por Estados Unidos y Europa pondrán fin a la guerra. La experiencia histórica demuestra que los conflictos estructurales de seguridad se resuelven mediante acuerdos diplomáticos que redefinan las reglas del juego. Así ocurrió en la crisis de los misiles de Cuba de 1962, cuando el riesgo de confrontación nuclear obligó a Washington y Moscú a pactar. De la misma manera, la guerra en Ucrania solo podrá concluir con un acuerdo que garantice la seguridad de ambas partes.

Acuerdo bastante más complicado de lo que Trump imaginaba cuando, durante la campaña electoral, aseguró que terminaría la guerra de Ucrania en solo unos días. La reunión con Putin en Alaska en verano del 2025 se sustanció en buenas palabras, pero no en resoluciones concretas. Tras el alto el fuego en el conflicto de Gaza, protagonizado por Trump, se propuso una nueva reunión, esta vez en Budapest, que fue anulada para "evitar perder el tiempo" en palabras del presidente estadounidense y para tranquilidad europea.[36] Los países europeos apoyan de manera incondicional a Zelenski y mantienen con firmeza el principio de que Ucrania no debe ceder territorio a Rusia, al considerar que cualquier concesión en este sentido legitimaría la agresión y sentaría un precedente peligroso para la seguridad del continente. Sin embargo, esta posición en absoluto es pragmática, al menos en este momento, pues Putin no puede permitirse salir derrotado y una retirada completa equivaldría a reconocer el fracaso de su proyecto geopolítico y a debilitar su autoridad interna. Mientras Ucrania y Europa insistan en el principio de integridad territorial, el conflicto se prolongará. A finales de noviembre de 2025, Trump presentó un plan de paz con 28 puntos que fueron posteriormente reducidos a 20. La última noticia del año es que el acuerdo de paz está ultimado al 95%, según Zelenski con el beneplácito de Trump.[37] El contenido de las negociaciones no ha trascendido, pero mucho me temo que las demandas de Rusia al inicio de la guerra —reconocimiento de Crimea como territorio ruso, anexión del Donbás y limitación de la expansión de la OTAN en su espacio fronterizo— serán en mayor más que menor medidas satisfechas. Si así es, la guerra de Ucrania puede pasar a los anales como la más estúpida y al mismo tiempo trascendente en la historia de la humanidad.

CAPÍTULO II
Ucrania: el punto sin retorno

CAPÍTULO II   UCRANIA: EL PUNTO SIN RETORNO

2.1. Entre la sesgada narrativa oficial y la complejidad histórica: "¡Gloria a Ucrania! ¡Gloria a los héroes!".

La anexión de Crimea y posterior invasión de Ucrania en 2022 por parte de Rusia representa la culminación a un proceso de desconfianza mutua acumulada durante tres décadas, iniciado con el derribo del Muro de Berlín en 1989. El recorrido histórico desde la reunificación alemana y la configuración del espacio postsoviético hasta la posterior Revolución Naranja y Euromaidán en Ucrania ha sido una sucesión de errores estratégicos y cálculos fallidos por cuantos actores han intervenido.

De haberse atajado a tiempo, podría haberse limitado a un conflicto regional, de índole similar a las guerras balcánicas de los años noventa. Sin embargo, la singularidad del contexto político y económico en la geopolítica mundial actual y la concurrencia de dos figuras decisivas —Vladimir Putin y Donald Trump— han elevado su importancia a niveles comparables a la Segunda Guerra Mundial. Lo realmente trascendental de este enfrentamiento —más allá de redefinir fronteras como ocurrió en Yugoslavia— es que alterará los equilibrios de poder globales propiciando un nuevo orden mundial tal como sucedió en 1945. En Ucrania se ha pulverizado la estabilidad y *status quo* del orden internacional, y las consecuencias resultantes de decisiones y nuevas alianzas surgidas, sea cual fuere el desenlace, reconfigurarán de manera drástica la arquitectura de seguridad europea y transformarán la distribución de la hegemonía política, económica y militar mundial.

Serguei Lavrov ha mencionado en alguna ocasión que los consejeros de Putin son Iván el Terrible, Pedro el Grande y Catalina la Grande.[38] La apreciación del ministro ruso de Exteriores resulta tan reduccionista como el discurso predominante en Occidente al simplificar la complejidad del conflicto, alimentando la percepción de que la guerra obedece a la ambición personal de un líder autoritario, Vladimir Putin, obsesionado en restaurar el zarista imperio perdido. Este marco interpretativo ha sido reforzado por medios de comunicación tradicionales y digitales. En pleno fragor bélico Igor Torbakov en *Eurozine* ("Putin's Sick Political Imagination")[39] y Tracy Wilkinson en *Los Angeles Times* ("Why Is Russia's Vladimir Putin So Obsessed With

Invading Ukraine?"),[40] junto a muchos otros, dibujaron a Putin como una suerte de nuevo Hitler que, desde una perspectiva neostalinista, pretendía recuperar el esplendor del antiguo imperio zarista o le guiaba el resentimiento hacia Occidente y estaba convencido de llevar a cabo una misión histórica resolviendo las injusticias perpetradas contra Rusia.

Bajo esta perspectiva de agresión unilateral, Ucrania se convierte en víctima inocente de un ataque injustificado y, por tanto, Rusia representa una seria amenaza al orden internacional y la seguridad en Europa. "¡Gloria a Ucrania! ¡Gloria a los héroes!" se convirtió en el saludo tras independizarse de la URSS. Para la OTAN, la invasión rusa violó el derecho internacional y, de forma especial, los compromisos adquiridos en el Memorándum de Budapest de 1994. La percepción que ha calado en buena parte de la opinión pública es que Putin encarna el mal, mientras que el apoyo bélico a Ucrania se convierte en sinónimo de defensa de la democracia y de los valores liberales. La narrativa oficial rusa, sin embargo, presenta la guerra como una acción defensiva ante una amenaza existencial. Putin, en su discurso a la Asamblea de la Federación Rusa en 2022,[41] sostuvo que en los territorios adyacentes estaba surgiendo un sentimiento hostil contra Rusia. No solo eso, Estados Unidos y sus aliados habían instrumentalizado a Ucrania como herramienta de contención geopolítica, situando a Rusia ante un dilema de "vida o muerte", en palabras de Putin.

Desde la expansión de la OTAN en los años noventa hasta la instalación de sistemas antimisiles en Europa del Este, Moscú ha interpretado cada movimiento occidental como una amenaza directa. La narrativa de "traición" por parte de Occidente, vinculada a las promesas de no expandir la OTAN, ha alimentado el resentimiento y la desconfianza entre la población rusa. En este marco, Rusia habría iniciado la guerra por la necesidad de preservar su seguridad en un entorno hostil para prevenir el ingreso de Ucrania en la Alianza Atlántica. Tal acontecimiento implicaría una amenaza similar a la crisis de los misiles en Cuba (1962). Si se consideraron legítimas las actuaciones estadounidenses, que a punto estuvieron de desembocar en un conflicto nuclear para preservar su seguridad, Rusia también estaba legitimada para impedir verse en una situación idéntica.

La confrontación de narrativas no se limita al plano político, también se libra en el terreno de la opinión pública. Tanto Occidente como Rusia han desplegado estrategias de propaganda que buscan reforzar la legitimidad de sus acciones. Occidente recurre a enfatizar valores relativos a la democracia, la libertad o los derechos humanos. Rusia alude a la supervivencia nacional y la protección de la población rusoparlante del Donbás, y, recurriendo a la "desnazificación", la vincula con la memoria de la Gran Guerra Patria contra el nazismo. En el imaginario colectivo ruso, Ucrania no se entiende como un Estado joven que alcanzó la independencia en

1991, sino como un territorio que ha desempeñado un papel crucial en la realidad identitaria rusa. Durante la época zarista se reconocía a Moscú como el corazón, a San Petersburgo como el cerebro, en tanto que Kiev era el alma de la madre Rusia. *Taras Bulba* (1835), del escritor ucraniano Nikolai Gogol, refleja la resistencia cosaca a la incorporación de Ucrania a Polonia, reivindicando su cercanía cultural e ideológica a Rusia. La configuración de la URSS tras la Revolución de 1917 implicó la incorporación de territorios de manera artificial en algunos casos, pero ese no fue el caso de Ucrania, integrada desde sus orígenes con el proyecto político revolucionario soviético. Este imaginario sobrevivió en la memoria colectiva y a ello aludió Putin al dirigirse a los ciudadanos rusos tanto en la anexión de Crimea en 2014 como en la invasión de Ucrania en 2022. En la polémica entrevista concedida a Tucker Carlson en febrero de 2024, Putin manifestó que "Ucrania es un Estado artificial que se formó por voluntad de Stalin". [42]

Durante la Segunda Guerra Mundial, Ucrania fue escenario de algunos de los combates más devastadores del conflicto, y tras la guerra Moscú consolidó su control político y económico industrializando las regiones de Donetsk y Lugansk que experimentaron una fuerte inmigración rusa. También se impulsó una política lingüística que contribuyó a la rusificación de amplios sectores urbanos. No obstante, en el oeste del país, el nacionalismo ucraniano no renunció a su propia identidad y se convirtió en un factor clave tras la independencia en 1991.

2.2. De la independencia al Euromaidán: "Unos roban y otros dimiten".

La importancia de Ucrania en la ahora extinta Unión de Repúblicas era tal que precipitó el colapso definitivo de la URSS, pues sin Ucrania el proyecto soviético carecía de viabilidad política. El 8 de diciembre de 1991, una semana después de votarse la independencia ucraniana, se firmó el Tratado de Balavezha entre la RSS de Bielorrusia, la RSS de Ucrania y la RSFS de Rusia, donde se escenificó la defunción de la URSS y, al mismo tiempo, engendraba una pretendida Comunidad de Estados Independientes (CEI), que agruparía a cuantas repúblicas soviéticas desearan sumarse. Tras la firma del tratado, Ucrania se enfrentó al dilema de mantener los históricos vínculos con Rusia o seguir el mismo camino que las repúblicas bálticas y aproximarse a la Europa occidental. Su posición geográfica y sus recursos naturales la convirtieron en objeto de deseo para Occidente. Desde la década de 1990, Estados Unidos y la Unión Europea impulsaron programas de cooperación política, económica y militar con Kiev. Se presentaban como iniciativas de democratización y modernización, pero el trasfondo respondían al propósito de debilitar la influencia rusa en la sociedad ucraniana generando un estado de opinión con vocación occidentalista. El *Joint Statement on Economic and Commercial Cooperation*, suscrito en marzo de 1994 entre Ucrania y Estados Unidos con Bill Clinton en la presidencia, pretendía "fortalecer las relaciones entre Estados Unidos y Ucrania".[43] Aunque Ucrania fue uno de los precursores de Belavezha, nunca llegó a integrarse y se retiró formalmente en el 2018.

Una semana antes de la firma de Balavezha, Ucrania había celebrado un referéndum en el que los votantes se pronunciaron a favor de la independencia y Leonid Kravchuk, apoyado por Yeltsin, fue elegido presidente. La participación fue del 84,18% (31.891.742 votantes) y el 90,32% (28.804.071 votantes) apoyaron la independencia. El nacionalismo ucraniano, que durante la época soviética había permanecido aletargado, obtenía una victoria incontestable. Incontestable a primera vista, pues, como en todos los referéndums, este también tuvo su "letra pequeña". El referéndum se celebró en un momento crítico para la URSS en pleno proceso de descomposición, y en las regiones del este, el sur, y muy especialmente en Crimea, con mayor presencia de población rusoparlante, los apoyos a la independencia fueron sensiblemente menores. Aquel mismo año Ucrania se unió al programa Asociación para la Paz, una iniciativa de cooperación pero no de ampliación, con la pretensión de cooperar en temas de seguridad conjunta y preámbulo de futuras relaciones con la OTAN. En 1997, PfP se transformó en la Comisión OTAN-Ucrania, en cuyo marco comenzaron a desarrollarse maniobras militares conjuntas bajo el epígrafe *Sea Breeze*.

Finalizando 1994, Estados Unidos, Reino Unido, Rusia y Ucrania firmaban el manoseado y ya referido Memorándum de Budapest por el que, además de lo dicho, Ucrania se adhería al Tratado de No Proliferación Nuclear de 1968. El carecer de estatus de tratado internacional con mecanismos de ejecución generó un intenso debate sobre su carácter vinculante, pues dependía de la disuasión diplomática en vez de garantías militares reales. La deriva de los acontecimientos parece dar la razón a quienes ya en su momento señalaron el error estratégico que se estaba cometiendo. Ucrania, necesitada de reconocimiento internacional y apoyo financiero, aceptaba renunciar a su arsenal atómico con la única garantía de la buena fe sin obtener compromisos más sólidos de defensa, como los que ofrece el Artículo 5 del Tratado del Atlántico Norte. Sí se otorgaba a Ucrania una suerte de "garantía negativa de seguridad", al tratarse más de compromisos políticos y diplomáticos que de una obligación jurídica de defensa. En cualquier caso, Rusia no reconoce haber violado el tratado pues, según su lectura, el ámbito está restringido al armamento nuclear y no al convencional. Las repercusiones internacionales del fracaso del memorándum tendrán, sin duda, secuelas profundas en el régimen global al constituir un precedente negativo para futuros acuerdos internacionales.

En mayo de 1997, un año después de aprobarse la Constitución ucraniana y durante la presidencia del prorruso Leonid Kuchma, Rusia y Ucrania firmaron el Tratado de Amistad, Cooperación y Asociación, conocido como "El Gran Tratado", que, además de establecer los principios de asociación estratégica, debía servir de marco para las posteriores relaciones entre ambas naciones. El Gran Tratado suponía una suerte de contrapeso a la Carta OTAN-Ucrania destacando la importancia de Ucrania para la seguridad europea. En las elecciones del 2004, Viktor Yanukovich, apoyado por Rusia, venció en una campaña marcada por acusaciones de fraude electoral y grotescas irregularidades, como el envenenamiento del candidato reformista Viktor Yushchenko. Estados Unidos estaba promoviendo en esos momentos GUAM, una organización con antiguas repúblicas soviéticas —Georgia, Ucrania, Azerbaiyán y Moldavia— próximas a Occidente y, con Yanukovich presidiendo Ucrania, el futuro de GUAM resultaba más que incierto. La CIA ensayó el modelo intervencionista que derrocó a Salvador Allende en Chile, avivando las protestas populares conocidas como la Revolución Naranja; Occidente, que vio la oportunidad de encauzar el futuro de Ucrania por la vía europea, apoyó la jugada. Finalmente, el descontento generalizado propició la repetición de elecciones que, ahora sí, colocaron a los reformistas al frente del gobierno.

Para Moscú, la Revolución Naranja fue apadrinada por Occidente y Estados Unidos para apartar a Ucrania de la influencia rusa y simbolizaba la pugna entre el renacimiento del poder ruso y las intenciones expansionistas de Occidente. Tal extremo quedó confirmado con el reportaje publicado años más tarde en *The New York Times* titulado "La guerra de espionaje: cómo la CIA ayuda en secreto a Ucrania a combatir a Putin".[44] La presidencia de Yushchenko estuvo marcada por la corrupción y los problemas económicos. Aparte de eso, dio un nuevo giro de tuerca a las delicadas relaciones con Rusia cuando en el 2005 incluyó en la Doctrina Militar de Ucrania de 1993 una mención sobre las garantías de seguridad que ofrecían tanto la OTAN como la CE. Las tensiones con su primera ministra Yulia Timoshenko hicieron saltar la alianza y convocar nuevas elecciones. El resultado supuso un contratiempo para Europa, pues venció el prorruso Partido de las Regiones con el 30% de los votos, justo el doble que el proeuropeo Nuestra Ucrania de Yushchenko (15%), y la plataforma de Timoshenko que se quedó en un 22%.

En las elecciones del 2010 Yanukovich venció a la candidata reformista Timoshenko, miembro del Gabinete de Yushchenko. Su política de defensa retomó la ley "Sobre los Fundamentos de la Seguridad Nacional de Ucrania" que mantenía una cierta equidistancia entre la OTAN y la Organización Tratado de Seguridad Colectiva (OTSC), sucesora *de facto* del Pacto de Varsovia y liderada por Rusia. La ley, entendieron algunos, colocaba a Ucrania en un peligroso limbo a medio camino entre los dos bloques en el que resultaba imposible garantizar su seguridad y la defensa de sus fronteras. En el otoño de 2013 dieron comienzo una serie de manifestaciones nacionalistas denunciando la corrupción y las violaciones de los derechos humanos. Putin perdió una oportunidad de oro para mediar entre las partes y convertirse en árbitro y referente de tan compleja situación. En vez de eso, forzó a Yanukovich a no ratificar el Acuerdo de Asociación entre la Unión Europea y Ucrania, que había sido mayoritariamente aprobado por el parlamento. Tal decisión provocó multitudinarias manifestaciones y violentos disturbios en Kiev a lo largo de febrero de 2014, conocidos como Euromaidán, de tal intensidad que provocaron la destitución y huida de Yanukovich, aliado clave para Moscú.

La joven y liberal democracia ucraniana había derrotado a los nostálgicos de la Unión Soviética que se resistían a ser sustituidos, fue el mensaje tendencioso y partidista, como en la Revolución Naranja, que volvimos a aceptar mansamente los europeos. Ese mismo mes de febrero apareció un video en YouTube reproduciendo la conversación entre Geoffrey Pyatt, embajador estadounidense en Ucrania, y Victoria Nuland, portavoz del Departamento de Estado con Obama y encargada del Departamento de Estado para Asuntos Europeos, maniobrando para derrocar al régimen de Yanukovich y poner en su lugar a un presidente rusófobo, Arseni Yatseniuk, a quien manejarían a su antojo.[45] Los "salvadores políticos" que respaldaba Europa eran dos viejos conocidos: el referido Yushchenko, primer ministro en la presidencia del prorruso Kuchma, y la previamente derrotada Timoshenko, destacada oligarca del sector energético y viceprimera ministra con Yushchenko. El mar de fondo que provocó el tsunami del Euromaidán no era la lucha por la libertad ni la democracia, y la confrontación no respondía a diferencias ideológicas, sino a una soterrada pelea con trasfondo de corrupción e ilegalidades que tanto Timoshenko como Yushchenko venían arrastrando desde la Revolución Naranja. "Unos roban y otros dimiten", afirmó Mykola Tomenko, figura destacada de la Revolución Naranja, provocando con su dimisión la destitución en pleno del gobierno de Yushchenko a finales del 2005.[46]

La Comunidad Europea volvía a actuar con arrogancia e ingenuidad, convencida de que podía avanzar en sus planes sin provocar reacciones graves. Tal como manifestó Gleb Pavlovski, asesor de Yeltsin y Putin, aseguró que "la Revolución Naranja fue una catástrofe muy útil para Rusia, aprendimos mucho",[47] y la caída de Yanukovich propició la anexión rusa de Crimea en 2014 y el levantamiento de la población de origen ruso en el Donbás, que desembocaría en la invasión de febrero del 2022. Dos días después de que Yanukovich huyera precipitadamente de Kiev, grupos prorrusos en Sebastopol proclamaron su secesión de Ucrania y nombraron a Aleksei Chaly nuevo "alcalde del pueblo". La insurrección no tardó en extenderse al resto de la península, y unos enigmáticos "hombrecitos de verde" —*zelyonie chelovechki*— con atuendos militares, pero sin insignias de identificación ni distintivos nacionales se hicieron con el poder en los pueblos de Crimea. Putin negó de forma categórica que se tratara de soldados rusos, afirmando que eran milicias locales de autodefensa que consiguieron las armas en los cuarteles y arsenales del ejército de Ucrania. Esta fue y sigue siendo la versión oficial rusa, pero el número de pruebas en sentido contrario resulta incontestable.

Se trató de una escisión/anexión incruenta, pues no se contabilizaron víctimas humanas. En el mencionado referéndum de independencia ucraniano, Crimea fue con diferencia la región que con menor entusiasmo apoyó la secesión. En esos momentos la composición demográfica de Crimea era mayoritariamente de origen ruso desde el siglo XIX (58,5%), duplicando a los ucranianos (24,2%), con un 12,1% de tártaros, los pobladores originarios que en el siglo XVIII suponían el 92%. La participación fue del 60%, 24 puntos más baja que la media nacional del 84,18%, y se mostró favorable a desligarse de Rusia un 54%, 36 puntos menos que la media nacional (90,32%). Si tenemos en cuenta la abstención del 40%, el porcentaje total de crimeos que apoyaron la secesión fue sensiblemente inferior al 50%. Si acaso, el deseo de Crimea era declararse independiente de Ucrania. El *oblast* (provincia) de Crimea convocó un referéndum no vinculante, dos meses antes del celebrado en todo el territorio sobre la conveniencia de "preservar la Unión de Repúblicas Socialistas Soviéticas", preguntando si se debía restablecer la República Autónoma Socialista Soviética de Crimea, abolida en 1945. La propuesta fue respaldada por el 94% de los votantes. La elección de Kuchma como presidente y la firma del Gran Tratado que aproximaba Ucrania a Rusia aplacaron el ímpetu independentista.

Crimea ha formado y forma parte del imaginario ruso, para quienes tiene una importancia histórica y cultural ausente en los ucranianos. Desde Catalina la Grande en el siglo XVIII, durante la Revolución Rusa y la vigencia de la URSS, Crimea fue una república soviética. Su imbricación en la historia rusa es tal que la venta de Alaska a Estados Unidos se produjo en buena parte para pagar el costo de la guerra de Crimea de 1853. Fue en esas tierras donde acontecieron los últimos enfrentamientos entre mencheviques y bolcheviques previos a la Revolución de 1917, en una suerte de guiño histórico al intento de golpe de Estado contra Gorbachov en 1991 cuando se encontraba de vacaciones en Foros, península de Crimea. En 1921 se creó la República Autónoma Socialista Soviética de Crimea, controlada por Moscú. Tras la Segunda Guerra Mundial, Stalin castigó a Crimea con una de las purgas más dramáticas de cuantas se produjeron durante su presidencia deportando a cientos de miles de tártaros por colaborar con los nazis.

En 1954, bajo el mandato de Nikita Jrushchov, Crimea fue transferida a la RSS de Ucrania. La Transferencia de Crimea suponía exclusivamente un cambio administrativo dentro de la URSS que obedecía a criterios logísticos con objeto de mejorar la gestión administrativa. Al no existir fronteras terrestres entre Crimea y Rusia, todos los servicios —agua, gas, electricidad, comunicaciones— le llegaban por vía terrestre a través del istmo de Perekop, que la une con Ucrania. El traspaso, basado en el pragmatismo y la buena fe en el marco de un sistema cerrado, no preveía ni de lejos las gravísimas consecuencias y repercusiones geopolíticas que tendría tras la disolución de la URSS en 1991. El gobierno de Crimea siempre mostró una clara tendencia prorrusa y sus relaciones con Ucrania nunca resultaron tan fluidas como las que mantuvo con Rusia. Incluso solicitaron oficialmente socorro al gobierno de Moscú cuando la Rada Suprema de Kiev intentó abolir la Ley de Lenguas Cooficiales en el 2012. El gobierno ucraniano derogaría finalmente la ley que permitía la cooficialidad del ruso en el 2014.

El Kremlin consideró como golpe de Estado los acontecimientos del Euromaidán de febrero del 2014 que defenestró el gobierno de Yanukovich. No permanecería impasible como con la Revolución Naranja, un acontecimiento en el que "aprendió mucho", como se ha referido, y reaccionó de manera inmediata. Rusia desplegó su ejército en Crimea para garantizar la seguridad de la población prorrusa contraviniendo las advertencias de Occidente y convocó un acelerado referéndum sobre el "estatus político". Kiev apeló al Memorándum de Budapest exigiendo apoyo internacional, pero tan solo logró respaldo político y la imposición de sanciones económicas sin despliegues militares.

El "resultado oficial" del referéndum con una participación superior al 80% de la población no dejó lugar a dudas: la anexión a Rusia ganó con más del 95%. Sebastopol, que desde la transferencia de 1954 tenía su propia singularidad, también votó a favor de la integración en la Federación Rusa con el mismo estatus de "territorio federal" que tienen Leningrado y Moscú. También en Donetsk y Lugansk se convocaron consultas similares, idéntico procedimiento se seguiría en Jersón y Zaporiyia tras la invasión de 2022. Todos los procesos carecieron de las mínimas garantías de imparcialidad y limpieza, máxime desarrollándose en momentos excepcionales al tratarse de territorios recién ocupados por el ejército ruso, sin acceso a las urnas para toda la población y en medio de un ambiente bélico, con buena parte de la población desplazada. Putin invocó la historia para legitimar la anexión rusa de Crimea y Sebastopol enfatizando que se trataba de "un regreso a casa". Para la comunidad internacional, Rusia había quebrantado el Acta Fundacional OTAN-Rusia de 1977. La Asamblea General de las Naciones Unidas aprobó de forma inmediata la Resolución 68/262, rechazando el referéndum y los resultados y reconociendo a Crimea como parte de Ucrania. Rusia vetó cuantas disposiciones se propusieron en el Consejo de Seguridad contrarias a sus intereses. Para el mundo occidental, Moscú no respetaba compromisos asumidos, violaba principios básicos del derecho internacional y amenazaba el nuevo modelo de seguridad en Europa.

Cuando Kosovo declaró de forma unilateral la independencia en 2008, la comunidad internacional, salvo contadas excepciones, la admitió en el seno de las naciones independientes referenciando el dictamen consultivo de la Corte Internacional de Justicia. Ya entonces Rusia avisó de los peligros que tal decisión podía acarrear, pues regiones como Transnistria, Osetia del Sur, el Nagorno Karabaj o Abjasia, además de Cataluña, podían plantear situaciones similares. Para Rusia, Europa tenía una doble vara de medir en lo relativo a la autodeterminación de los pueblos cuando se trataba de poblaciones prorrusas. Todo ello, más allá de evocar de nuevo el incumplimiento de la promesa de Baker sobre las limitaciones expansionistas de la OTAN. Tras la anexión de Crimea, se desencadenó el conflicto en el Donbás. Las regiones de Donetsk y Lugansk, con fuerte presencia rusoparlante, se levantaron contra Kiev, dando lugar a una guerra civil de baja intensidad. Moscú apoyó de manera indirecta a los separatistas, mientras Europa y Estados Unidos reforzaban el apoyo político a Ucrania.

2.3. "They started the war…" ("Ellos [Occidente] comenzaron la guerra…").

"… y nosotros estamos usando la fuerza para detenerla", afirmó Putin en el discurso sobre el Estado de la Nación en febrero de 2023.[48] Al responsabilizar a "ellos" del comienzo de la guerra, no se refiere Putin a un hecho concreto y puntual como el suyo, lanzando las columnas de carros de combate hacia Kiev, sino al largo proceso histórico de mentiras que también él, como Gorbachov y Yeltsin, debió soportar. La sensación de que la OTAN representaba una amenaza para Rusia venía alimentándose en el Kremlin desde la Cumbre de Bruselas de 1994 cuando la organización aprobó su ampliación. Cinco años más tarde, coincidiendo con los ataques en Kosovo, eran admitidas la República Checa, Hungría y Polonia. La intervención armada directa en la guerra de los Balcanes, un conflicto que no le atañía directamente, suponía un radical cambio de actuación en la política exterior de la OTAN hasta ese momento.

La llegada de Putin al poder a finales de 1999 abría nuevas posibilidades de cooperación y entendimiento. En marzo del 2002 se firmaba el Tratado de Moscú, que suponía el fin definitivo de la Guerra Fría y el inicio de una "nueva era" de amistad y cooperación. En palabras de George W. Bush, "hemos puesto final a un largo capítulo de confrontación y abierto una relación totalmente nueva entre los dos países",[49] destacando, además, el giro dado por Putin hacia Occidente, pues en apenas dos años en la presidencia había dado más pasos para acercarse a Occidente que todos sus predecesores. El nuevo clima de entendimiento fue flor de un día, pues al mes siguiente Estados Unidos abandonó el Tratado sobre Misiles Antibalísticos (ABM), algo que venía pregonando desde hacía meses, y Rusia respondió negándose a cumplir los compromisos adquiridos en el Tratado START II incluso antes de hacerse efectivo. Resultaba obvio que Putin era bastante más difícil de manejar que sus predecesores en el cargo.

La Federación Rusa estableció en la Constitución de 1993 un sistema marcadamente presidencialista. El jefe de Estado tiene predominio en el parlamento y el poder judicial, y el cargo concentra competencias en política exterior, defensa y seguridad nacional. La personalidad de Vladimir Putin poco o nada tiene que ver con la del dialogante y confiado Gorbachov o el errático e intemperante Yeltsin, a quienes muchos rusos consideran culpables de no haber preservado la grandeza nacional. Putin proyectaba la imagen de un líder capaz de imponer orden en el caos y capaz de restaurar el orgullo nacional tras las humillaciones sufridas en la década de los noventa. Él, por su parte, canalizó este sentimiento articulando un discurso cimentado en la histórica grandeza de Rusia. Su mensaje ha evocado de forma recurrente la narrativa de continuidad imperial con una innegable dimensión simbólica, y sitúa el conflicto en el epicentro de una compleja trama histórica, cultural y geopolítica. En este panorama no ha resultado complicado trasmitir a la opinión pública occidental, como se ha comentado, que el inicio de las hostilidades se debió exclusivamente a la ensoñación de un líder mesiánico y absolutista.

Responde tal apreciación a la teoría del "Putin aislado", según la cual el presidente ruso habría tomado la decisión de invadir Ucrania en un círculo extremadamente reducido de colaboradores, excluyendo a gran parte de la élite política y económica. La pandemia de la COVID-19, que acentuó el aislamiento físico de Putin, habría reforzado esta dinámica, limitando sus fuentes de información y aumentando su dependencia de consejeros ideológicamente afines. Sin contrapesos internos, la guerra sería el resultado de un cálculo personal equivocado y podría terminar con la irrupción de un nuevo liderazgo. Otros analistas, por el contrario, proponen la alternativa de un "Putin colectivo", defendiendo que, aunque la figura del presidente sea central, sus decisiones reflejan un consenso de la élite política, militar y económica próxima al Kremlin. En este marco, la invasión de Ucrania no respondió a una decisión o capricho personal, sino a un acuerdo tácito entre sectores que comparten una visión estratégica sobre la necesidad de frenar la expansión de Occidente. El "Putin colectivo" estaría conformado por altos mandos militares, antiguos miembros de la KGB, directivos de empresas fundamentalmente energéticas, intelectuales, responsables de seguridad y líderes mediáticos, que actuarían como garantes de la continuidad del sistema. En este contexto se ha acuñado la expresión "Politburó 2.0", pues este amplio y heterogéneo grupo, pese a carecer de la institucionalidad del antiguo Politburó soviético, funcionaría como un órgano de deliberación donde se definen líneas maestras de política exterior y seguridad. La invasión de Ucrania, por tanto, sería fruto de una decisión consensuada por un núcleo duro que consideró inevitable la invasión, aunque tal movimiento representara una confrontación con Occidente, antes de que Ucrania se consolidara como parte de la órbita euroatlántica.

Aunque Rusia sea un sistema parlamentario bicameral formado por el Consejo de la Federación y la Duma Estatal, resulta obvio que las decisiones de seguridad y defensa no responden a un debate parlamentario abierto ni a mecanismos institucionales de control, sino a un entramado de poder a medio camino entre las decisiones unipersonales del presidente y un reducido círculo de confianza —"Putin aislado"— y el consenso de una élite representativa de sectores determinantes del complejo entramado social ruso —"Putin colectivo"—. El debate entre "Putin aislado" o "Putin colectivo" y "Politburó 2.0" muestra que la estabilidad del sistema político ruso depende de un equilibrio frágil entre concentración de poder y legitimidad compartida. Me inclino a pensar que la decisión de invadir fue una decisión tomada a medio camino entre el liderazgo personal del propio Putin y el consenso de élite y narrativas históricas de continuidad imperial. Además de Crimea, también los *oblasts* de Donetsk y Lugansk reaccionaron a los tumultos del Euromaidán que derrocaron el gobierno de Yanukovich. En abril del mismo 2014, grupos armados asaltaron las oficinas del Servicio de Seguridad ucraniano en las referidas provincias orientales, autoproclamando la República Popular de Donetsk y la República Popular de Lugansk respectivamente. A diferencia de lo acontecido en Crimea, el gobierno ucraniano se enfrentó a los rebeldes iniciando una soterrada guerra civil que finalmente degeneró en la actual guerra de Ucrania.

La anexión de Crimea y los sucesos del Donbás —incluye a Donetsk y Lugansk— reforzaron el vínculo entre Kiev y la OTAN. La narrativa dominante en Bruselas y Washington era que solo una presión sostenida sobre Moscú podría contener nuevas expansiones rusas, un planteamiento táctico irracional —y en ocasiones tal vez interesado— que desembocaría finalmente en una invasión a gran escala. En abril de 2014 se acuartelaron en Ucrania paracaidistas estadounidenses para entrenar al ejército ucraniano, poco después Canadá y Reino Unido también enviaron instructores bélicos. A partir de entonces, en lugar de buscar una salida diplomática se alimentó la lógica de la confrontación. La insistencia de los dirigentes ucranianos en aproximarse a la esfera euroatlántica, el empecinamiento ruso para reafirmar su influencia en el espacio postsoviético y la negativa de Occidente a atender las demandas de seguridad de Moscú conformaron un triángulo diabólico del que ninguna de las partes supo, pudo o quiso escapar.

Tras los combates iniciales, la guerra del Donbás entró en una fase de "conflicto congelado" intermitentemente regulada por los Acuerdos de Minsk. Sin embargo, la violencia política se extendió más allá de la zona de guerra y en mayo, todavía en el 2014, se produjeron graves enfrentamientos entre militares pro- y anti- Euromaidán en Odesa con víctimas morales: 42 prorrusos quemados en el incendio del edificio donde se refugiaron y 6 nacionalistas abatidos por las balas. Este episodio dio argumentos a Moscú para denunciar una "sistemática persecución" del gobierno ucraniano contra los rusoparlantes. Rusia también sufrió atentados en su propio territorio, el más importante contra el líder prorruso Yevhen Zhylin en Moscú. La CIA estuvo involucrada en el asesinato perpetrado por el Servicio de Seguridad Ucraniana (SBU), tal como reveló años más tarde *The Washington Post* en "Espías ucranianos con profundos vínculos con la CIA libran una guerra en la sombra contra Rusia".[50] Según el *Post*, la CIA había gastado "decenas de millones de dólares" tanto en el SBU como en el GUR, la Inteligencia de Defensa de Ucrania. Estos episodios de guerra encubierta evidenciaban que, aunque no se desarrollara una ofensiva abierta, el conflicto permanecía latente bajo la superficie. El 2019 fue año electoral en Ucrania y ganó las elecciones presidenciales Volodimir Zelenski, un popular actor y comediante bien conocido por los ucranianos. Tenía en su contra la juventud e inexperiencia en asuntos políticos, y conquistó el poder ilusionando con promesas de cambio. Su capacidad de maniobra estuvo condicionada desde el primer minuto, pues un par de meses antes de las elecciones el parlamento aprobó una enmienda constitucional obligando a todo futuro presidente a mantener la solicitud de ingreso tanto en la OTAN como en la CE.

La mercadotecnia occidental ha proyectado la figura del excomediante actor reconvertido a político, actualizando la arquetípica imagen del joven revolucionario que resiste ante el poderoso dictador y defiende la democracia frente al absolutismo. Su estilismo está tan cuidado como en las óperas de su compatriota Mikola Lisenko, y la puesta en escena de sus apariciones públicas lo presenta como un héroe y luchador contemporáneo. Su presencia internacional, bien recibiendo o viajando a reuniones con mandatarios mundiales de primerísima fila, lo ha convertido en una figura icónica. Para Rusia es, por el contrario, el tonto necesario, la cabeza de turco que necesitaba Occidente para atacarla y debilitarla. Prueba de ello sería la ingenuidad mostrada en la reunión con Trump en la Casa Blanca el 28 de febrero de 2025, cuando recibió un importante correctivo que lo enfrentó a la realidad del pan duro sin mermelada, y con significantes que iban mucho más allá de la humillación personal.

Héroe o títere, nadie puede negarle ni el valor, ni el amor a su patria, ni su buena fe cuando intentó terminar con la guerra ofreciendo un estatus especial para las regiones separatistas. En cuestión de meses acordó con Rusia retirar tropas y celebrar elecciones locales en el Donbás. No pudo cumplir el pacto porque los ultranacionalistas de las fuerzas armadas se negaron a obedecer la orden. Un nuevo intento por alcanzar la paz tuvo lugar en el 2020 cuando solicitó la mediación de la OSCE (Organización para la Seguridad y Cooperación en Europa), pero de nuevo los ultranacionalistas tomaron las calles con manifestaciones multitudinarias, negándose a ceder la menor autonomía a las provincias rebeldes. Lamentablemente, carecía de experiencia política previa y desde el primer minuto fue manoseado, menospreciado y manipulado por amigos, enemigos y compatriotas nacionalistas.

Tampoco Putin parecía dispuesto a favorecer aproximación alguna con la publicación del ensayo "Sobre la unidad histórica de rusos y ucranianos"[51] negando la existencia de una identidad nacional ucraniana independiente, asegurando que rusos y ucranianos "son el mismo pueblo", y reivindicando que los territorios de Ucrania pertenecían históricamente a Rusia. Aunque escrito para consumo interno, la narrativa suponía un paso más allá de las originales demandas de reconocer a Crimea como parte de Rusia, garantías de que Ucrania no ingresaría en la OTAN y autonomía para el Donbás. De manera simultánea, Zelenski firmó un decreto para crear el Comité Organizador de la Plataforma de Crimea, reivindicando la soberanía ucraniana sobre Crimea. Para Rusia, el gesto consolidaba la negativa ucraniana a aceptar la anexión, las negociaciones se habían estancado.

El último intento por detener lo que resultaba obvio, la invasión rusa, se produjo en diciembre de 2021, cuando Biden y Putin mantuvieron conversaciones por videoconferencia. Biden intentó apaciguar los temores rusos afirmando que era "poco probable" que Ucrania ingresara en la OTAN a corto plazo. La contrapartida rusa consistió en presentar una propuesta de tratado de seguridad con Estados Unidos. Constaba de ocho artículos y el verdaderamente importante era el Artículo 4, en el que se acordaba no expandir la OTAN hacia el este, negar futuras adhesiones a la Alianza a países de la antigua URSS y abstenerse de instalar bases militares en territorios colindantes con Rusia.[52] Washington rechazó el documento, argumentando que Moscú no tenía derecho a vetar decisiones soberanas de otros Estados. Pese a que todos los informes avisaban sobre la inminencia del ataque, Occidente seguía abrazando la idea de que Rusia no era tan fuerte como se había creído y que era posible presionar a Putin sin asumir riesgos irremediables.

La cuestión de si Putin hubiera seguido adelante con la invasión de haberse aceptado el tratado de diciembre de 2021 es estéril objeto de debate. Hay quien defiende que el objetivo ruso iba más allá de la seguridad defensiva impidiendo la integración de Ucrania en la OTAN, pues su verdadero propósito era y continúa siendo restaurar la esfera de influencia soviética. Con la salvaguarda del tema de Crimea —asunto no contemplado en el acuerdo—, es ciertamente posible que, de haber aceptado la neutralidad de Ucrania, la invasión y posterior guerra no se hubieran desencadenado, al menos en su configuración actual.

En la Cumbre de Alaska en el verano de 2025, Putin avalaba la afirmación de Trump referente a que, si él hubiera sido presidente de Estados Unidos en el 2022, la guerra no se habría iniciado. Fue esta una de sus grandes proclamas electorales durante la campaña presidencial en ataque directo a la ineptitud de Biden para solventar conflictos. El pragmático Trump hubiera aceptado el acuerdo propuesto por Putin, fundamentalmente la neutralidad de Ucrania, a diferencia del senil Biden, quien supuestamente actuó de acuerdo a la ley internacional para salvaguardar la dignidad ucraniana. También afirmaba Trump durante la campaña que tras su victoria terminaría en cuestión de días con el conflicto. Aquello sonaba a una *boutade* más en el proceso electoral; probablemente pensaba que podría reconducir el conflicto llevándolo de nuevo a la casilla de salida aceptando las demandas originales y deteniendo así los enfrentamientos. Para cuando tomó posesión de la presidencia en enero, el conflicto había superado el ámbito regionalista y entrado en una deriva internacionalista de consecuencias bastante más complejas.

A lo largo de enero de 2022 se desarrollaron conversaciones intentando alcanzar un acuerdo; el día 10 se reunieron en Ginebra Wendy Sherman, subsecretaria de Estado para Asuntos Políticos de Estados Unidos, y Sergei Riabkov, comisionado de Levrov; dos días después, el 12 de enero, se reunió el Consejo de Seguridad de la OTAN en Bruselas, y al día siguiente, el Consejo de la OSCE de nuevo en Ginebra. La demanda irrenunciable de Rusia fue siempre la misma: reclamaba garantías de que Ucrania permanecería neutral y nunca ingresaría en la OTAN. El 7 de febrero, el alto representante de la Unión para Asuntos Exteriores y Política de Seguridad, Josep Borrell, se reunió con el secretario de Estado estadounidense Antony Blinken. En la rueda de prensa posterior Borrell manifestó respecto a lo que resultaba inminente: "Esperamos el mejor desenlace, pero nos preparamos para el peor. Si Rusia continúa por un camino de agresión, las acciones de Europa y Estados Unidos estarán coordinadas e incluirán sanciones".[53] Ese mismo día Putin formuló personalmente al presidente francés Macron la misma demanda de neutralidad ucraniana.

Aquella fue la última oportunidad de evitar el conflicto bélico. El desatinado tacticismo seguido entre 2014 y 2022 —especialmente y una vez más, por parte de Occidente— no solo explica el estallido de la guerra, sino que ilustra los límites del orden internacional contemporáneo para gestionar disputas en un contexto de competencia entre potencias bélicas. La invasión rusa en febrero de 2022 fue la culminación de un ciclo en el que ninguna de las partes estuvo dispuesta a ceder en lo esencial. Ambos bandos defendían percepciones irreconciliables y legitimaron acciones políticas y militares tan enfrentadas que imposibilitaron cualquier posibilidad de mediación. Cuando los tanques soviéticos cruzaron la frontera se hizo realidad la predicción de Oleksii Arestovych, asesor político de Zelenski, en la que afirmó que la adhesión de Ucrania a la OTAN implicaría, "con un 99% de probabilidad, una guerra a gran escala con Rusia entre 2020 y 2022".[54]

2.4. La invasión de Ucrania. "This is going to be great TV".

Así sintetizó el presidente Trump la primera visita de Zelenski a la Casa Blanca en el segundo mandato.[55] Más allá de la estrambótica visita, todo lo relativo a la guerra en Ucrania resulta tan absurdo, irracional y desatinado que, de no ser por las víctimas mortales, la tragedia para centenares de vidas destruidas, la miseria nacional —especialmente para Ucrania— y la dimensión internacional que ha adquirido con el paso del tiempo, sería un excelente serial televisivo de intriga y acción.

Los Acuerdos de Minsk I (2014) y Minsk II (2015), firmados bajo los auspicios de la OSCE, tenían el hipotético propósito de poner fin a los enfrentamientos en las autoproclamadas repúblicas independientes de Donetsk y Lugansk del este de Ucrania, todavía no reconocidas por Rusia. Los memorándums establecían tres condicionantes: un alto el fuego inmediato, la retirada de los contendientes propiciando una zona entre los bandos, y un proceso político que incluía el otorgamiento de un estatus especial de autonomía a las regiones separatistas dentro del Estado ucraniano. Sin embargo, el desacuerdo de fondo era insalvable pese a que Rusia no reconoció inicialmente la autoproclamada independencia de las dos provincias en el 2014. Para Ucrania, aceptar autonomía con un alto grado de autogobierno equivalía a fragmentar su soberanía. Para los separatistas y Rusia, la simple promesa de descentralización era insuficiente, pues no garantizaba la preservación de su identidad cultural y lingüística ni la seguridad de sus comunidades. En la práctica, los acuerdos nunca llegaron a implementarse por las continuas violaciones por las dos partes.

Occidente sostuvo que fue Rusia quien rompió dichos acuerdos al reconocer finalmente la independencia de las repúblicas separatistas en febrero de 2022, tres días antes de la invasión. Moscú, por su parte, argumentó que Kiev nunca tuvo intención real de implementarlos, pues no introdujo una enmienda en su constitución reconociendo el estatus especial del Donbás como se acordó en Minsk. En cierta medida, con los Acuerdos de Minsk se pretendía suturar una cirugía a corazón abierto con tiritas y esparadrapo. Según el general alemán Harald Kujat, presidente de la Comisión de Jefes de Defensa OTAN-Ucrania, referenciando a Angela Merkel y

Françoise Hollande, "la verdadera intención no era resolver este conflicto sino ganar tiempo para rearmar a las fuerzas armadas ucranianas".[56]

Similar línea interpretativa expuso Jeffrey Sachs en su discurso "La geopolítica de la paz" ante el Parlamento Europeo en febrero de 2025, culpando a Occidente del fracaso de los acuerdos pese a contar con el apoyo unánime del Consejo de Seguridad de la ONU:

> Estados Unidos y Ucrania decidieron que no se aplicara. Alemania y Francia, garantes del proceso de Normandía, también permitieron que se ignorara. Esta desestimación de Minsk II fue otra acción unipolar directa de Estados Unidos, con Europa, como siempre, desempeñando un papel subsidiario completamente inútil a pesar de ser garante del acuerdo.[57]

Resulta parcial acusar únicamente a Europa de impostora, pues si bien es cierto que firmar los tratados de Minsk era una forma de ganar tiempo para permitir que Ucrania se armara y reforzara su capacidad defensiva, también Rusia tenía interés en la demora como estrategia para prepararse ante las sanciones económicas —o la eventual desconexión del sistema SWIFT/BIC estrangulando su economía— que inevitablemente impondría Europa tras el inicio del conflicto.

Según Putin, la incursión a gran escala lanzada por Rusia contra Ucrania el 24 febrero del 2022 tenía el propósito de proteger a la población de ascendencia rusa en el Donbás y garantizar que Ucrania no ingresara en la OTAN. En cualquier caso, no sorprendió a nadie, pues todos y cada uno de los servicios de seguridad lo venían pregonando desde hacía semanas, y nadie calificó de desconcertante o imprevisible tal acontecimiento. Desde el conflicto de Crimea hasta la invasión, Ucrania no ocultó su vocación euroatlántica, llegando al punto de plasmarla en su constitución, y la OTAN no renunció a la estrategia de ampliar su área de influencia. La invasión de 2022 constituye, en línea con esta lectura, un segundo episodio de idéntica naturaleza y dentro del mismo proceso que perseguía anexión de Crimea en 2014. Rusia se justificó oficialmente afirmando que el objetivo era proteger a la población rusófona del Donbás y responder a lo que Moscú consideraba una amenaza existencial derivada de la previsible expansión de la OTAN hacia sus fronteras. Además, la soberanía de Ucrania estaba condicionada por la injerencia occidental de indiscutible carácter anti-Rusia. Para Ucrania y la OTAN, la invasión suponía una flagrante violación del derecho internacional y del Memorándum de Budapest de 1994, acuerdo que para Rusia estaba más que superado por las nuevas dinámicas geopolíticas. Sin entrar en las razones de unos y otros, lo cierto y verdadero es que la invasión fue la culminación de una progresiva escalada en la que todos los actores, en mayor o menor medida, contribuyeron y propiciaron el enfrentamiento bélico.

Occidente respondió con sanciones masivas contra Rusia excluyéndolo parcialmente del sistema SWIFT, congelando sus reservas internacionales e imponiendo embargos energéticos. Estas medidas resultaron a corto plazo más perjudiciales para Europa que para Rusia, que debió enfrentar una crisis energética, vio cómo se disparaba la inflación y sufrió una recesión parcial en algunos sectores industriales que incrementó el desempleo. Rusia logró redirigir gran parte de sus exportaciones de hidrocarburos hacia India, China y otros países del Sur Global. Los efectos secundarios, ahora cardinales, fueron la reconfiguración de cadenas de suministro globales y el fortalecimiento de alianzas alternativas.

Desde la independencia de 1991, la incorporación de Ucrania a la OTAN adquirió una relevancia geopolítica de primer orden al reproducir el histórico debate político de Kiev entre Oriente y Occidente de capital interés para terceros. Para Europa, la incorporación de Ucrania a la Alianza Atlántica garantizaba que Rusia no volvería a representar una amenaza en el futuro. Ya en 1996 Malcolm Rifkind, ministro de Asuntos Exteriores con John Major, apuntaba en un debate parlamentario el 24 octubre —todavía no se habían producido las primeras incorporaciones de antiguos países del Pacto de Varsovia— que Ucrania debía ingresar en la Alianza Atlántica para frenar la amenaza que representaba Rusia, anticipando un dilema que con los años se haría cada vez más evidente. Desde entonces, la OTAN ha ido dando pasos graduales para acercar a Ucrania, primero mediante el Acta Fundacional OTAN-Rusia de 1997, luego con el Consejo OTAN-Ucrania y, más tarde, con la promesa en la Cumbre de Bucarest de 2008 de que el país sería miembro en el futuro. A propósito de esta última cumbre, cabe señalar el referido telegrama enviado por William J. Burns, embajador de Estados Unidos en Moscú, titulado "*Nyet* Means *Nyet*: Russia's NATO Enlargement Redlines",[58] argumentando los gravísimos problemas que causaría la propuesta inclusión de Ucrania.

Todos estos movimientos por parte de la OTAN tensionaban las relaciones con Moscú, que los interpretaba como una amenaza directa a su seguridad nacional. El trasfondo de los disturbios y crisis políticas en Ucrania —desde la Revolución Naranja de 2004 hasta el Euromaidán de 2014— tenía que ver con la incorporación a la OTAN para quienes esgrimían una garantía de soberanía, y quienes consideraban el eventual ingreso como una provocación innecesaria hacia Rusia. Moscú, por su parte, se opuso de manera tajante al ingreso de Ucrania en la Alianza desde el primer momento, defendiendo una zona de influencia que considera vital para su seguridad. En este sentido, la política rusa recuerda a la postura de Estados Unidos en la crisis de los misiles de 1962, cuando Washington reaccionó con firmeza ante la instalación de cohetes soviéticos en Cuba, a escasos kilómetros de sus fronteras.

La Rusia de 2022 no era la misma de 1997 cuando Yeltsin firmó el Acta Fundacional "no porque quiera, sino porque es un paso obligado. Al día de hoy no hay alternativa".[59] En diciembre de 2021 Putin no perdió ocasión de pedir a Occidente garantías sobre la neutralidad de Ucrania. Durante una ceremonia en el Kremlin el 1 de diciembre de 2021, pedía garantías jurídicas al Occidente en los siguientes términos: "Insistiremos en elaborar acuerdos específicos que excluyan cualquier movimiento futuro de la OTAN hacia el este y el despliegue de sistemas de armas que nos amenacen en la cercanía del territorio ruso".[60] En la rueda de prensa anual ese mismo mes volvía a repetir: "La ampliación de la OTAN hacia el este es inaceptable".[61] En la entrega de credenciales de embajadores extranjeros, volvía a insistir: "Necesitamos garantías jurídicas, ya que los países occidentales no cumplieron los compromisos verbales adquiridos".[62] Europa no se dio por enterada.

Invadiendo Ucrania, Putin pretendía poner fin de una vez por todas a la dicotomía pro-anti OTAN/pro-anti Rusia en la que Ucrania se debatía desde el mismo momento de su independencia. Estaba tan convencido de una victoria rápida que bautizó la invasión como "operación militar especial" en el convencimiento de que la previsible huida de Zelenski y su gobierno provocaría la rendición del ejército. Con Kiev bajo su control, instauraría de inmediato un gobierno amistoso con Rusia presidido, supuestamente, por Viktor Medvedchuk, antiguo vicepresidente de la Rada Suprema y fundador del movimiento prorruso *La opción ucraniana*. Además de los objetivos políticos inmediatos, la operación tenía el componente simbólico de demostrar que Rusia era una nación poderosa con un ejército capaz de desafiar a Occidente. Los estrategas rusos cometieron graves errores de cálculo y ninguno de sus objetivos se cumplió. Animado por las promesas occidentales, Zelenski permaneció en Kiev enfrentándose al enemigo, reforzando así la moral del ejército y la población, frustrando el plan inicial de Putin. Ante la imposibilidad de tomar Kiev, Rusia retiró su ejército del norte y se reagrupó en el este. La guerra, con Biden en la Casa Blanca y la OTAN convencida de poder derrotar a Putin, entró en una nueva senda de compleja resolución. Ninguno de los bandos podía imaginar por lo más remoto que la contienda se prolongaría en el tiempo hasta convertirse en punto de inflexión en la historia mundial.

Pese a la violencia que entraña cualquier intervención bélica, las conversaciones de paz se iniciaron casi de inmediato en Bielorrusia. Putin seguía exigiendo, como en el 2014, la neutralidad de Ucrania —propiciando una zona de amortiguación con la OTAN— y el reconocimiento de Crimea, pero ahora también solicitaba aceptar la independencia de Donetsk y Lugansk y no una simple autonomía como antes. Durante la segunda ronda, celebrada en Turquía, ambas delegaciones reconocieron públicamente encontrarse próximas a alcanzar un acuerdo. El propio ministro de Exteriores ruso Lavrov señaló que "estábamos a punto de llegar a un acuerdo durante las conversaciones de Estambul",[63] y Zelenski declaró que estaba dispuesto a considerar la neutralidad si se ofrecían garantías internacionales de seguridad. Durante una conferencia de prensa el 13 de junio de 2023, el propio Putin confirmó que en Turquía se había alcanzado el acuerdo de que Ucrania renunciaría a entrar en la OTAN y, a cambio, Rusia se retiraría a posiciones prebélicas.

El excanciller alemán Gerhard Schröder, quien siempre mantuvo estrechas relaciones con Rusia, participó en las negociaciones de Estambul y reveló en una entrevista al *Berliner Zeitung* el 21 de octubre de 2023[64] la existencia de un borrador de acuerdo alcanzado en aquellas tempranas fechas. Según Schröder, se consensuaron los siguientes puntos:

1. Ucrania renunciaría a sus aspiraciones de ingresar en la OTAN.
2. Se eliminarían las restricciones al uso del idioma ruso en Ucrania.
3. El Donbás permanecería como parte de Ucrania, pero con un alto grado de autonomía ("En un modelo comparable al Tirol del Sur", señaló Schröder).
4. El Consejo de Seguridad de las Naciones Unidas supervisaría el cumplimiento de las garantías de seguridad.
5. El futuro de Crimea quedaba pospuesto para futuras negociaciones.

Este acuerdo, aparentemente equilibrado, nunca llegó a materializarse. Moscú acusó a Ucrania de alterar a última hora lo convenido al incluir la península de Crimea dentro de sus garantías de seguridad territorial, algo que Rusia consideraba inaceptable. A la opinión pública occidental se le trasmitió que las exigencias rusas eran desproporcionadas. Al parecer, el punto de inflexión fue el viaje sorpresa de Boris Johnson a Kiev para entrevistarse con Zelenski el 9 de abril de 2022 cuando se negociaban los flecos del acuerdo alcanzado.

La visita de Johnson supuso un giro radical de Ucrania, que abandonó la vía diplomática para apostar por la confrontación armada. Pocos días después de la visita, Putin manifestó que las conversaciones de paz con Ucrania "se habían convertido en un callejón sin salida".[65] Occidente volvía a hacer oídos sordos a las preocupaciones de seguridad expresadas por las autoridades rusas, confiando en que su arriesgada alternativa de presión terminara por doblegar a Rusia y perdió la apuesta. Continúa siendo objeto de especulación qué mensaje transmitió Johnson a Zelenski cuando se tocaba el acuerdo con la punta de los dedos.

La guerra de Ucrania no se lucha únicamente con artillería en el frente. Controlar el relato histórico y político resulta primordial para Europa —también para Rusia en su espacio—, obsesionada con evitar la confrontación discursiva social en su intento por minimizar y controlar los efectos tangibles del conflicto en la opinión pública. Por su trascendencia, merece la pena reproducir testimonios de quienes participaron en las conversaciones de paz, pues una guerra que pudo haberse resuelto en semanas se transformó en un conflicto que marcará un antes y un después en la historia del mundo.

Según información del diario *Ukrainska Pravda* del 5 de mayo de 2022,[66] Johnson habría trasmitido a Zelenski dos claros mensajes durante la visita: primero, que Putin era un criminal de guerra con quien no debía negociarse; segundo, que si Ucrania aceptaba un acuerdo, la OTAN no lo respaldaría. Si por el contrario Ucrania optaba por la alternativa bélica, Europa la respaldaría con ayuda militar y financiera prácticamente ilimitada. Prueba de ello fue el anuncio del gobierno británico de una ayuda militar inmediata de 120 millones de euros al día siguiente de regresar Johnson a Londres. Europa continuaba empeñada en derrotar a Putin convirtiéndose en gendarme mundial, tal como ocurrió en los Balcanes. Pero Rusia no es Yugoslavia ni Putin es Slobodan Milošević. Este relato referente al *premier* británico ha sido corroborado por otros testimonios creíbles. Además de Schröder, Arestovych, asesor miembro de la delegación ucraniana en Turquía —posteriormente candidato presidencial—, mencionó en una entrevista en su canal de YouTube que fueron los aliados occidentales —Estados Unidos, Francia y Reino Unido por boca de Johnson— y no el intransigente Putin, quienes bloquearon. Pone en boca de David Arakhamia, líder de los negociadores ucranianos en Turquía, la frase: "Sí, Johnson fue la persona que dijo 'continuad con la guerra'".[67,68]

En la misma línea se manifestó el exprimer ministro israelí Naftali Bennett, quien también medió en los primeros compases del conflicto en coordinación con EE.UU., Francia, Reino Unido y Alemania, y se entrevistó con Putin apenas dos semanas después de la invasión. Según Bennett, las demandas de Putin "no eran tan extremas como se anticipaba", pues no exigió un cambio de régimen en Ucrania ni su desarme y aceptó no atentar contra la vida del líder ucraniano. Zelenski, por su parte, renunció a buscar el ingreso en la OTAN. Ante la pregunta de si Occidente "bloqueó" el acuerdo, Bennet responde tajante: "Básicamente, sí. Lo bloquearon, y creo que se equivocaron".[69] También el general Kujat, en la entrevista recién referida, sentenció: "Este acuerdo o más bien su conclusión, fue claramente torpedeado por Occidente; creo que ya no hay ninguna duda al respecto".[70]

Cuando los rusos invadieron Ucrania en el 2022 Europa adoptó de forma unánime el discurso de que no hubo provocación. Esta es una narrativa bastante importante porque cualquier negociación posterior se veía como una recompensa a la agresión, así que el único camino hacia la paz era la victoria militar. La previa acumulación de tropas rusas en la frontera se entendió en Occidente como amenaza, pero bien pudo tratarse de una presión rusa para negociar. De manera implícita o explícita, según se mire, el propio Zelenski admitió tal extremo cuando, durante la esperpéntica visita a la Casa Blanca en febrero del 2025, reveló que, cuando firmó los acuerdos de alto el fuego del 2019, "todos ellos [Macron y Merkel recién mencionados y resto de líderes europeos] me dijeron que [Putin] nunca se iría".[71]

Las elecciones en Estados Unidos en 2024 que otorgaron la victoria a Donald Trump abrieron una nueva ventana de oportunidades para terminar el conflicto. Durante la campaña electoral, el candidato republicano aseguró que si él hubiera sido presidente esa guerra nunca se hubiera iniciado —afirmación corroborada por Putin durante la Cumbre de Alaska del 15 de agosto de 2025— y garantizaba que podría terminar la guerra en cuestión de días.[72] Tal afirmación fue percibida como parte de la oratoria electoral, pero Trump tenía motivos reales para pronunciarse de forma tan taxativa. La cuestión se reducía a mediar entre Putin y sus verdaderos enemigos, las naciones europeas de la OTAN, sin cuya ayuda Ucrania ya habría sido derrotada. Por otra parte, no resultaría difícil convencer a Putin, pues, a diferencia de Obama o Biden, él nunca rompió relaciones. Las intenciones del presidente ruso al invadir la nación eran, infiero, provocar la huida de Zelenski y su gobierno ocasionando la rendición del ejército y facilitando la rápida toma de Kiev. Fracasado el asalto a la capital ucraniana, Putin regresó a la casilla de salida de sus archiconocidas demandas: la neutralidad de Ucrania, el reconocimiento de anexión de Crimea y la singularidad de provincias del Donbás. Para Trump esas pretensiones en absoluto eran disparatadas, sino lógicas y razonables desde un punto de vista histórico. En su expansión hacia el este, la OTAN incumplía las promesas dadas a Gorbachov tras la caída del Muro de Berlín y la reunificación alemana; Crimea había pertenecido a Rusia durante siglos y la transferencia a Ucrania se había efectuado hacía unas décadas por motivos puramente logísticos; el reconocimiento de la singularidad del Donbás podía seguir los mismos pasos por los que la comunidad internacional reconoció la independencia de Kosovo respecto a Serbia.

Se trataba únicamente de reconducir a la OTAN a posiciones dialogantes menos belicistas. Viendo la guerra desde la actual perspectiva temporal resultaba obvio que el paso de amenaza a realidad se ha debido a un gravísimo y determinante error de cálculo de la OTAN, especialmente de los países europeos. Macron, Scholz y Johnson, con el beneplácito de Biden, la aquiescencia de Jens Stoltenberg, y teniendo de comparsa al resto de líderes europeos, habían conducido a Putin a un callejón sin salida, convencidos de que Rusia podría ser derrotada sin grandes sacrificios para Europa. Sería la Ucrania del impetuoso Zelenski quien se sacrificara, pero sus muertos y otras calamidades puntuales de la guerra bien valían la garantía de asegurarse un futuro de paz y progreso sin la eterna amenaza rusa. Cuando Trump recuperó la Casa Blanca, a Stoltenberg le había reemplazado Mark Rutte al frente de la OTAN, en el Reino Unido ya no era Johnson sino Keir Starmer el nuevo inquilino de Downing Street, y Friedrich Merz estaba a unas semanas de sustituir a Scholz en Alemania;

únicamente el francés Macron continuaba ocupando la jefatura del Estado. Los nuevos líderes europeos incurrieron en los mismos errores que sus predecesores apostando por la continuidad del conflicto y desaprovecharon la oportunidad de rectificar que brindó la victoria de Trump en Estados Unidos.

Es en este contexto donde adquiere lógica el distanciamiento Washington-OTAN que ha llevado a cuestionar el papel de la OTAN por parte de la Administración Trump —Elon Musk, como oficioso portavoz de Trump, incluso propuso abandonarla—, y la aparente permisividad y comprensión con Putin. Otras manifestaciones del referido distanciamiento serían las exigencias de una mayor contribución económica, las amenazas a quienes no estén al corriente de los pagos, su desapego personal del conflicto, asegurando que esa no era su guerra sino la guerra de Biden[73] y, sobre todo, en la patética visita de Zelenski a la Casa Blanca del 28 de febrero de 2025. Los líderes pueden despertar antipatía, desprecio, incluso odio, pero en ningún caso pena, y aquel día el "cheguevariano" Zelenski se reveló como cándido aspirante a estratega, en el mejor de los casos. Eso es lo que recogieron los informativos de todo el mundo, pero la actitud despectiva con que Trump trató al inexperto ucraniano encerraba un significante mucho más profundo. Zelenski fue un trampantojo, el monigote que utilizó Trump para lanzar una advertencia a Macron, Rutter, Starmer… y cuantos continuaban anclados en la alternativa bélica.

En la reunión, Trump dejó claro desde el primer momento que su opción era diplomática a diferencia de Biden, incondicionalmente alineado con el belicismo europeo. "[Yo] estoy aliado con el mundo",[74] manifestó en el primer momento, posicionándose como buen mediador en un punto equidistante entre las partes en conflicto. Zelenski repetía como un papagayo el argumentario de la OTAN sobre el expansionismo ruso pronosticando que, de momento, los Estados Unidos estaban salvados gracias a "un hermoso océano, y aunque no sientan [el peligro ruso] ahora, lo sentirán en el futuro" si no se derrota a Putin. El vicepresidente Vance intervino para dejar claro que para Estados Unidos "la ruta a la paz y la prosperidad tal vez sea la diplomacia" como contrapunto a la opción bélica de Europa, y Zelenski abrió las puertas del infierno al preguntar "¿De qué tipo de diplomacia estás hablando? ¿A qué te refieres?"; "De la diplomacia que acabará con la destrucción de tu país", respondió Vance. A partir de ese momento, aunque el interlocutor fuera Zelenski, Trump se dirigía a los responsables europeos de la OTAN. Ucrania no es una potencia militar como para "jugar con la tercera guerra mundial", la OTAN sí; Trump se dirigía a la OTAN y no a Zelenski cuando dijo: "Usted no tiene las cartas ahora". El dirigente ucraniano no entendió la metáfora ni captó su significado cuando contestó con la mayor ingenuidad: "No estamos jugando a las cartas".[75]

En aquella reunión quedó meridianamente claro que el compromiso estadounidense había cambiado de naturaleza. Putin, consciente de la fractura transatlántica, rechazó negociar con Europa, a la que responsabilizó tanto del inicio como de la prolongación del conflicto y nominó al gobierno de Trump como único interlocutor aceptable. Tal es así que se programó una cumbre entre los dos presidentes en Alaska para el mes de agosto. Ambos mandatarios se verían personalmente por primera vez y, aunque en los preámbulos Estados Unidos amenazó con imponer nuevos aranceles a quienes compraran petróleo ruso, había quien confiaba en que la cumbre pudiera representar un punto de inflexión en el conflicto. No fue así. Durante las tres horas de reunión no se alcanzó ni siquiera un compromiso de mínimos; en palabras del Trump: "No hay acuerdo hasta que haya un acuerdo".[76] *The New York Times* del día siguiente evidenciaba que en Alaska "no se habló de sanciones contra quienes compren petróleo ruso, desaparecieron los ultimátum y la exigencia del alto el fuego que Rusia rechaza".[77]

El "no acuerdo" fue un alivio para Europa, pues temía que se concretara algún pacto referenciado al intercambio de paz por territorios, tal como parecían haber consensuado los negociadores Steve Witkoff y Kirill Dmitriev en los prolegómenos del encuentro. Tal formula suponía una derrota a ojos de los europeos, pues la concesión de territorio era innegociable. Zelenski viajó de nuevo a Washington, pero en esta ocasión arropado por los líderes europeos más importantes. Aquello parecía en un tutorial universitario, pizarra incluida, más que un encuentro entre iguales. Macron, Starmer, Mertz, von der Leyen, Zelenski… ocuparon como disciplinados alumnos las sillas dispuestas al otro lado de la mesa presidencial en el Despacho Oval para recibir información sobre los "grandes avances" que según Trump se habían producido, y los "motivos profundos" de Putin —que Europa nunca ha entendido— para continuar lucha.

¿Y ahora qué? ¿Estamos cerca o lejos de alcanzar la paz? ¿Hasta cuándo podrá soportar Putin el coste económico? ¿Por qué la dialéctica europea es eminentemente belicista en vez de pacifista? ¿Realmente es el temor a la expansión rusa por lo que Europa no propicia el fin de la guerra aceptando las demandas, en absoluto descabelladas, de Putin? ¿Durante cuánto tiempo continuarán los ucranianos, psicológicamente agotados, apoyando a Zelenski? ¿Podría Trump desentenderse eventualmente de una guerra que no considera suya —"Es la guerra de Biden"—? La situación es tremendamente enrevesada y en muchos casos paradójica. Trump se postula como "mediador" en la resolución cuando en realidad es "enemigo pasivo". La Unión Europea no ha planteado una sola alternativa de paz y está vetada en la negociación, limitándose a secundar las propuestas estadounidenses. Zelenski está en deuda con sus socios hasta el punto de ser rehén y carece de autonomía y capacidad de decisión independiente. Tal vez Putin no pueda ganar la guerra, pero desde luego no saldrá de ella como perdedor. Si Estados Unidos o Europa dejaran de prestar apoyo, la guerra concluiría en semanas, pero el conflicto ha alcanzado tal dimensión que ese extremo es impensable. Si esa fuera la decisión de Trump, tampoco sería categoría inmutable, pues dentro de tres años volverán a celebrarse elecciones a las que, de acuerdo a la normativa constitucional, no puede presentarse.

La Comunidad Europea, y en parte también Estados Unidos, ha quedado en evidencia al mostrar su incapacidad para alcanzar un mínimo consenso internacional. El incumplimiento de pactos, tratados y memorándums firmados tras la caída del Muro de Berlín denotan el fracaso de los modelos de seguridad global del siglo XX en el siglo XXI. Los desprecios de Putin, negándose a hablar siquiera con los dirigentes europeos, y el continuo ninguneo de Trump, sin que Europa sea capaz de articular una respuesta conjunta ni hablar con su propia voz, ponen de manifiesto que el viejo continente ha podido entrar en una peligrosa fase de declive sin un dirigente con el peso específico necesario para enderezar el rumbo.

En nuestro continente, la retórica de defender al débil frente al poderoso y luchar por salvaguardar la libertad y la democracia ya no convence a la desilusionada opinión pública. Ahora la propaganda bélica ignora el anterior altruismo y se centra en algo infinitamente más rentable: fomentar el miedo. El viejo mantra "que vienen los malos" se ha reciclado en "que vienen los rusos". Naciones hasta ahora neutrales solicitan urgentemente el ingreso en la OTAN como salvaguarda de la voracidad expansionista rusa. Los informativos abren con la noticia de la violación del espacio aéreo de cualquier país báltico por aviones rusos o invocando el Artículo 5 de la Alianza porque un manojo de drones cayó en territorio comunitario. En otras ocasiones se trata de informar sobre los avances rusos en el desarrollo de misiles, capaces de alcanzar cualquier capital occidental en cuestión de minutos… Pruebas irrefutables, todas ellas, de que Rusia no se detendrá con la eventual anexión Ucrania, pues su voracidad expansiva tiene como objetivo final llegar hasta Finisterre.

A riesgo de resultar ingenuo, este tipo de informaciones tienen más de propaganda política que de amenaza cierta, al menos en estos momentos. Putin nunca pretendió anexionar Ucrania a Rusia como engañosamente vocean algunos líderes europeos. Tal hipótesis, desde mi perspectiva, resulta contradictoria con el mensaje de que incorporando a Ucrania en la Alianza Atlántica se garantizaba la seguridad para el resto de Europa; al mismo tiempo carece de la mínima lógica al chocar con la realidad de la propia guerra. La simple anexión de un diminuto territorio fronterizo, contando con el apoyo de la mitad de su población, está teniendo un altísimo coste para Rusia. Además de desangrar la economía rusa, le está suponiendo un desgaste social de consecuencias todavía por evaluar. Putin no es ningún loco ni tan estúpido como para enfrentarse a un enemigo que lo supera ampliamente en demografía, economía y capacidad militar, máxime cuando tiene que recurrir a mercenarios para evitar ser derrotado. También condiciona su posicionamiento en asuntos internacionales como el conflicto Irán-Israel, o el futuro de Siria.

En la única ocasión que mencionó la confrontación directa con la OTAN, lo hizo para asegurar que llegar a ese escenario sería trágico para ambas partes. Sergei Lavrov, en su comparecencia de prensa del 19 de agosto tras la Cumbre de Alaska 15 de agosto de 2025, desmontó la teoría expansionista. Aunque la cita sea extensa merece la pena reproducir las palabras del responsable de Exteriores ruso:

> Para nosotros nunca se trató de hacernos con territorios. Ni Crimea, ni el Donbás, ni Novorossiya fueron nunca nuestro objetivo. Todo el mundo sabe que esos territorios eran parte de la República Socialista Soviética de Ucrania y después pasaron a serlo de la Ucrania independiente. Quedaron en la Ucrania independiente en base a la declaración de soberanía que los dirigentes ucranianos adoptaron ya en 1990 en la que se proclamaba con toda claridad que Ucrania sería para siempre un Estado desnuclearizado, neutral y no alineado en bloques. Precisamente esa circunstancia era el fundamento del reconocimiento internacional de Ucrania como Estado independiente. Si ahora el régimen de Zelenski renuncia a todos esos principios y ya habla de armas nucleares, ingresar en la OTAN y de renunciar a la neutralidad, entonces ese fundamento del reconocimiento de Ucrania como Estado independiente desaparece.[78]

Europa fantasea con la idea de alcanzar un compromiso de alto el fuego ofreciéndose a desplazar tropas de intermediación. Difícilmente un crecido Putin aceptará una propuesta que en definitiva supondría lo mismo por lo que está luchando: evitar la presencia de la OTAN en la puerta de casa. Tal vez sea mejor así, pues difícilmente podrían soportar las economías de la Comunidad Europea un eventual recrudecimiento de las hostilidades con la consiguiente participación activa de sus soldados. Rusia no es Yugoslavia, dije, pero tampoco es Afganistán ni Irak. Además, los europeos tenemos la piel especialmente fina ante posibles víctimas de compatriotas muertos no se sabe dónde y defendiendo no se sabe qué. El castigo político de la opinión pública ante tal extremo sería inasumible para cualquier gobierno democrático. Por el contrario, Putin, como en su momento dijo Ho Chi Minh, bien podría soportar poner 10 muertos sobre la mesa, donde Europa no soportaría 1 solo.

Aunque Putin se niegue a ello, Europa debería construir su propio discurso sin mediación estadounidense, renegociando un sistema de seguridad europeo en el que se tengan en cuenta los intereses y miedos de todas las partes. Rusia solo detendrá el conflicto cuando, en mayor o menor medida, se acepten sus demandas territoriales y tenga plenas garantías de seguridad. Esto último tan solo puede asegurarse con una

Ucrania neutral sin pertenecer a bloque alguno, sin acoger tropas aliadas, ni desplegar armamento que incomode a Rusia. En cuanto a las demandas territoriales, Ucrania perderá las provincias orientales como pago por no haber entendido que siglos de historia no pueden borrarse añadiendo un párrafo en la constitución.

Europa, lamentablemente, lejos de renunciar a su propuesta bélica continúa su huida hacia adelante proponiendo pasar de la defensa al ataque. Durante la visita de Zelenski a Alemania, Merz prometió financiar drones y misiles que pudieran alcanzar territorio ruso en lo que era "una nueva cooperación militar-industrial con gran potencial".[79] Además, según informó al canal WDR el 25 de mayo de 2025, tanto Alemania como Francia, Reino Unido y Estados Unidos levantaban las restricciones al armamento de largo alcance.[80] Un mes más tarde se aprobaba la financiación de 500 drones Antonov-196 de combate (con un alcance de 1.200 km).

El general Christian Freuding, jefe del Estado Mayor Especial para Ucrania del Ministerio Federal de Defensa alemán y coordinador del apoyo armamentístico a Ucrania, manifestaba a la ZDF que Kiev debía "tomar medidas aéreas ofensivas" y "también las instalaciones de producción de la industria armamentística" en suelo ruso, con armas de largo alcance. Concluía asegurando que Alemania estaría "dispuesta a poner a disposición tales sistemas de armas".[81]

Afirma Emmanuel Todd en *La derrota de Occidente* (2024) que "Rusia está luchando en su frontera [y] está librando una guerra defensiva contra un mundo occidental ofensivo". De haberse atajado a tiempo, y pudo hacerse, la guerra de Ucrania hubiera pasado a engordar la lista del medio centenar de disputas fronterizas territoriales repartidas por los cinco continentes. El mundo está más que vacunado contra este tipo de conflictos que de forma recurrente ocupan las cabeceras de los informativos. Querellas como las Maldivas entre Argentina-Reino Unido, Nagorno Karabaj entre Armenia-Azerbaiyán, la secesión kosovar en Serbia, permanecen tan latentes como la de las dos Coreas, sin alterar la convivencia mundial. Incluso las que representan auténticas bombas de relojería en Asia —la reclamación de Cachemira entre India-Pakistán o el contencioso China-Taiwán— se sobrellevan pese a puntuales sobresaltos. Sin embargo, los enfrentamientos del Donbás merecen una consideración que va más allá de ser considerado un conflicto territorial más. Cuando la guerra concluya, la reconfiguración de fronteras en Europa del Este será lo menos importante. A estas alturas del conflicto, cualquier pronóstico sobre el desenlace tiene una dosis de especulación equiparable, cuando menos, a la del análisis interpretativo. Las dinámicas militares, políticas y diplomáticas, con un presidente volátil como Trump, están sometidas a variables que cambian con rapidez. El enfrentamiento ha entrado en una fase donde las expectativas iniciales de victoria rápida, según Rusia, y derrota inevitable, según Europa, han perdido su significado. La dialéctica de los líderes europeos deja entrever que la guerra librada en territorio ucraniano representa un desafío directo a la arquitectura de seguridad europea.

Los informativos nos bombardean con imágenes de drones derribados en Polonia, incursiones aéreas en Dinamarca, movimientos militares junto a las repúblicas bálticas y sabotajes en trenes, de barcos de guerra atravesando el canal de la Mancha… alimentando la sensación de encontrarnos en un estado prebélico e insinuando que Rusia estaría probando el nivel defensivo de la OTAN como paso previo a un ataque directo contra alguna de las naciones miembro de la Alianza. Sin embargo, esta premisa es altamente improbable. La comparación con el sabotaje del Nord Stream, asunto todavía no aclarado al parecer con implicaciones occidentales, resulta inevitable; que cada quien saque sus propias conclusiones. En cualquier caso, y sin minimizar tales acontecimientos, interpretar estos episodios como señales inequívocas de una futura ofensiva rusa —Andrius Kulilius, comisiario europeo de Defensa y Espacio, declaró que "en cinco años o menos, Rusia podría estar dispuesta y capaz de atacar uno o más países de la Unión Europea"—[82] resulta conceptualmente maximalista y en absoluto ajustado a la realidad estratégica. El impacto económico y social que le está causando la guerra es de tal envergadura que condicionará el destino de Rusia en las próximas décadas. El gasto militar ha superado exponencialmente las previsiones iniciales y las sanciones económicas, por más que las haya sorteado, han supuesto una pérdida en su capacidad de maniobra. En estas condiciones, y con un frente todavía abierto pese a visos de resolución, resulta irracional imaginar, siquiera, un enfrentamiento directo con Europa, una potencia demográfica, económica y militar considerablemente superior a la rusa.

Decisiones y actuaciones políticas de Putin en el pasado reciente ponen en entredicho su hipotética vocación expansionista. En los últimos años, Putin ha tenido oportunidad de anexionarse territorios como la región moldava de Transnistria, donde mantiene tropas desde la década de los noventa y controla de facto el territorio, y en Georgia la región de Osetia del Sur, donde tuvo un control militar total tras la guerra de 2008. En el 2006, Transnistria celebró un referéndum en el que más de un 90%, según fuentes oficiales locales, votó a favor de integrarse en la Federación Rusa; en el 2014 las autoridades de Osetia del Sur solicitaron su incorporación uniéndose a la república rusa de Osetia del Norte. Las autoridades de ambos territorios solicitaron oficialmente la anexión, pero Moscú las rechazó para evitar tensiones geopolíticas. En la primera porque, al no existir continuidad territorial, la anexión implicaría atravesar Ucrania o Moldavia con el riesgo de provocar un conflicto internacional; en la segunda porque la anexión podía entenderse como un primer paso expansionista. Estas dos actuaciones no fueron las únicas en las que Putin demostró su intención de mantener una *entente cordiale* con Occidente. Al comienzo de su mandato, Putin aspiró a mantener una relación de cooperación estratégica con Estados Unidos en materia de seguridad internacional y aceptó el establecimiento de bases militares estadounidenses en Asia Central como parte de la Operación Libertad Duradera (2001) contra Afganistán. La intención subyacente era que Rusia fuera tratada como un socio legítimo dentro del orden internacional surgido tras la Guerra Fría. En este contexto se entiende el rechazo de Putin a la propuesta del líder chino Jiang Zemin en septiembre de 2001 para formar una coalición diplomática de los miembros del Consejo de Seguridad con el fin de limitar la intervención estadounidense en Afganistán.

Europa no pude permitirse salir derrotada de Ucrania, recordemos Afganistán, por las profundas implicaciones que tal desenlace supondría. Los gobiernos nacionales que han apostado de forma decisiva por Kiev corren el riesgo de perder el poder al ser cuestionados por su ciudadanía; pero incluso más importante sería proyectar una imagen de debilidad estratégica frente a potencias revisionistas y, sobre todo, un desplome de su influencia en el orden internacional comparable al de la URSS. Desde la perspectiva rusa, la derrota tampoco es una opción; la guerra ha durado mucho más de lo que Moscú calculaba en febrero de 2022, y Putin ha vinculado su liderazgo a la narrativa de resistencia frente a Occidente. Una retirada al *status quo* anterior a la guerra, sin ganancias tangibles tras haber ocupado el territorio y reconocido la independencia de las repúblicas de Donetsk y Lugansk, resulta impensable disponiendo de arsenal nuclear. El conflicto, en lo que a Rusia y Europa se refiere, terminará en una negociación sin vencedores ni vencidos. En ese escenario, es difícil imaginar una paz que no incluya concesiones territoriales por parte de Ucrania, tal como Trump ya ha apuntado y exigido. Para que el escenario negociador resulte viable, ambas partes deberán replantear sus posiciones. Europa deberá que abandonar la retórica beligerante y la arrogancia adoptada desde el inicio del conflicto, y Rusia deberá encontrarse en un punto de estancamiento tal, que la empuje a aceptar un acuerdo imposible de mejorar por mucho que prolongue la guerra.

CAPÍTULO III
Y entonces venció Donald Trump

CAPÍTULO III   Y ENTONCES VENCIÓ DONALD TRUMP

3.1. Hacia un nuevo paradigma progresista: Clinton, Obama, el *wokismo*, (y el paréntesis de Biden).

Según el popular y polémico presentador televisivo Stephen Colbert, "Donald Trump parece una aberración monstruosa de nuestra historia política".[83] La provocadora afirmación resume el desconcierto que su irrupción en política ha generado dentro y fuera de Estados Unidos. Resulta difícil comprender cómo un personaje tan singular y atípico, sin experiencia política previa y con un estilo descaradamente hostil, se convirtió en presidente de la democracia más antigua y sólida del mundo. No solo eso, tras un paréntesis presidencial volvió a ser reelegido con mayor margen y contundencia que en la primera ocasión pese a ser condenado en procesos judiciales y haber auspiciado la mayor insurrección popular desde la Guerra de Secesión.

La sorprendente elección de Trump, entiendo, fue una respuesta del ciudadano medio a la deriva social que impulsaron Bill Clinton primero y Barack Obama después. Su mensaje centrado en el eslogan "América Primero" prometía recuperar los empleos destruidos por la globalización, controlar la emigración ilegal que provocaba crimen y privaba de empleo a los nacionales, y reivindicaba el retorno a una política basada en los intereses estadounidenses. Su éxito se alimentó de un sentimiento hostil hacia la diversidad, lo políticamente correcto y, con un discurso populista, apeló a los trabajadores en paro, a los sectores conservadores que percibían una pérdida de valores, y a quienes veían en el multiculturalismo una amenaza a la identidad nacional. En ese sentido, la llegada de Trump al panorama político fue más consecuencia que causa. Su victoria, sobre todo tras la reelección, no puede entenderse como un accidente ni como un episodio aislado, sino como el resultado de un proceso de transformación social, económica y cultural más profundo. Para comprender la reacción que condujo a Trump hasta la Casa Blanca vendrá bien recordar el contexto político e ideológico previo.

Durante la presidencia de Bill Clinton, Estados Unidos abrazó un liberalismo social que se proyectó más allá de sus fronteras invalidando la Doctrina Kissinger, centrada en la defensa del interés nacional y en la protección de las grandes corporaciones estadounidenses como núcleo del poder global. A mediados del siglo XIX, John Stuart Mill planteaba en *Sobre la libertad* (1859) que el liberalismo no se reduce a la defensa de la libertad individual, sino que también conlleva la responsabilidad moral de ayudar al prójimo. En un momento histórico irrepetible, con la Unión Soviética en pleno desguace y sus países satélite llamando desesperados a las puertas de Occidente, el gobierno de Clinton asumió un papel de guía moral y política en el mundo, interviniendo en conflictos, promoviendo reformas democráticas y fomentando un orden internacional basado en valores liberales. Este viraje, aunque aplaudido en muchos círculos internacionales, provocó una sensación más agria que dulce entre los conservadores republicanos para quienes el gobierno anteponía las causas globales a los intereses domésticos.

La doctrina política conocida como *Democratic Enlargement* —ampliación democrática— impulsada durante la Administración Clinton surge a raíz de la caída de la Unión Soviética dejando a Estados Unidos como única superpotencia global. Se trataba de aprovechar la oportunidad histórica para expandir *urbi et orbi*, en terminología ecuménica, los valores estadounidenses de democracia liberal, libre mercado y derechos humanos. De acuerdo a estos principios, la seguridad y la prosperidad global se aseguraban ampliando la nómina de democracias en un proceso aperturista universal liderado por Estados Unidos. Seguía en buena medida la mencionada doctrina de Stuart Mill, que también sería evocada por George W. Bush para justificar la guerra con Irak al afirmar "…creemos que la libertad —la libertad que valoramos— no es solo para nosotros, sino que es el derecho y la capacidad de toda la humanidad".[84]

En el ámbito económico, Clinton continuó con las políticas neoliberales iniciadas por Ronald Reagan en la década de 1980 potenciando acuerdos como el Tratado de Libre Comercio de América del Norte (NAFTA), y eliminando barreras comerciales para abrir nuevos mercados en consonancia con los principios de globalización económica. No obstante, esta propuesta económica tuvo consecuencias internas, como la deslocalización de empresas que llevaron al cierre de fábricas con el consiguiente aumento del desempleo, que generó un descontento social en las regiones más industrializadas. Las zonas afectadas por el declive manufacturero y la pérdida de estabilidad laboral coinciden en gran parte con los denominados *swing states*, los estados bisagra que décadas más tarde serían determinantes en las victorias electorales de Trump.

Clinton, al igual que Reagan en su momento, también transformó el ideario político de su partido. Si Reagan había redefinido el Partido Republicano en torno a un conservadurismo universalista y aperturista, Clinton refundó el Partido Demócrata como una fuerza política capaz de abarcar un amplio espectro ideológico con el propósito de integrar desde sectores de la centroizquierda liberal hasta los desencantados moderados del republicanismo. A través de un discurso progresista y centrista al mismo tiempo, intentó construir una coalición transversal donde tuvieran cabida posiciones apriorísticamente opuestas. En cierta forma, seguía el modelo laborista de Tony Blair en Reino Unido en lo que vino en denominarse "Tercera Vía", marcando el nuevo rumbo del progresismo estadounidense que sería continuado por Barack Obama años después.

La nominación de Obama como candidato demócrata en 2008, tras vencer en las primarias a Hillary Clinton, fue una sorpresa para las propias estructuras del partido. Su lema, *Yes, We Can*, recogía el optimismo social iniciado por Clinton proyectando una nueva dimensión simbólica que apelaba a la colectividad como protagonista del verdadero cambio social para construir una sociedad más abierta e inclusiva. La "Guerra contra el Terror" lanzada por el presidente George W. Bush tras los atentados del 11-S había erosionado la autoridad moral de los Estados Unidos y, en ese contexto, Obama fue percibido como un líder capaz de retomar la diplomacia como instrumento para la resolución de conflictos. En el ámbito doméstico, su proyecto político proponía renovar el liberalismo social avanzando en los derechos civiles para acoger sensibilidades multiétnicas y multiculturales marginadas hasta entonces.

En la esfera internacional, discursos emblemáticos como el pronunciado en 2009 ante la Asamblea General de las Naciones Unidas, el de Praga en abril del mismo año, o el de la Universidad de El Cairo unos meses después, dibujaban unos Estados Unidos dispuestos a utilizar la diplomacia en las relaciones internacionales, enfatizando el respeto mutuo entre las naciones en lugar del hegemónico autoritarismo basado en la fuerza de su predecesor Bush. Ello le valió la concesión del Premio Nobel de la Paz en 2009 por "su visión y esfuerzo extraordinario por fortalecer la diplomacia internacional y la cooperación entre los pueblos", así como "su iniciativa para un mundo sin armas nucleares",[85] premiando más las intenciones de lo que previsiblemente sería un mandato dialogante y comprometido con la paz y la integración social, que como reconocimiento a logros tangibles obtenidos.

Sin embargo, la historia asocia el legado de Obama a una transformación de carácter doméstico más que a éxitos geopolíticos. Durante su presidencia se impulsó una transformación cultural que daría origen al llamado movimiento *woke*. Bajo su administración se promovieron políticas de inclusión y despertar identitario respeto a la diversidad racial, sexual y de género, en una narrativa con vocación de redentora justicia social. Sus propuestas fueron aplaudidas por los sectores más progresistas de la sociedad, pero al mismo tiempo generó rechazo entre quienes lo percibían como una amenaza a la identidad estadounidense. Paradójicamente, esta suerte de revolución cultural y social generó un clima de polarización que marcaría la siguiente etapa política del país.

3.1.1. El *wokismo.*

La era Obama provocó una profunda transformación en el plano cultural y social que fue bautizado como movimiento *woke*. El término, que pretende significar "despertar" o "estar prevenido/atento" frente a las injusticias, se consolidó como una corriente de pensamiento que influyó de manera decisiva en las políticas públicas, la educación, los medios de comunicación y el discurso político. El movimiento se estructuró, además de abrazar el ecologismo, en torno a la identidad de género, la diversidad sexual y el multiculturalismo, y promovió una visión inclusiva de la sociedad redefiniendo el concepto de "americanidad" desde el reconocimiento de la pluralidad como elemento constitutivo de la identidad estadounidense.

El *wokismo* impulsó la visibilidad de las diferencias y amplió el espacio de participación de grupos históricamente marginados. Su influencia se reflejó en reformas legislativas, en la adopción de un lenguaje inclusivo —lo "políticamente correcto"— y en el reconocimiento de nuevos derechos civiles vinculados a la orientación sexual y la identidad de género. El movimiento *woke* ha supuesto avances significativos en materia de inclusión, visibilidad, derechos civiles y también ha contribuido a denunciar las desigualdades estructurales que aún persisten en la sociedad estadounidense. Sin embargo, la reivindicación de la diversidad se convirtió, y sigue representado, un nuevo campo de batalla cultural, donde la lucha por la igualdad se traduce en confrontación ideológica al tiempo que polariza a la sociedad estadounidense provocando divisiones internas y conflictos sobre cómo gestionar las diferencias.

Las políticas *woke* provocaron fuertes reacciones en los sectores conservadores al ser percibidas como una forma de imposición ideológica que coartaba la libertad y desplazaba los valores tradicionales estadounidenses. Las críticas se centraron en la idea de que el Estado, las universidades y los medios de comunicación más importantes defendían una visión moral única y excluyente, basada en la corrección política y en el reconocimiento obligatorio de identidades minoritarias. Este debate se intensificó especialmente en torno a cuestiones legislativas, como la ley conocida como *Don't Ask, Don't Tell* ("No preguntes, no digas") en el ejército de Estados Unidos que regulaba la presencia de personas homosexuales, bisexuales y lesbianas en las fuerzas armadas; o aquellas que garantizaban a los estudiantes trans la posibilidad de usar vestuarios —en algunos estados también baños— según su identidad de género y participar en actividades deportivas según el mismo criterio; o la derogación de la Ley de Defensa del Matrimonio (DOMA), garantizando el mismo trato a todo tipo de parejas aunque sean del mismo sexo.

Estas políticas, entiendo que bienintencionadas, terminaron por fragmentar el espacio público, y la tensión entre inclusión y neutralidad del Estado se convirtió en uno de los ejes del mensaje político utilizado por Trump durante las campañas electorales. Además, el énfasis identitario y la creciente corrección política profundizaron las divisiones partidistas y culturales. Mientras una parte del país aplaudía el reconocimiento de las diferencias, otra lo interpretaba como un ataque a los valores fundacionales de la nación y a la libertad de opinión. La polarización derivada de este fenómeno no solo afectó al discurso político, sino también al lenguaje público, a los espacios académicos y a la convivencia cotidiana cada vez más segmentada por etiquetas ideológicas. El legado *woke* criticado por Trump impulsó un avance histórico en derechos y conciencia social, pero al mismo tiempo alimentó la sensación de que la política se había convertido en una disputa cultural permanente donde la corrección política reemplaza incluso al sentido común, y cuestiones relativas a la identidad no admiten discrepancias. La fractura ideológica generada por el *wokismo* la utilizó Trump de cimientos sobre los que construir su narrativa, presentándose como defensor de la América silenciada frente al poder moral del progresismo identitario.

La victoria de Trump en las elecciones de 2020 fue fruto, en buena medida, de la concatenación causa-efecto como reacción al descontento y resentimiento generados por la transformación económica y cultural de anteriores presidentes demócratas. Clinton impulsó la apertura internacional tras el fin de la Guerra Fría propiciando el movimiento globalizador en economía; Obama, tras Bush Jr., se centró en la justicia social favoreciendo las diversidades culturales y el multiculturalismo; Trump, tras el paréntesis de Biden, emergió como consecuencia de la reacción de quienes se sentían perjudicados por la globalización y marginados por el progresismo. Cada uno de los tres presidentes fue protagonista, en momentos alternos, de la misma secuencia histórica Clinton—Obama—Trump.

3.1.2. (El paréntesis de Joe Biden).

Se atribuye a Napoleón la frase "Dadme generales con suerte", una máxima que resume la importancia de la fortuna en la guerra y que bien pudiera extrapolarse a la política. Si algo no acompañó a Joe Biden durante su presidencia fue precisamente la suerte. Desde su nominación como candidato demócrata en 2020, Joe Biden fue percibido como un presidente de transición al no representar renovación generacional alguna ni propugnar una ruptura ideológica. Su mandato, previsiblemente, sería limitado a una sola legislatura, el tiempo necesario para que el Partido Demócrata preparara un nuevo candidato —se pensaba que Kamala Harris— que redefiniría el nuevo rumbo de los demócratas tras la anomalía que había supuesto Donald Trump.

Biden encarnaba la experiencia, la sensatez y la moderación necesarias para reconstruir puentes en un país profundamente dividido. Su presidencia parecía destinada a restaurar la normalidad institucional y estabilizar el país tras los cuatro convulsos años con Trump de presidente. Por desgracia para él, desde su llegada a la Casa Blanca en enero de 2021, su mandato se vio condicionado por una serie de crisis encadenadas, surgidas a raíz de la COVID-19, que limitaron su margen de acción y erosionaron su credibilidad política. Su presidencia no presenta logros de calado, más bien todo lo contrario, y puede entenderse como un paréntesis entre las dos presidencias de Trump. Tuvo la desgracia de coincidir temporalmente con un contrincante que no solo se negó a aceptar su derrota electoral, sino que cuestionó abiertamente la limpieza de los comicios, alimentando una narrativa de fraude que acompañó al nuevo presidente durante toda su gestión. A primerísima hora de la madrugada del día de las elecciones de 2020, Trump se dirigió a sus votantes asegurando que "claramente había ganado", pero que "fuerzas deshonestas" estaban trabajando para robarle la victoria. Ese discurso inauguró el mito de las elecciones robadas que se conocería como *The Big Lie* —la Gran Mentira—. Aunque las denuncias de fraude y manipulación de votos fueron desestimadas en más de sesenta casos judiciales, la desconfianza en el sistema electoral quedó instalada en una parte significativa del electorado.

A pesar de su discurso conciliador y su promesa de curar heridas para restaurar el alma de Estados Unidos, Biden no logró en ningún momento llevar las riendas de la nación; tal vez por temor a las consecuencias sociales de emprender una ruptura radical con las medidas tomadas por su predecesor. Apenas si revirtió algunas decisiones y cuando lo hacía se trataba de reformas de contenido simbólico, como retornar a Estados Unidos al Acuerdo de París, evitando reformas de gran calado por temor a que se intensificara la polarización política. El contexto social crispado, la economía resentida por la pandemia, el consiguiente aumento de la inflación… afectó a la percepción de su gestión.

Su agenda interna incluyó iniciativas importantes, como la modernización de infraestructuras, el impulso a las energías renovables y la expansión del programa sanitario Obamacare, lo que permitió reducir el precio de los medicamentos. Sin embargo, estas políticas, aunque significativas, tuvieron escasa repercusión mediática y fueron eclipsadas por los problemas económicos, el protagonismo de Trump y las tensiones internacionales. En materia económica, logró un crecimiento sostenido del PIB y una notable recuperación del empleo. La alta inflación fue su auténtico talón de Aquiles y, aunque al final de su mandato había descendido a niveles aceptables, la percepción de que el encarecimiento del coste de la vida hacía descender los ingresos y la capacidad de ahorro de las familias, especialmente las de clase media, fue aprovechada hábilmente por su rival para desgastar su credibilidad.

En política exterior, tampoco acompañó la suerte a Biden. La caótica retirada de Afganistán en agosto de 2021 trasmitió la sensación de derrota; el estallido de la guerra de Ucrania en 2022 reavivó la histórica confrontación entre Occidente y Rusia; un año más tarde, 2023, no logró encauzar siquiera el conflicto en Gaza. A estos desafíos se sumaron factores personales. Su avanzada edad y frecuentes lapsus públicos alimentaron dudas sobre su capacidad física y mental para ejercer el cargo. Los medios de comunicación hostiles y sus adversarios políticos amplificaron cada error, reforzando la imagen de un presidente cansado, y su estilo prudente y moderado, que en otro momento podría haber sido una virtud, se interpretó como falta de energía en un clima político de confrontación y polarización.

Ante la pérdida de apoyo popular y las presiones internas de su propio partido, Joe Biden decidió retirarse de la carrera por la reelección. Para algunos esta decisión resultó excesivamente tardía, recriminándole incluso que se presentara a las primarias demócratas y responsabilizándole del triunfo republicano. Su precipitada salida y el posterior resultado de las presidenciales confirmaron que su presidencia fue un período de transición y Biden se convirtió en el paréntesis entre los dos mandatos de Trump.

3.2. La elección del "cisne negro".

El filósofo y ensayista Nassim Taleb utilizaba la metáfora del cisne negro en su obra *El cine negro. El impacto de lo altamente improbable* (2012) para describir la sustanciación de acontecimientos altamente improbables y con alta resonancia social, imposibles de explicar *a priori*, pero que, desafiando los modelos de predicción, alcanzan pleno sentido y justificación *a posteriori*. Según Taleb, ello es debido a "nuestra ceguera respecto a la aleatoriedad, especialmente ante las grandes desviaciones". En similar línea, no puedo obviar al malogrado Dietrich Bonhoeffer refiriéndose a la imbecilidad como disposición moral, sintetizada en su axioma "Contra la estupidez no tenemos defensa", o al "hombre-masa", el ignorante satisfecho, del que hablara Ortega en *La rebelión de las masas* (1930). En el ámbito político, la terminología "cisne negro" está referenciando los procesos electorales en que las encuestas no anticiparon el desenlace, y cuyo resultado, tan imprevisible como impredecible, nadie esperaba. La victoria de Rodríguez Zapatero en España en 2004, el referéndum del Brexit en el Reino Unido en 2016 o las presidenciales de Estados Unidos también en el 2016 que colocaron a Donald Trump en la Casa Blanca son ejemplos de "elecciones de cisne negro".

La imprevista primera elección presidencial de Trump se explica en el contexto de una reacción defensiva del sistema contra el neoliberalismo social que desde los años de Bill Clinton había evolucionado hacia el progresismo cultural, consolidado durante la Administración de Barack Obama, en lo que ha venido en denominarse movimiento *woke*. El lema trumpista *America First* se convirtió en un poderoso catalizador para amplios sectores de la población que percibían amenazada su identidad cultural y su seguridad económica, del mismo modo que el *Yes, We Can* de Obama había motivado a quienes se sentían históricamente marginados por razones de raza o género. El nivel de vida y poder adquisitivo de los trabajadores estadounidenses se había reducido, la industria sufrió un desmantelamiento sistemático con cierres de fábricas, el coste de la vivienda experimentó un aumento sin precedentes y la atención médica resultaba prohibitiva para amplios segmentos sociales. El descontento era patente y buena parte de la clase media trabajadora se sentía estafada por los cantos de las sirenas demócratas. Trump supo leer como ningún otro político esta partitura y, en vez de elaborar un programa político y económico con un proyecto de salvación nacional, ofreció una alternativa revanchista, de ajuste de cuentas con quienes habían promovido y causado la situación descrita.

La narrativa anti-*woke*, además de desafiar la filosofía de lo políticamente correcto promovida por las élites intelectuales y académicas, reivindicaba la restauración de los valores tradicionales vinculados a las comunidades rurales y a amplios sectores de la clase media blanca que observaban con recelo el nuevo rumbo del progresista cambio social. En el plano económico, la propuesta republicana defendía revocar tratados internacionales considerados desfavorables para EE.UU., la relocalización de empresas trasladadas al extranjero, la reducción del déficit comercial y la recuperación de los sistemas productivos tradicionales debilitados por la globalización y por políticas medioambientales orientadas a revertir el cambio climático.

En *El arte de la negociación* (1987), Trump afirmaba: "A veces, mientras se pierde una batalla, se descubre otra manera de ganar la guerra". Aunque su regreso al poder en las elecciones de 2024, tras haber perdido las anteriores de 2020, podía considerarse predecible, la reelección de Trump tras el paréntesis del presidente de Joe Biden supuso un desafío a la lógica política. Nunca antes un expresidente sometido a dos procesos de *impeachment*, juzgado y condenado en varios tribunales, sin participar activamente en la campaña de primarias de su propio partido, había logrado regresar a la Casa Blanca. Además, afrontó las elecciones previas de mitad de mandato en el 2022 como un plebiscito personal, que perdió obteniendo unos resultados mediocres, algo que apuntaba un desgaste político irreversible. Todo ello sin obviar su protagonismo en uno de los acontecimientos más importantes y trascendentales en la historia electoral y política norteamericana como fue el asalto al Congreso del 6 de enero de 2021. Aunque nunca fue condenado, su arenga en el mitin "Salvemos a América", colofón a la campaña de identidad nacional, fue entendido por la multitud asistente como una proclama para revertir los resultados electorales que iban a ser ratificados en el congreso.

Trump ha sabido capitalizar ese malestar colectivo, erigiéndose en el restaurador de un orden perdido, tanto en el plano interno como en el internacional.

Su discurso, de marcado tono nacionalista, apela a la recuperación de la esencia de la "americanidad" y se articula sobre premisas absolutistas, envueltas en una retórica que combina elementos épicos y un cierto aire de mesianismo político. Su incontestable victoria sobre la candidata demócrata Kamala Harris ha vuelto a ser interpretada en términos similares a la sufrida por Hillary Clinton ocho años antes: una desastrosa campaña demócrata propició la victoria republicana en esta elección, no por menospreciar al contrincante, como ocurrió con la candidata Clinton, sino por la improvisación derivada de la tardía retirada de Joe Biden que subvirtió la candidatura de Harris. Tal interpretación tiende más a la excusa que al rigor analítico pues el retorno a la presidencia de un personaje tan singular como Donald Trump tiene un calado mucho más profundo que una mala o apresurada campaña electoral. La pregunta resulta obvia: ¿Por qué acontecimientos reprobables para cualquier persona, como los juicios y condenas, lejos de penalizarle, reforzaron su imagen?

Lejos de ocultar o justificar sus conflictos con la justicia, Trump los integró en su discurso electoral, presentándose como un mártir que, en su relato, está destinado a transformarse en héroe. El ejemplo más claro se encuentra en el uso que hizo de la fotografía de su ficha policial utilizada en la mercadotecnia electoral. Fue su imagen de campaña, junto a la del atentado sufrido en Butler —Pensilvania—, reforzando la idea de estar posicionado contra el sistema y resultando creíble para quienes consideran que los mecanismos del sistema judicial, y por extensión político, responden a los intereses de las élites y no de los ciudadanos. Articuló un relato de victimización cuidadosamente elaborado sobre la existencia de un presunto "Estado Profundo" que controlaba los tribunales que lo procesaban, los medios que lo silenciaban y la economía que estaba llevando al país a la ruina. Este discurso, sustentado en teorías conspirativas, resultó políticamente eficaz y reavivó la fidelidad de sus seguidores incondicionales, consolidó el voto republicano tradicional y atrajo a amplios sectores del electorado demócrata —latinos, afroamericanos y trabajadores de clase media— que se sentían vulnerables ante la inseguridad económica. También le sirvió para ganar sectores de votantes extremistas que otros candidatos republicanos nunca lograron alcanzar.

Hasta la presidencia de Trump, estos últimos grupos —reaccionarios en unos casos, extremistas en otros, y con frecuencia abiertamente fanáticos o sectarios— apenas tenían relevancia política. Su irrupción en la esfera pública solía estar asociada a trágicos episodios aislados, como el asalto al complejo davidiano en Waco, Texas —cuyo líder, David Koresh, llegó a calificar al gobierno estadounidense como una "herramienta satánica"— o el atentado perpetrado por Timothy McVeigh, simpatizante de la Milicia de Michigan, contra el edificio del FBI en Oklahoma City. El asalto al Congreso y resto de acontecimientos mencionados pueden interpretarse como episodios aislados de radicalización, producto de individuos o grupos marginales. Sin embargo, vistos en conjunto, adquieren un significado más profundo como manifestaciones extremas de un malestar estructural frente al modelo democrático liberal, que sectores radicales perciben como agotado.

El trumpismo responsabiliza a la democracia liberal del deterioro de los Estados Unidos por su servilismo a los intereses globalistas. Para amplios sectores del conservadurismo estadounidense —y, cada vez más, del europeo— el paradigma liberal basado en el libre mercado, los derechos individuales y la globalización debe ser reemplazado por un nuevo modelo de gobierno más autoritario y tecnocrático que solucione problemas, en vez de crearlos con políticas integradoras y burocráticas. Las clases trabajadoras comienzan a desconfiar de las instituciones democráticas por su sensación de abandono y la creciente convicción de que las actuales estructuras del orden político no solucionan los problemas económicos, ni el desajuste social, ni las tensiones culturales actuales. En *Mandate for Leadership*,[86] al que me referiré más adelante, se especula con la idea de que el futuro de EE.UU. depende de aquellos dispuestos a reconstruir lo que otros han permitido que se deteriore.

El trumpismo emerge como una reacción frente a la indulgente permisividad de los últimos gobiernos demócratas y, al mismo tiempo, como consecuencia directa de la radicalización de los núcleos de poder dentro del conservadurismo estadounidense. Constituye, en esencia, un singular *quid pro quo* entre las ambiciones políticas y personales de Donald Trump y los intereses de una amalgama de grupos, asociaciones y organizaciones, todos ellos conservadores, que han permanecido durante décadas en la periferia del Partido Republicano. La irrupción de Trump en la esfera política otorgó visibilidad, legitimidad y capacidad de influencia a sectores más o menos marginales y más o menos poderosos que están reconfigurando el mapa ideológico del conservadurismo contemporáneo, desplazando al republicanismo tradicional de sus posiciones históricas. No solo eso, Trump intenta diluir la histórica división política entre demócratas y republicanos proponiendo un nuevo modelo social, también bipolar, entre los patriotas que defienden la identidad y hegemonía de los EE.UU. y quienes son antipatriotas y destruyen el país.

Desde la primera presidencia de Trump, el Partido Republicano está experimentando una radical transformación programática y estructural respecto al reaganismo, en una deriva hacía el modelo político, eminentemente nacionalista populista, del trumpismo. Trump construye su discurso en comunión ideológica con cuantos se oponían al *wokismo* demócrata, condenando la inmigración, confrontando las políticas de género, negando el cambio climático… Su victoria y reelección muestran que el liberalismo no está logrando articular un proyecto convincente acorde con las nuevas realidades, y que está perdiendo la batalla frente a propuestas absolutistas y en buena medida antidemocráticas.

3.3. Del neoliberalismo reaganiano al nacionalismo trumpista.

El fenómeno político representado por Donald Trump no puede explicarse únicamente por su carisma personal o por la frustración de una parte del electorado estadounidense con el liberalismo de sus predecesores. Su ascenso y consolidación expresan la transformación estructural del republicanismo estadounidense, que ha pasado de un ideario basado en el libre mercado y la tradición conservadora a un populismo reaccionario y anti-institucional. Aunque grupos como la Asociación Nacional del Rifle constituyen la base visible de su respaldo, la red de poder que lo sostiene es mucho más amplia y profunda. Al comentar el presidente ruso mencioné la expresión "Putin colectivo", algo similar acontece con el presidente estadounidense. Trump es el catalizador en el que se articulan tres corrientes sociopolíticas en el panorama estadounidense contemporáneo. La primera de ellas constituye su base de votantes más sólido e incondicional, los pentecostales y evangélicos ultraconservadores, donde confluyen tanto las iglesias protestantes tradicionales como movimientos recientes de activismo religioso como el Movimiento Omega. Este bloque conforma el núcleo duro que representa el movimiento MAGA, reforzado por la intensa actividad mediática de líderes digitales conservadores como el asesinado Charlie Kirk, cuya influencia entre jóvenes creyentes y votantes de derechas ilustra la intersección entre religión, política y cultura digital. En segundo lugar, Trump canaliza los intereses del sector empresarial tecnológico de las hipermultinacionales que percibe el peligro chino, su principal rival estratégico y económico. La presencia de grandes magnates en su toma de posesión —Elon Musk (Space X), Jeff Bezos (Amazon), Mark Zucherbert (Meta), Sundar Pichai (Google), Tim Cook (Apple)— no era anecdótica y va en línea con la guerra contra TikTok y el nombramiento para la vicepresidencia de J.D. Vance, con una trayectoria estrechamente conectada con determinados sectores tecnológicos y que defiende políticas industriales y tecnológicas orientadas a contener la influencia china. Su tercer soporte es el Partido Republicano, que ahora controla por completo. El republicanismo tradicional que encarnaban Mitt Romney o John McCain ha sido relegado en favor de la línea de los *neo-cons* que representa Marco Rubio, promovido a secretario de Estado. Estas tres estructuras —religiosa-cultural, empresarial-tecnológica y político-estratégica— conforman la arquitectura de apoyo que sostiene el proyecto político de Trump y explican unas actuaciones no tan dispersas como pudiera parecer a primera vista.

En este segundo mandato Trump tiene bien aprendido cómo manejar los mecanismos del poder presidencial. A diferencia de su primera etapa, ahora conoce el funcionamiento de instituciones de decisión como las agencias federales, la Reserva Federal, el poder judicial y también la influencia de los medios de comunicación, el tradicional "quinto poder" capaz de moldear la opinión pública, pero que progresivamente pierde vigencia en beneficio de otros creadores de opinión en redes sociales. En la campaña electoral dejó claro su propósito de reconfigurar estos organismos, a tenor de las reformas de estos meses de presidencia resulta obvio que con intención de ponerlos al servicio de su proyecto político consolidando un control más directo sobre las estructuras del Estado.

La línea política de Trump en este segundo mandato representa una corriente ideológica que considera agotado tanto el modelo neoliberal reaganiano como su variación demócrata con su énfasis en la diversidad y en la libertad individual. Votantes tradicionales conservadores reniegan de un sistema que ha traicionado los valores fundacionales de Estados Unidos y desencantados trabajadores demócratas dan la espalda a un modelo económico que les ha empobrecido. Desde esta premisa, se asume la necesidad de superar los tradicionales principios liberales para que EE.UU. conserve su identidad cultural y mantenga su papel como potencia hegemónica mundial. Aun a riesgo de parecer reduccionista, considero que las líneas directrices del gobierno de Trump son en geopolítica la determinación de superar a China en influencia económica y tecnológica, en economía reducir la sangría de la deuda pública reduciendo gastos federales, y en el ámbito social la confrontación con la filosofía *woke*, a la que considera una amenaza para la identidad y la cohesión nacional. Los tres objetivos se articulan en torno a la lógica de reafirmar la supremacía estadounidense según los principios de la filosofía MAGA en oposición al globalismo económico, la deficiente gestión de recursos públicos, y la progresía demócrata doméstica. El lema *Make America Great Again*, surgido como eslogan durante la primera campaña presidencial, ha trascendido su condición de consigna política para reconvertirse en *America First* como principio ideológico que ha desplazado al republicanismo tradicional. Los antecedentes de tal giro lo encontramos en el documento de Estrategia de Seguridad Nacional en su primer mandato (2017) en el que se responsabiliza a la globalización de perjudicar los intereses económicos y estratégicos nacionales.

Trump ha utilizado el poder presidencial para desacreditar y perseguir a jueces, fiscales y organismos reguladores implicados en los procesos judiciales en su contra; en estrecha alianza con Elon Musk, promovió la reducción de los mecanismos de control interno del gobierno, debilitando los contrapesos administrativos. Este tipo de actuaciones, en línea con otras como los ataques dirigidos contra universidades emblemáticas como Harvard o instituciones clave como la Reserva Federal, reflejan la estrategia calculada destinada a erosionar los pilares del sistema liberal y debilitar los mecanismos de control institucional, quién sabe si con intención de preparar el terreno para una reconfiguración del orden político.

El trumpismo dista mucho de ser un accidente histórico, como algunos han sugerido; bien al contrario, es el resultado final de un proceso histórico que se remonta a la década de los sesenta y las reacciones contra el movimiento de derechos civiles. Al ocupar el Partido Demócrata un espacio ideológico que antes pertenecía al republicanismo clásico, los republicanos acogieron en los estados del sur a sectores de población blanca que interpretaron la derogación de las leyes segregacionistas como el inicio de un proceso de reemplazo cultural que amenazaba su identidad nacional. A partir de entonces, comenzó a gestarse una corriente conservadora marcada por la desconfianza hacia los cambios sociales conseguidos con la universalidad de derechos, convencida de que la igualdad otorgada a afroamericanos, inmigrantes y minorías sexuales era el preludio de una decadencia moral irreversible para la cultura WASP (*White, Anglo Saxon, Protestant* o blanca, anglosajona, protestante).

En las últimas décadas del siglo XX, la versión neoconservadora del neoliberalismo reaganiano fue ocupando espacios de poder en el republicanismo a través de corrientes como el *Tea Party*, que, pese a cuestionar la excesiva intervención del gobierno federal, permanecían dentro de la ortodoxia republicana. Con la llegada de Trump a la Casa Blanca, la tradición reaganista —aunque colocara un imponente retrato de Reagan en el Despacho Oval— se ha obviado dando paso a una deriva autoritaria y excluyente. El actual presidente ha sido calificado, y con razón, de "antisistema", pues su discurso y sus acciones reflejan una profunda hostilidad hacia las élites políticas —a las que acusa de haber traicionado los valores fundacionales de la nación— y hacia las estructuras del propio gobierno federal, al que presenta como un enemigo interno que debe ser derrotado.

El presidente nunca condenó movimientos paranoicos como *Q-Anon* —que sostiene la existencia de una élite demoníaca, el "Estado Profundo", que controla el mundo—, paramilitares como los *Proud Boys* —autoproclamados defensores armados del patriotismo— conspirativos como *The Boogaloo Movement* —que aboga por una segunda guerra civil en Estados Unidos—, o los *Oath Keepers*, protagonistas del asalto al congreso. Todo lo contrario, con él estos grupos ganaron visibilidad y Trump alimentó su narrativa de desconfianza hacia las instituciones, reforzando un sentimiento de persecución colectiva y legitimando, de forma explícita o implícita, sus actuaciones violentas. No es casual que una de sus primeras órdenes ejecutivas concediera amnistía a los radicales condenados por el asalto al Congreso. La aparente marginalidad y esperpento programático de estos grupos —comparable, en el extremo opuesto, a los movimientos *Antifa*, *Occupy*, o *Anarcho-Communists*— puede inducir a error y, lejos de ser anécdota, son el síntoma más visible de la radicalización y colonización del Partido Republicano por corrientes extremistas. En este contexto, el asalto al Capitolio de 2021 no fue un episodio aislado, sino la primera manifestación visible de un proceso más profundo, que llega hasta nuestros días, sustentado en la convicción de que la democracia liberal ha caducado y debe ser reemplazada.

El apoyo a Trump trasciende los límites tradicionales del conservadurismo religioso vinculado a la *Christian Broadcasting Network* (CBN), el *Tea Party* o el *lobby* de la Asociación Nacional del Rifle (NRA). Estos grupos constituyen la base visible de su respaldo, pero la red de poder que lo sostiene y articula su agenda ideológica es mucho más amplia y profunda. Trump no es el creador de instituciones como la Heritage Foundation, la American Conservative Union —organizadora de la influyente CPAC (Conservative Political Action Conference)—, Americans for Prosperity o Turning Point USA, fundada por el asesinado activista Charlie Kirk, pero sí su catalizador. Estos grupos son laboratorios de ideas para dotar al movimiento de una base ideológica coherente y han desempeñado un papel determinante en la configuración de los principios programáticos del trumpismo. Su agenda política responde a principios ideológicos bastante más complejos que el reduccionismo de quienes analizan las actuaciones de Trump como si fueran ocurrencias inconexas o improvisadas. Desde esta perspectiva, el trumpismo no sería una evolución o desviación del tradicional conservadurismo republicano, sino su metamorfosis adaptativa ante el agotamiento del paradigma liberal.

El fin último, por tanto, sería implementar una estrategia de largo alcance y orientada a consolidar el proyecto político trumpista, más allá de su figura personal, formado los cuadros dirigentes del nuevo modelo político-social y, al mismo tiempo, tejer una red de poder institucional. Junto a estos grupos también resultaron fundamentales en su reelección colaboraciones como Elon Musk y cuantos orbitan en torno al portal *The Daily Wire* de Ben Saphiro, en especial Michael Knowles y Matt Walsh, que, a excepción de Elon Musk ahora caído en desgracia, conforman el círculo más próximo al presidente.

Nos encontramos ante un ecosistema ideológico sostenido por una amplia red de financiación privada, que actúa de forma coordinada en torno a un definido programa político, social y económico. La alianza entre grupos empresariales, religiosos, empresas tecnológicas y armamentísticas… galvanizados en la persona de Trump, ha producido una derecha tecnocrática y militante con objeto de articular un proyecto de Estado alternativo y tecnocrático. El ascenso de J.D. Vance a la vicepresidencia y su previsible candidatura presidencial —según Trump el tándem J.D. Vance/Marco Rubio, "serán imbatibles en el 2028"—[87] formaría parte del proyecto de Estado alternativo en el que la eficiencia política, el crecimiento económico y la preservación de los valores tradicionales estadounidenses sustituirán progresivamente a los principios del liberalismo democrático clásico. En palabras de Susie Wiles —además de jefa de Gabinete, la persona más influyente en Trump— en una entrevista a *Politico*: "Hay cambios con los que debemos vivir para lograr las cosas que estamos tratando de hacer".[88] El objetivo no sería reformar gradualmente, sino reconstruir desde la cúspide.

La Heritage Foundation, creada en 1973 como respuesta conservadora a la liberal Brookings Institution, se consolidó como uno de los principales *think tanks* de políticas públicas en EE.UU., trazando desde la era de Ronald Reagan las directrices ideológicas y operativas de las administraciones republicanas. En sus primeros años desempeñó un papel clave en la formulación de políticas de desregulación económica, reducción de impuestos y fortalecimiento del libre mercado. Ya en el siglo XXI, y especialmente como reacción a la Agenda 2030 impulsada por Barack Obama —en *Nuestra agenda común*,[89] António Guterres la reconvirtió extraoficialmente en Agenda 2045—, la Fundación propone una reconfiguración integral del Estado tal como se recoge en su publicación *Mandato para el liderazgo 2025: la promesa conservadora*. El volumen, publicado en 2023, es una suerte de guía o manual de gobierno para una futura —y hoy efectiva— administración republicana con Trump en la presidencia. Por ejemplo, instruye al presidente a actuar con rapidez y decisión, aprovechando los primeros meses de gobierno para transformar el Estado: "La historia enseña que el poder de un presidente para implementar su programa alcanza su punto máximo durante los primeros días de su administración".[90] Esa premisa explica la frenética actividad ejecutiva de Trump firmando órdenes ejecutivas, proponiendo cambios administrativos o su desmesurada actividad internacional. El propósito sería controlar el Estado y sus resortes antes de que el sistema pueda reaccionar.

Las propuestas técnicas incluidas en el documento se presentan como una alternativa programática al orden liberal internacional plasmado en la Agenda 2030 de las Naciones Unidas promovido por los demócratas. La agenda propone acompasar las políticas nacionales con los Objetivos de Desarrollo Sostenible (ODS), orientados hacia la cooperación global en materia social, económica y medioambiental. La Heritage Foundation, por el contrario, interpreta este planteamiento como una forma de gobernanza universal incompatible con la soberanía y los intereses nacionales de EE.UU. En marzo de 2025, el gobierno estadounidense se desmarcó oficialmente de la creación del Día Internacional de la Coexistencia Pacífica, argumentando que este tipo de iniciativas comprometen su autonomía política y su soberanía nacional. En su intervención ante la ONU, el ministro consejero Edward Heartney reafirmó que los ODS "promueven una forma de gobernanza global blanda contraria a la soberanía y los derechos de los estadounidenses".[91] Con esta declaración, EE.UU. se apartaba de la Agenda 2030 y rompía con el paradigma económico asociado al globalismo liberal de la era Obama.

Heartney también expresó reservas sobre la propia terminología de "coexistencia pacífica" por la coincidencia con los llamados "Cinco Principios de Coexistencia Pacífica" —respeto mutuo por la soberanía y la integridad territorial, no agresión mutua, no injerencia en los asuntos internos, igualdad y beneficio recíproco, y coexistencia pacífica— formulados en las declaraciones conjuntas de China con India y Myanmar. Según el diplomático, esta coincidencia semántica podría poner en entredicho la independencia de las Naciones Unidas, especialmente en lo relativo a la defensa de los derechos humanos y a la autonomía de sus decisiones frente a las potencias autoritarias.

El documento cuenta con el respaldo de medio centenar de influyentes asociaciones conservadoras, que abarcan desde organizaciones religiosas hasta grupos empresariales, jurídicos y de antiguos funcionarios republicanos. En palabras de sus editores, Paul Dans y Steven Groves, el proyecto es el resultado de un "esfuerzo colectivo de cientos de voluntarios que se han unido con el espíritu de promover un cambio positivo para Estados Unidos".[92] Sin embargo, tras esa retórica de cambio positivo se esconde una ambiciosa visión refundacional del Estado, reduciendo la burocracia federal, reinstaurando la moral cristiana en la esfera pública, desmantelando las políticas de igualdad y diversidad y redefiniendo la posición internacional de EE.UU. bajo el principio rector de *America First*.

La ruptura definitiva del trumpismo con modelos republicanos anteriores se certificó con la publicación de la nueva Estrategia de Seguridad Nacional para Estados Unidos (noviembre de 2025), que enterró definitivamente al globalismo reaganiano que apostaba "de forma enormemente equívoca y destructiva por la globalización y el llamado 'libre comercio', lo que debilitó a la clase media y la base industrial de las que depende la preeminencia económica y militar estadounidense".[93] Con motivo del ingreso de China en la Organización Mundial del Comercio, George W. Bush afirmó "comercien libremente con China, y el tiempo estará de nuestra parte", sugiriendo —en la misma filosofía de Clinton tras la Guerra Fría— que el libre comercio y la globalización económica conduciría inevitablemente a la democracia. Lejos de democratizarse, China ha consolidado un modelo autoritario que combina apertura económica y control político, mientras que Estados Unidos ha experimentado un debilitamiento de sus instituciones democráticas y una creciente polarización que deriva hacia formas de poder personalistas. La nueva estrategia trumpista reacciona, por una parte, al error estratégico de asumir que la liberalización comercial produciría la democracia, y por otra, a los desequilibrios generados por la globalización. Al mismo tiempo institucionaliza la deriva hacia una política de corte nacionalista y menos liberal acercándose, paradójicamente, al tipo de gobernanza que pretendía transformar.

La *American Conservative Union* (ACU), fundada en 1964, organiza cada año la *Conservative Political Action Conference* (CPAC). Desde sus inicios, CPAC ha sido el foro central del pensamiento conservador. Ronald Reagan, referente histórico, pronunció allí su primer discurso en 1974 y en posteriores intervenciones consolidó la narrativa de la excepcionalidad estadounidense. Con Trump en la presidencia, el tono de CPAC ha cambiado de manera notable. La moderación reaganiana ha dado paso a un populismo marcado por el temor al declive nacional; en sus intervenciones en este foro, Trump ha mencionado con frecuencia una nación cercada por enemigos internos y externos. Durante la reunión de febrero del 2024, Jack Posobiec —vinculado a teorías conspirativas sobre un supuesto "genocidio blanco"— declaró: "Bienvenidos al fin de la democracia. Estamos aquí para derrocarla por completo. No lo logramos del todo el 6 de enero, pero nos esforzaremos por deshacernos de ella y reemplazarla... porque no toda la gloria es para el gobierno, toda la gloria es para Dios".[94] Sus palabras fueron recibidas con entusiasmo y aplausos.

Turning Point USA (TPUSA) es una organización juvenil de ámbito universitario que ha cobrado una gran relevancia mediática y política a raíz del asesinato de su fundador, Charlie Kirk, una de las figuras más influyentes de la nueva derecha estadounidense. TPUSA nació con el propósito de "identificar, educar, entrenar y empoderar a los jóvenes para promover los principios de libertad individual, libre mercado y gobierno limitado". La victoria electoral de Trump marcó el punto de inflexión para TPUSA, que pasó de ser una asociación secundaria a convertirse en una poderosa plataforma de movilización política entre los jóvenes conservadores. Kirk utilizó las redes sociales y los formatos audiovisuales para conectar con una generación desencantada con el discurso tradicional de los partidos políticos, atacando el adoctrinamiento liberal y lanzando un mensaje anti-*woke*. TPUSA ha redefinido el activismo universitario conservador según los postulados trumpistas del patriotismo y la identidad cultural. Tal es así que Trump, tras la muerte de Kirk, reconoció su importancia para movilizar a los jóvenes, siempre conservadores, "haciendo resonar la voz de la juventud americana".

Durante la ceremonia de concesión de la Medalla Presidencial de la Libertad de forma póstuma, el presidente calificó a Kirk de "mártir por la verdad y la libertad", colocándolo al nivel de los héroes independentistas. Su asesinato fue rápidamente interpretado por el trumpismo como una prueba más de la persecución política y cultural que sufren quienes defienden los valores tradicionales frente al "sistema liberal globalista". Tras el atentado, TPUSA, ahora liderado por la viuda Erika Kirk, ha incrementado considerablemente sus seguidores y capacidad de influencia, convirtiéndose en el referente ideológico para los jóvenes universitarios y estudiantes de los Estados Unidos.

Trump no solo controla el Partido Republicano en su actual dimensión política tanto en la Cámara como en el Senado, también está reformulado su orientación ideológica e intelectual, algo apriorísticamente mucho más profundo y trascendente. Anteriores candidatos y presidentes republicanos han visto la deriva que está tomando el partido y evitan apoyar a Trump. Resulta sintomático que ninguno de ellos acudió a las distintas convenciones republicanas —2016, Cleveland; 2020, Charlotte; 2024, Milwaukee— en las que el nominado fue Donald Trump. El fallecido John McCain —se enfrentó a Obama en las presidenciales de 2008— fue quien con mayor contundencia le plantó cara. Fue el primero en vislumbrar que la deriva ideológica y moral de Trump ponía en peligro la democracia estadounidense tal como se conocía hasta ahora. El conservadurismo clásico de corte reaganista de McCain, basado en la colaboración y cooperación con los aliados, resultaba antagónico al aislacionismo y populismo promovido por Trump. Hasta su muerte en 2018, McCain mantuvo su antagonismo contra Trump; en su carta de despedida como senador escribió en clara referencia a Trump: "Debilitamos nuestra grandeza cuando confundimos el patriotismo con rivalidades tribales que han sembrado el resentimiento, el odio y la violencia en todos los rincones del mundo".[95]

Trump ha hecho suyos e implementado en el partido el pensamiento ultraconservador de *think tanks*, organizaciones y plataformas periféricas hasta ahora, abandonando el tradicional conservadurismo reaganiano en favor de un nacionalismo populista que, en oposición al *wokismo*, combina pragmatismo económico, moralismo religioso y retórica popular antiélite. El trumpismo se está perfilando como una doctrina estructurada, dotada de un corpus ideológico, un lenguaje propio y una red de propagación eficaz que, en su transversalidad, permea distintas capas sociales, raciales y genéricas. En estos momentos el reaganista proyecto republicano está muerto y asistimos al nacimiento de un proyecto político, con Trump como centro gravitatorio y la filosofía MAGA como objetivo, donde las ideas se elaboran para legitimar una particular visión del poder, de la soberanía y la identidad estadounidense con el fin de reposicionar a EE.UU. como potencia hegemónica en el nuevo orden geopolítico que se avecina.

Las políticas de Trump hacen peligrar la democracia liberal tal como la hemos conocido hasta ahora. Su estrategia es la erosión progresiva de la estructura democrática. Un día ataca a quienes pretenden controlar bulos y desinformación en redes social acusándoles de antidemócratas contrarios a la libertad de expresión, y al siguiente veta a periodistas que formulan preguntas incómodas; otro día su objetivo es el poder judicial acusando a los jueces de partidistas por oponerse a órdenes ejecutivas anticonstitucionales en emigración, y al siguiente puentea al Congreso atacando sin el preceptivo permiso a supuestos narcotraficantes para —¿quién se opondría a ello?— erradicar las drogas de las calles; poco después asalta estructuras económicas como la Reserva Federal por ser la causa de la inflación que golpea a la clase media; bloquea el Congreso, restringe derechos laborales de negociación colectiva, despide a miles de funcionarios, declara de forma aleatoria emergencia nacional con despliegue militar en ciudades de signo político contrario… Sin estridencias, para no crear alarma social, el trumpismo está desgastando la democracia liberal; si comparamos los niveles de libertad actuales con los anteriores al 11-S, la diferencia resulta evidente en sí misma. Tan preocupante como lo anterior es que buena parte de la población acepta complacida este deterioro democrático, y no se trata de un fenómeno exclusivo de Estados Unidos, pues sus modos y principios políticos están arraigando en los países occidentales y del resto de América.

3.4. El ideario MAGA: Trump como centro de gravedad.

En el universo político MAGA (*Make America Great Again*), Trump trasciende la condición de líder para convertirse en el eje alrededor del cual gravita todo el movimiento. En su autobiografía *El arte de la negociación*, Trump escribió: "En mi vida he demostrado que sé hacer bien dos cosas: vencer obstáculos y motivar a los buenos colaboradores para que den lo máximo de sí". Para formar su gabinete en el segundo mandato, primó la lealtad a su ideario por encima de la política de partido, y valoró la obediencia y que tuvieran su misma visión política por encima de la preparación técnica y la independencia. Los políticos republicanos tienen bien aprendida la lección; sobreviven mientras mantengan su alineamiento con la figura central y quien se aparte será destruido políticamente. Su carismática y autoritativa personalidad lo convierte en un gobernante ajeno a cualquier convencionalismo en el fondo y, de manera muy especial, en las formas. Se ha convertido en la voz de quienes ven peligrar el liderazgo estadounidense convencidos de que las instituciones tradicionales han perdido autoridad, y abogan por líderes fuertes y eficaces que resuelvan sus problemas y ofrezcan resultados tangibles.

Trump tiene un único proyecto programático centrado exclusivamente en "volver a hacer grande a América", y el mensaje de sus comparecencias públicas se centra en esa única idea. La misma que repetía en los mítines de campaña y ahora con sus incondicionales, con una puesta en escena casi cinematográfica, diseñados como auténticas *performances* en torno a este principio. En ellos se apela más a las emociones que a las ideas y el mensaje se estructura como confrontación con sus enemigos — sobre todo internos— y de redención respecto a los errores de presidentes anteriores —fundamentalmente demócratas—. Utiliza una retórica simple, los gestos estudiados y la simbología nacionalista generan un sentimiento de pertenencia mediante una narrativa de fuerte carga emocional en el que prima el desprestigio de las instituciones. Se trata de una teatralización que lo aleja del estereotipo del político calculador recreando una sensación de autenticidad de forma que sus seguidores no lo perciben como un político convencional, sino como una figura mítica que defiende la verdadera

América al encarnar el genuino espíritu estadounidense. En él ven al hombre que se atreve a decir lo que otros callan, que desafía abiertamente a las élites, a los medios y al *establishment* político, y que convierte su desafío en un acto de autenticidad y valentía.

Tras el atentado sufrido durante la campaña electoral, el candidato convirtió en referente de su discurso la idea de que había sido salvado por intervención divina para engrandecer y rescatar a Estados Unidos. En cada aparición pública repitió ese mensaje, y durante el solemne Discurso Inaugural llegó a declarar sin titubeos: "Fui salvado por Dios para hacer grande a América".[96] No era la primera vez que recurría a esa retórica mesiánica: ya en la rueda de prensa del 21 de agosto de 2019, en el contexto de la primera guerra arancelaria con China, se había autoproclamado "el elegido"—"I am the chosen one"—,[97] reforzando así la imagen de un líder providencial destinado a cumplir una misión trascendental.

En su segundo mandato, una de las últimas sorpresas reservadas para el fin del primer año, fue renombrar el Centro John F. Kennedy para las Artes Escénicas (The John F. Kennedy Center Memorial Center for the Performing Arts) como Centro Donald J. Trump y John F. Kennedy para las Artes Escénicas (The Donald Trump and The John F. Kennedy Center Memorial Center for the Performing Arts). El nuevo nombre ya figura en la entrada del edificio sin haber sido aprobado por el Congreso como es preceptivo.[98] Asociar su nombre al de una de las figuras icónicas de Estados Unidos pone de manifiesto su infinita egolatría y, al mismo tiempo, su falta de escrúpulos al utilizar incluso los santuarios de memoria colectiva en beneficio propio. Su presidencia adquiere en este contexto un carácter pseudodivino y adanista, tal como reflejan decisiones que trascienden la aparente extravagancia y encierran una simbólica y calculada intencionalidad política.

Ejemplo elocuente de tal interpretación es su iniciativa de rebautizar el golfo de México como "golfo de América". Aunque se ha tomado como una excentricidad, la medida, formalizada mediante la Orden Ejecutiva 14.172, "Restaurando nombres que honran la grandeza estadounidense", perseguía reafirmar la dimensión casi ilimitada del poder ejecutivo. Este tipo de acciones, que pueden parecer anecdóticas o incluso estrambóticas, revelan una estrategia sistemática de afirmación institucional al utilizar el aparato del Estado para consagrar la idea de que el presidente encarna la voluntad soberana del pueblo. Así lo han entendido plataformas como Google Maps o Apple Maps, que adoptaron la nueva denominación para los usuarios estadounidenses, ilustrando el alcance político de tales decisiones. Lo mismo puede decirse de la Orden Ejecutiva 14.160, "Protegiendo el significado y el valor de la ciudadanía estadounidense", mediante la cual reinterpretó la Cláusula de Ciudadanía de la XIV Enmienda, negando la nacionalidad a los nacidos de madres en situación irregular. En conjunto, estas medidas consolidan una visión del poder presidencial que le coloca por encima de cualquier otro, incluso del constitucional o judicial.

Sus actuaciones políticas se caracterizan por el enfoque personalista que conforma una suerte de neoabsolutismo, de un moderno despotismo ilustrado referenciado al modelo actual chino. En China, con Xi Jinping, el poder se concentra en la figura del dirigente, y a eso aspira el trumpismo. Esta filosofía explica su deriva autoritaria, plasmada en el menosprecio al Congreso gobernando mediante decretos ejecutivos, en la particular reinterpretación de la Constitución cuando propone negar la ciudadanía estadounidense a los hijos de inmigrantes indocumentados nacidos en el país en abierta contradicción con la XIV Enmienda; también en los continuos desdenes al poder judicial cuando no le es favorable, calificando de "cobardes" a los jueces que sentenciaron contra el supuesto robo electoral, llegando incluso a reclamar lealtad personal en vez de a la ley.

El mismo adjetivo, "cobardes", utilizó para calificar a los magistrados de la Corte Suprema que el 20 de febrero de 2026 fallaron en su contra ($^{6}/_{3}$) en el controvertido tema de los aranceles. El dictamen del tribunal no prohibía imponer aranceles, tan solo establecía el requisito de que el tipo de aranceles impuestos por Trump debía ser previamente aprobado por el Congreso. Es decir, el presidente podía promoverlos, pero siguiendo el procedimiento legislativo correspondiente. Trump, lejos de acatar el veredicto, reaccionó con dureza, pues, para él, la capacidad de actuación del Ejecutivo en esta materia no debía estar condicionada por dictamen alguno del Legislativo. En lugar de aceptar la sentencia, buscó otros mecanismos legales —también de cuestionable encaje jurídico— que le permitieran continuar imponiendo aranceles sin someterse al dictamen del poder legislativo.

Actuaciones de este tipo ilustran su voluntad de situar su autoridad individual por encima del Estado de derecho, y han motivado manifestaciones multitudinarias como las del Movimiento 50501 —50 estados, 50 manifestaciones, 1 día— y las protestas *No Kings*, advirtiendo del peligro que supone Trump para las libertades personales y el orden constitucional. En alguna ocasión incluso ha llegado a afirmar que el único límite a su poder es "mi propia moral".[99]

La democracia estadounidense es la más antigua del mundo y sirvió de modelo al resto de democracias de corte liberal, especialmente en Europa. No obstante, no debiera obviarse la repetida insinuación de volver a presentarse a las presidenciales en amenaza directa a los fundamentos democráticos al impedírselo la Constitución. Su autoritarismo (el referido desafío de normas y legislación, el menosprecio de sus adversarios —a quienes "odia",[100] tal como aseguró públicamente a la viuda de Charlie Kirk—, la ausencia de principios éticos y morales —como proponer convertir en parque turístico la desolada Gaza—) revela una tendencia que busca reinterpretar o incluso desmantelar los límites institucionales que garantizan la alternancia del poder. En su intento por regresar a la Casa Blanca, Trump ha instrumentalizado y abusado de las instituciones del Estado, presionando al poder judicial, desacreditando a los medios de comunicación y manipulando el discurso público para consolidar una narrativa de victimización y legitimidad personal. Sacrosantos valores de la democracia estadounidense como la libertad de prensa, la separación de poderes o los derechos humanos se convierten en obstáculos que deben ser apartados del camino. Esta estrategia, basada en la erosión de los contrapesos institucionales y en la subordinación de la ley a la voluntad del líder, representa el mayor peligro para la democracia estadounidense al convertir la permanencia en el poder en fin y objetivo de ese mismo poder.

La referencia al modelo chino tiene que ver con asuntos relativos a la eficacia de un modelo político que podríamos denominar del "rabanito" —rojo por fuera y blanco por dentro—. Trump, como buen empresario, sitúa el éxito por encima de cualquier otra consideración. En este sentido, la eficacia del gobernante estaría directamente relacionada con los resultados y ejercer el poder no respondería a carácter representativo alguno sino más bien a dirigir y ejecutar. Bajo esta premisa, la legitimidad política no proviene del respeto a las normas o valores universales, sino de los resultados que beneficien a EE.UU., y cualquier acción que sea buena para la nación es legítima. La lógica de que el gobernante virtuoso es el gobernante con resultados exitosos cuestiona la noción clásica de legitimidad en las democracias liberales constitucionales. Su principio de "América primero" confiere rango de categoría a la eficacia en beneficio del país y relega a un segundo o tercer plano los principios institucionales y el respeto a la legalidad nacional o internacional.

Para Trump los conceptos "amigo" y "enemigo" han dejado de tener significación, al menos la que tenían hasta ahora. Para presidentes anteriores eran aliados las naciones que compartían los mismos valores democráticos —Europa occidental, Canadá, Japón...— y adversarios las potencias autoritarias —Rusia, China, Corea del Norte...—. Ahora la tradicional ecuación ha sido subvertida al reinterpretar las relaciones internacionales en términos de utilidad y no de valores. Cada tratado y acuerdo se mide en términos de coste y retorno porque, en su visión, el mundo ya no se divide entre democracias y autocracias, sino entre ganadores y perdedores. Para él las relaciones internacionales no se rigen por compartir principios, sino que están subordinadas a la utilidad práctica y al interés nacional inmediato de Estados Unidos. No se infiera de tal afirmación que Trump sienta admiración por los regímenes autoritarios, pero sí que ve en Rusia y China —nada hubiera agradecido más que Xi hubiera aceptado su invitación para la ceremonia de toma de posesión— potencias centradas en la eficacia y los resultados, y por ello dignas de respeto por su determinación, todo lo contrario que Europa. De ahí que haya mostrado hacia Pekín y Moscú una actitud más comprensiva que hacia Bruselas o Berlín, convencido de que en el tablero global la fortaleza, y no la virtud, constituye el verdadero principio del éxito.

3.5. La impostura como estrategia electoral y de gobierno.

Todo empresario que se precie sabe que la impostura desempeña un papel crucial para alcanzar resultados favorables a sus intereses. La impostura rehúye exponer los hechos tal como son, ni tan siquiera aspira a presentarlos como una versión de la realidad. En el ámbito político se trata de una estrategia comunicativa sustentada en el convencimiento de que la solidez argumental o la realidad de los hechos no garantizan el éxito; bien al contrario, mostrar fortaleza y resultar creíble, aunque para ello haya que manipular datos e historia, resulta determinante para conseguir la victoria. Tal como asegura Taleb a propósito del cisne negro, "las metáforas y los cuentos son más potentes que las ideas".

Donald Trump, como buen hombre de negocios, ha elevado la impostura a la categoría de arte y no duda en utilizarla en beneficio propio. Ejemplo de tal afirmación es la utilización que hace del presidente Ronald Reagan, recuperando de los pasillos un cuadro con su imagen de considerables dimensiones para colocarlo en lugar destacado —estratégicamente emplazado en el tiro de las cámaras televisivas— del Despacho Oval. No en vano, se trata del presidente mejor valorado por los estadounidenses y su emplazamiento en tan noble espacio implica que, además de admirarlo, será el referente ideológico. Sin embargo, Trump está impulsando un modelo económico, basado en el proteccionismo arancelario, totalmente opuesto a la defensa del libre comercio en el orden liberal internacional que impulsó Reagan como parte de su *reaganomics*. Aún más, Trump está conduciendo al Partido Republicano hacia una deriva que, obviando la coincidencia respecto a la bajada de impuestos, supone una ruptura con la idea republicana de Reagan. Más allá del detalle del cuadro, la gran impostura de Trump tiene que ver con la política doméstica que le hizo ganar las elecciones. Economía, emigración y seguridad fueron los pilares sobre los que construyó su narrativa electoral. Sin embargo, su verdadera preocupación, su auténtica obsesión, es la política exterior, y en concreto el liderazgo chino que amenaza con desplazar a EE.UU. como potencia hegemónica mundial, y recortar la deuda en política interna.

Las tres áreas de actuación mencionadas —economía, emigración y seguridad— no se presentaban como estamentos independientes, sino cohesionadas en torno a un mensaje de inseguridad laboral, cultural y personal en un contexto de descontento social. Desacreditó al adversario y cuestionó la credibilidad de los medios de comunicación y las instituciones. Centró sus ataques en la emigración "ilegal" y describió la frontera sur como una zona de caos y peligro, considerando a los inmigrantes como delincuentes, narcotraficantes o invasores que "robaban" empleos, "violaban y asesinaban" a pacíficos ciudadanos y "amenazaban" el tradicional modo de vida estadounidense. Mediante una retórica cargada de imágenes apocalípticas y apelando al miedo, Trump dibujó un panorama del presente marcado por la pérdida de puestos de trabajo y el peligro presente en las calles. Utilizó el miedo para justificar la confrontación permanente y construyó un relato propagandístico que dividía el mundo en ganadores y perdedores, patriotas y enemigos. Los votantes, en definitiva, debían escoger entre el orden que él representaba o el caos que generaría Kamala Harris. Se trata, en todos los casos, de mensajes catastrofistas que le sirven de trampolín para cuestionar las normas democráticas que, junto a una retórica de confrontación y la alianza con radicales de derecha, hacen peligrar el orden liberal tal como lo conocemos hasta ahora.

3.5.1. "Arancel es la palabra más hermosa del diccionario".

Trump viene repitiendo desde que entró en política que el sistema comercial global favorece excesivamente a otros países frente a Estados Unidos. Incluso antes, según *Guía para la reestructuración del sistema mundial de comercio*, "el deseo de reformar el sistema comercial global y situar a la industria estadounidense en una posición más justa frente al resto del mundo ha sido un tema constante para el presidente Trump durante décadas". Acusa a medio mundo, y no sin razón, de utilizar legislación, subsidios, maniobrar sus monedas nacionales y todo tipo de prebendas para favorecer sus economías alterando las reglas de la competitividad en igual de condiciones. Trump ha planteado en este segundo mandato una estrategia económica centrada en reducir el déficit comercial y la deuda externa, verdaderos talones de Aquiles de su economía.

Según cifras del Comité Económico Mixto del Congreso de los Estados Unidos,[101] la deuda nacional del país aumenta casi 70.000 dólares por segundo, unos 2,2 billones de dólares al año. En octubre de 2025, la deuda pública total superaba los 38 billones de dólares. En términos macroeconómicos, esta carga equivale a casi el 125% del PIB referenciado a 2024, lo que amenaza la sostenibilidad fiscal. Paralelamente, la deuda externa bruta —se contabilizan todas las obligaciones frente a acreedores extranjeros— se aproximó a los 30 billones de dólares en junio de 2025, con el agravante del vencimiento de casi 10 billones de dólares en deuda soberana. La política económica de Trump tiene como objetivo cambiar este preocupante panorama fiscal y financiero que puede estar anticipando, según reconocidos economistas, el principio del fin de la hegemonía de los Estados Unidos. Niall Ferguson sostiene en *Dinero y poder* (2001) que el endeudamiento estatal provoca agotamiento económico, afirmando que son las finanzas quienes terminan con los imperios, y no los enemigos externos. En similar sentido se expresan Carmen Reinhart y Kenneth Rogoff en *Esta vez es distinto. Ocho siglos de necedad financiera* (2009), argumentando que las crisis financieras profundas llegan cuando la deuda alcanza niveles insostenibles, preludio del fin de cualquier gran potencia. Paul Kennedy, en *Auge y caída de las grandes potencias* (1987), Joseph Tainter, en *El colapso de las sociedades complejas* (1988), o Thomas Piketty, en *Capital e ideología* (2019), teorizan en el mismo sentido.

En su comparecencia en los jardines de la Casa Blanca del 2 de abril de 2025 Donald Trump exhibió unas tablas con los porcentajes de aranceles que pensaba imponer a las importaciones, y bautizó tal fecha como el "Día de la Liberación". Entre la nómina de países en el listado se incluía las islas Heard y McDonald, pertenecientes a Australia en el océano Índico, donde solo habitan focas y pingüinos. Nunca se explicó el motivo de tal ¿desliz?, que ponía de manifiesto la rigurosidad económica de la propuesta. Durante la campaña electoral atacó el libre comercio y los acuerdos internacionales como causantes de cuantos males sufría la economía estadounidense, y prometió revertir ese proceso mediante políticas proteccionistas. "Arancel —afirmó— es la palabra más bonita del diccionario".[102]

Durante la campaña electoral, Trump se presentó como un exitoso hombre de negocios que haría prosperar al país, en contraposición con los políticos tradicionales que destruyeron la industria y llevaron la miseria a millones de hogares. El candidato utilizó la economía como un arma política contra Joe Biden. Lo acusó de incompetencia, de provocar el aumento del coste de la vida y de debilitar el dólar. Prometió restablecer el "orden económico" mediante políticas de autosuficiencia energética, expansión de la producción nacional y reducción de la intervención estatal. En su discurso se adjudicaba el papel de salvador de la economía y vinculaba el bienestar económico a su elección asegurando "Solo yo puedo arreglarlo". Su mensaje en esta materia apelaba a la nostalgia industrial del siglo XX con las fábricas del Medio Oeste a pleno rendimiento, y prometió recuperar los puestos de trabajo destruidos por la globalización en su versión "China Shock" tras ingresar en la OMC en 2001. Eso se lograría, afirmaba, reduciendo impuestos industriales, renegociando injustos acuerdos comerciales e imponiendo aranceles a las importaciones para proteger la producción nacional frente a la competencia extranjera.

Los aranceles fueron, en su primer mandato, el arma utilizada en la compleja relación comercial con China. Su política económica abandonaba el modelo de economía liberal que había guiado a los Estados Unidos desde los años ochenta en beneficio del nacionalismo económico. En el 2018 Trump anunció la imposición de gravámenes del 25% sobre el acero y 10% sobre el aluminio importado de China. El gobierno chino respondió con aranceles equivalentes sobre productos agrícolas —principalmente soja, maíz y carne de cerdo— provocando pérdidas en los estados del

Medio Oeste, mayoritariamente republicanos y decididamente trumpistas. La guerra arancelaria entre los dos países se amplió a otros productos y Estados Unidos impuso aranceles a productos chinos por un valor de 360 billones de dólares y China a exportaciones estadounidenses que alcanzaban 110 billones de dólares.

La excepcionalidad china del primer mandato ha alcanzado categoría universal en el segundo. Peter Navarro, profesor de economía en la Universidad de Irvine y autor de *Morir a causa de China* (2011), ha sido el inspirador de la política comercial de Trump. Nombrado director de la Oficina de Política Comercial y Manufacturera de la Casa Blanca en el primer mandato, comparte con el presidente la misma hostilidad hacia China y, como él, responsabiliza a la globalización de cuantos males aquejan al tejido industrial, además ambos tienen la misma visión nacionalista de la economía estadounidense. Entiende Navarro que la imposición de aranceles es la mejor herramienta para proteger la industria nacional y reducir el déficit comercial crónico de Estados Unidos.

En su referida obra, anticipaba los argumentos que Trump ha convertido en la base ideológica de su política económica. Defiende la teoría de que China ha prosperado manipulando su moneda, utilizando prácticas desleales y apropiándose de ideas generadas en un auténtico robo de propiedad intelectual. Fue el impulsor de la ruptura de la Administración Trump con el universal consenso globalista, convencido, como el presidente, de que la globalización ha provocado la desindustrialización del país, perjudicado gravemente a los trabajadores estadounidenses y convertido a Estados Unidos en un país dependiente de las importaciones chinas. Su lema *fair trade, not free trade* ("comercio justo, no libre comercio") representa la piedra angular de la política tarifaria sobre productos chinos, europeos y de otros socios comerciales. Afirma que los déficits comerciales no son simples desequilibrios macroeconómicos, sino síntomas de una vulnerabilidad estratégica que debe corregirse. Con esta perspectiva como brújula, los aranceles no son un fin en sí mismos, sino un instrumento para forzar a los socios comerciales a renegociar acuerdos más ventajosos para Estados Unidos, pues en geoeconomía el lema *America First* adquiere tintes de *America Only*.

En solo unos meses, Trump ha desbaratado el sistema económico global dinamitando el paradigma del libre mercado de oferta-demanda, y actuando más como CEO de una empresa que como presidente de la nación con intervenciones (in)directas del poder político en la economía estadounidense. Su política proteccionista reescribe las reglas del libre mercado en un giro hacia el nacionalismo económico para salvaguardar, en línea con el modelo chino, los intereses estratégicos de Estados Unidos. Una de sus primeras Órdenes Ejecutivas (3 de febrero de 2025) fue la creación de un fondo soberano para invertir en activos estratégicos y fortalecer industrias clave como hace China.[103] Se fijó un plazo de 12 meses para su constitución y, al parecer, se encuentra en fase de diseño y planificación. Llegue o no a sustanciarse, Trump intenta teledirigir la economía estadounidense vía regulaciones, ayudas y en una estrategia intervencionista con las grandes corporaciones multinacionales.

La Administración Biden financió sectores estratégicos —por ejemplo, su intervención en la minera canadiense Lithium Americas en relación al proyecto *Thacker Pass* en Nevada— pero Trump ha convertido la excepción en categoría. Ha utilizado el CFIUS (Comité de Inversión Extranjera) como barrera proteccionista ante las inversiones chinas en Estados Unidos. Al mismo tiempo, industrias clave en sectores tecnológicos, energéticos, defensivos, manufactureros… pasan a estar bajo una supervisión política mucho más estrecha. Medidas como apoyar a Trilogy Metals desbloqueando el proyecto *Ambler Road*, favorecer contratos con MP Materials para romper su dependencia de la china Shenghe Resources, sustituir los compromisos de un "tratado" como NAFTA (Tratado de Libre Comercio de América del Norte) por los pactos de un "acuerdo" como USMCA (Acuerdo Estados Unidos, México, Canadá), o presionar a grandes empresas como la farmacéutica Pfizer con tarifas arancelarias si no bajaba precios, supone una novedosa y determinante intervención estatal en la economía estadounidense. Según *The Wall Street Journal*, China continúa siendo el principal exportador, pero el monto de sus exportaciones ha caído levemente desde abril de 2025. Componentes electrónicos, maquinaria, textiles y bienes de consumo son los principales productos importados desde China; las exportaciones estadounidenses son eminentemente agrarias y tecnológicas.

En "El shock chino: lecciones del ajuste del mercado laboral ante los grandes cambios comerciales"[104] se cuantificaba en torno a un millón la pérdida de puestos de trabajo en el período 2000-2011 como resultado del incremento de relaciones comerciales con China, en lo que fue en bautizado como "China Shock". Según el Peterson Institute for International Economics (PIIE),[105] en el 2018 los intercambios comerciales entre China y Estados Unidos alcanzaron 659 billones —siempre dólares si no se especifica otra divisa—, y en 2024 se habían reducido, tras la primera guerra arancelaria, a 575 billones, correspondiendo 427 billones a importaciones chinas y 148 billones a las estadounidenses. En enero de este 2025, antes de la toma de posesión, las importaciones chinas fueron de 43 billones y los ingresos arancelarios, en torno al 10,5%, reportaron al Tesoro unos 4,5 billones, representando el 1,2% su impacto en los ingresos tributarios totales del país. Se estima que a lo largo de este año fiscal los derechos de aduana reportarán al gobierno federal una recaudación 195 billones, un 153% más que el año pasado. Sin embargo, esa cantidad supone tan solo el 3,7% de los ingresos federales, insuficiente para compensar las rebajas de impuestos y el incremento del gasto militar propuestos en la *Big Beautiful Bill*, como denominó Trump al conjunto de medidas fiscales.

El proteccionismo no estimula la innovación ni el progreso; la historia ha demostrado que las políticas arancelarias, en vez de proteger la economía, terminan perjudicando a los sectores que intentan preservar. En el caso de Estados Unidos, el ejemplo más referenciado de los efectos negativos del proteccionismo arancelario es la Ley Smoot-Hawley de 1930 durante la presidencia de Herbert Hoover. Se impusieron aranceles a más de 20.000 productos importados para proteger a los agricultores y manufactureros estadounidenses tras el colapso bursátil de 1929. Los países europeos y Canadá respondieron aplicando sus propios aranceles a los productos estadounidenses y, en el período 1929-1934, las exportaciones estadounidenses se redujeron en más del 60%, hundiendo todavía más la economía ya agravada por la Gran Depresión.

Durante el primer mandato, su política económica generó un intenso debate tanto dentro como fuera de la Casa Blanca. Sectores empresariales y sobre todo agrícolas, advirtieron de las consecuencias negativas de las represalias chinas y del aumento de los precios de las importaciones. Economistas más moderados como Larry Kudlow, quien ya asesorara a Ronald Reagan, intentaron reencauzar la agresividad económica del planteamiento arancelario, pero Navarro, convencido de que el coste a corto plazo de los aranceles sería compensado por la recuperación industrial, no transigió. En cualquier caso, el déficit comercial se mantuvo elevado, y tampoco se recuperó la industria manufacturera.

En cuanto al segundo mandato, la política arancelaria se preveía que resultara negativa para las familias estimando el coste en unos 1.200 dólares anuales.[106] Sin embargo, el estudio "¿Quién paga las tarifas de Trump?", también del PIIE, asegura que:

> El impacto general en el índice de precios del gasto en consumo personal (PCE) del Departamento de Comercio de Estados Unidos sigue siendo limitado. En julio de 2025, el índice de precios PCE solo había aumentado alrededor de un 1,2% en comparación con enero de 2025. En otras palabras, hasta mediados de 2025, los consumidores estadounidenses no estaban soportando una parte significativa de la carga de los aranceles.[107]

Otros indicadores económicos que le resultan favorables son la creación de empleo, sobre todo entre los jóvenes y grupos étnicos, reducción de cargas impositivas y control del IPC, que se ha reducido de más del 3% a finales del 2024 a un 2,5 en el plazo de un año. Estas cifras no responden a sus promesas electorales, pero mejoran las de economías análogas del G7. Estados Unidos crece más que sus homólogos europeos, Japón o Canadá. El secreto parece estar en la reducción del gasto público en un 3% —Trump aspira a que sea del 8% en el 2026—, mayores ingresos fiscales gracias a los nuevos aranceles y una radical contención de la deuda, pasando de un déficit comercial de unos 80 billones en 2024 a poco más de 50 billones a finales de 2025. De momento la situación económica no ha llegado al apocalipsis de estanflación —alta inflación, alto desempleo, estancamiento económico— que algunos gurús de la economía pronosticaban. Resulta difícil conjeturar qué ocurrirá en el futuro y complicado anticipar resultados a largo plazo, incluso en la bonanza de referenciales indicadores económicos de este primer año, pues la política económica de Trump se antoja errática y condicionada por mil y un imponderables.

Al presidente no le preocupa que los aranceles impuestos —invocando la Ley de Poderes Económicos de Emergencia Internacional de 1977 (IEEPA)— hayan sido rechazados tanto por el Tribunal de Comercio Internacional de Estados Unidos como por el Tribunal Federal de Apelaciones, y hay interpuesta una apelación final ante la Corte Suprema. Como Maquiavelo, también Trump parece pensar que el interés y beneficio nacional se deben anteponer a todo tipo de consideraciones legislativas o dogmáticas. Lo capital es resituar a Estados Unidos en una posición hegemónica en el nuevo orden mundial que se está conformando, y en ese contexto debe leerse su agresiva política arancelaria.

3.5.2. "Si no tenemos fronteras, no tenemos país".

"Si no tenemos fronteras, no tenemos país",[108] afirmó Donald Trump durante su primer mandato. El catálogo de frases sobre emigración es abundante: "Nuestro país está siendo invadido por criminales, y tenemos que detenerlo",[109] "Estados Unidos no será un campo de migrantes, ni un centro de detención de refugiados",[110] "Construiremos un gran muro a lo largo de la frontera sur, y México pagará por él".[111] Pero sin duda la más impactante fue la que pronunció durante la primera campaña electoral afirmando que "cuando México envía a su gente, no envía a los mejores. Traen drogas. Traen crimen. Son violadores. Y algunos, supongo, son buenas personas".[112]

En materia de inmigración, Trump ha utilizado un lenguaje más visceral y corrosivo que en el ámbito económico. Su retórica simplifica un fenómeno complejo y lo convierte en un asunto íntimamente ligado a la seguridad, donde él es el único capaz garantizar la seguridad del país y la permanencia cultural estadounidense frente a la invasión desde el sur. Estados Unidos es una sociedad plural y multiétnica, resultado de siglos de migraciones, intercambios culturales y transformaciones económicas. La antigua teoría del *melting pot* que entendía a los Estados Unidos como un crisol donde las distintas nacionalidades que llegaron —fundamentalmente europeas— se fundieron generando un híbrido cultural, el estadounidense, singular y distinto a todos ellos, ha dado paso a la teoría del *salad bowl*, o ensaladera, en la que resulta posible identificar individualmente cada uno de los componentes que conforman la ensalada. Esta realidad social, a modo de mosaico diverso, viene generado tensiones desde la implantación de los derechos civiles a mediados del siglo pasado. Amplios sectores de la población perciben los cambios culturales provocados por la emigración como una grave y real amenaza a los valores de los Padres Fundadores. Los datos demográficos muestran que los ciudadanos de origen anglosajón, blancos no hispanos en general, que actualmente constituyen el 58,9% de la población se situarán por debajo del 50% en menos de dos décadas. El gran peligro lo representa la comunidad de origen hispano que a comienzos de siglo alcanzaba el 12%, ahora el 20%, y podría llegar al 30% en 2050.

Desde su primera campaña en 2016, la construcción del muro con México (26,7 millones son emigrantes hispanoamericanos) se convirtió en un símbolo político de la narrativa proteccionista de la identidad estadounidense. En la del 2020, convirtió el tema migratorio en centro gravitatorio de su discurso y lo utilizó como arma arrojadiza contra Kamala Harris recuperando el viejo discurso de que "los demócratas quieren convertir Estados Unidos en un refugio para criminales e inmigrantes ilegales".[113] Criticó en especial las medidas de Barack Obama, y a Joe Biden lo acusó de demoler la política fronteriza que había impulsado en su primer mandato, afirmando que "la frontera de Biden es la peor de la historia: drogas, crimen y caos están entrando en nuestro país por las políticas de fronteras abiertas de los demócratas".[114]

Mantener las fronteras seguras, exigir una emigración regulada, ordenada y transparente, prevenir la emigración sin estatus legal, combatir las redes de tráfico de personas, proteger a los nacionales de peligros foráneos y regular en materia migratoria son derechos incuestionables para cualquier nación. Según estimaciones del Pew Research Center (PRC) y del Departamento de Seguridad Nacional (DHS), en Estados Unidos viven entre 10,5 y 11 millones de inmigrantes indocumentados, lo que representa aproximadamente el 3% de la población total del país.[115] Esto convierte a Estados Unidos en el principal receptor de migrantes en situación irregular a nivel mundial. La mayoría proviene de México (alrededor del 40%), seguido de Centroamérica (principalmente Guatemala, El Salvador y Honduras), y en los últimos años se ha incrementado la llegada de personas de Venezuela, Haití y China.

Es por ello que muchos ciudadanos ven la emigración como una amenaza para su identidad cultural y un peligro para su estabilidad laboral, lo que se traduce en temores relativos a su seguridad personal. Este sentimiento fue intelectualizado por Samuel Huntington, profesor de la Universidad de Harvard, quien publicó en 1996 *El choque de las civilizaciones*, planteando sin tapujos la amenaza que supone la emigración —fundamentalmente la mexicana— para la identidad estadounidense construida sobre los principios del protestantismo anglosajón. En el 2004 continuó desarrollando idéntica premisa respecto a la transformación de los fundamentos culturales de la nación causados por la emigración mexicana en *¿Quiénes somos? Los desafíos a la identidad nacional de los*

Estados Unidos, pronosticando un apocalíptico futuro en el que Estados Unidos estaría dividido entre el sur hispano y el norte anglosajón.

Durante la campaña electoral, Trump prometió que en su próximo mandato llevaría a cabo "la mayor operación de deportación [de indocumentados] en la historia de Estados Unidos".[116] Uno de los nombramientos más reseñados de su Gabinete fue el de Stephen Miller, figura clave del movimiento MAGA, bautizado como el "zar de la frontera". Su cometido, tal como públicamente expresó el propio Trump, era deportar a millones de indocumentados, cifrando las expulsiones previstas en 10 millones. Tal vez pretendía revertir las estadísticas relativas a sus cuatro años previos de mandato, recogidas por el Pew Research Center, cuando sus deportaciones —algo menos de 1,5 millones— fueron considerablemente inferiores a los 5 millones durante los ocho años de Obama, e incluso menor que en los dos últimos años de Administración Biden (la pandemia en los dos primeros resultó una anomalía), cuando se expulsó al mismo número que durante todo el período Trump.

En la primera semana de mandato firmó diez órdenes ejecutivas de contenido migratorio, alguna especialmente arbitraria e infame, como anular *ipso facto* citas concertadas meses antes para la requerida entrevista del visado o aplicar la llamada política de "tolerancia cero", separando a centenares de familias inmigrantes cuando pisaban territorio estadounidense. De mayor enjundia legal fue la ya mencionada orden 14.160 negando el principio de *jus soli*, garantizado en la XIV Enmienda, que otorga ciudadanía automática a los nacidos en territorio estadounidense independientemente del estatus migratorio de sus padres. Varios tribunales federales emitieron órdenes de suspensión —*preliminary injuctions*— y su aplicación quedó limitada por decisiones judiciales. No era la primera vez que Trump sufría un varapalo judicial en materia migratoria. En el 2017, la Administración Trump anunció su intención de rescindir el programa DACA (*Deferred Action for Childhood Arrivals*, o Acción Diferida para los Llegados en la Infancia), que protegía a quienes llegaron a Estados Unidos siendo niños, habían vivido en la nación de forma continuada y no tenían antecedentes penales, los popularmente llamados *dreamers* —soñadores— por acogerse al *Development, Relief, and Education for Alien Minors Act* (Ley de Desarrollo, Ayuda y Educación para Menores Extranjeros). En el 2020 la Corte Suprema sentenció que la decisión de eliminar DACA había sido "arbitraria y caprichosa" y continúa activa, aunque su futuro, con Trump de nuevo en la presidencia, vuelve a ser incierto. Según el Pew Research Center, unos 4,5 millones de niños nacidos en Estados Unidos tienen al menos un progenitor indocumentado.[117]

Trump sabe que las actuaciones en materia de seguridad, tanto en lo referente al control migratorio como a la lucha contra las drogas, le proporcionan un alto rédito político entre su base electoral. Aunque en su jerarquía de prioridades este apartado ocupe un lugar secundario respecto a su agenda internacional centrada en China o reducción del déficit en la nacional, las iniciativas en este ámbito son promovidas con gran énfasis y dotación de medios. La referida *Big Beautiful Bill* aprobada en julio de 2025 incluía un paquete presupuestario de 170.000 millones de dólares, cifra astronómica sin precedentes, para financiar proyectos y políticas migratorias durante los siguientes cuatro años, evidenciando la importancia estratégica que la política migratoria tiene en la agenda presidencial. El Servicio de Inmigración y Control de Aduanas (Immigration and Customs Enforcement) —ICE— recibirá 75.000 millones de dólares: 45.000 para construir nuevos centros de detención y cerca de 30.000 millones para contratar nuevos agentes e implementar los objetivos migratorios. El objetivo, según el asesor en política migratoria Stephen Miller, es alcanzar "un mínimo de 3.000 arrestos diarios por parte del ICE".[118]

Distintos estados y grupos religiosos y de derechos civiles han presentado demandas contra órdenes, como la Orden Ejecutiva 14.159 titulada "Protegiendo a los estadounidenses contra la invasión (en el mismo paquete se aprobó la Proclamación 10.888, "Garantizando la protección estadounidense contra la invasión") en la que se asegura que "Estados Unidos se enfrenta actualmente a una invasión en su frontera sur. Esta invasión es resultado de acciones deliberadas de ciudadanos extranjeros, contrabandistas y organizaciones criminales transnacionales…".[119] El trasfondo de la orden tiene que ver con otorgar legalmente poderes extraordinarios al presidente bajo la legislación conocida como Ley de Insurrección, ley federal aprobada en 1807, que permite al presidente utilizar al ejército dentro del país en circunstancias excepcionales.

La televisión ofrece imágenes de agentes del ICE deteniendo a personas de origen hispano en la calle, en sus puestos de trabajo, en las universidades… Alberto Rojas, obispo de San Bernardino, eximió de acudir a misa a los fieles que no tuvieran regularizada su situación;[120] el cantante puertorriqueño Bad Bunny eliminó a Estados Unidos de su gira mundial "Debí tirar más fotos" para que el ICE no aprovechara sus conciertos para detener a jóvenes sin estatus legal.[121] Imágenes y actuaciones, todas ellas, impactantes y de alto contenido emocional, pero que no corresponden con la realidad de las cifras. En el 2024, último año de presidencia demócrata, se produjeron 685.000 deportaciones; según recoge el Migration Policy Institute (Instituto de Política Migratoria) —MPI—, el número de deportaciones anuales con la actual Administración apenas si llegará a las 500.000, lejos del millón prometido, si se continúa con el ritmo actual de actuaciones.[122]

Trump sabe que la economía estadounidense depende en buena medida de trabajadores en situación irregular. Según el Center for American Progress (Centro para el Progreso Estadounidense) —CAP—, en torno al 25% de los trabajadores de la construcción no tienen estatus legal; y en los servicios en general supone el 7%.[123] Estos porcentajes son la causa por la que numerosos ciudadanos perciben la inmigración como una amenaza a su estabilidad laboral que puede traducirse en reducción de salarios e incluso pérdida de empleo. Trump alimenta con habilidad este miedo asentado en el imaginario colectivo estadounidense utilizando una retórica simplista y cargada de prejuicios, con intención de crear un enemigo interno y externo que pueda servirle de comodín al que acudir en momentos complicados.

El número de inmigrantes indocumentados representa, más o menos, el 5% de la fuerza laboral total.[124] El porcentaje puede parecer no excesivamente alto, pero al considerar la concentración de esa mano de obra barata en determinados sectores como la agricultura, la construcción y los servicios, los porcentajes alcanzan guarismos superiores al 30% y próximos al 50% dependiendo del sector. Según estudios del American Farm Bureau Federation (Federación de la Oficina Agrícola Estadounidense) —AFBF—, la producción agrícola caería entre un 20 y 40%, causando un encarecimiento de los alimentos en torno al 10%. De acuerdo al CAP, contribuyen con 400 billones de dólares al PIB anual, y si fueran expulsados ese mismo PIB se reduciría un 5,7% (1,6 billones de dólares) y, en mayor o menor medida, repercutiría negativamente en todos los estados —California perdería 100 billones anuales—.[125] La fiscalidad también se resentiría; según el Institute on Taxation and Economic Policy (Instituto de Impuestos y Política Económica) —ITEP— "Los inmigrantes indocumentados contribuyeron con 96,7 billones de dólares en impuestos federales, estatales, y locales en el 2022".[126] Demográficamente contribuyen a rejuvenecer la población, y comunidades rurales de baja densidad poblacional colapsarían por falta de trabajadores esenciales.

Una de las manifestaciones más criticadas de Trump durante la campaña electoral tuvo que ver con emigrantes indocumentados haitianos comiendo mascotas, perros y gatos en Springfield, Ohio.[127] Las autoridades de la ciudad negaron tal circunstancia asegurando que el comentario era infundado y carecía de credibilidad. Trump no se disculpó, y se limitó a decir que se había limitado a reproducir lo que algunos decían. En realidad, este tipo de declaraciones extemporáneas son argucias de estigmatización usadas contra inmigrantes y grupos raciales minoritarios. Más allá de la certidumbre o manipulación, sirven para reforzar la idea de que el crimen y los delitos son inherentes a la inmigración, convirtiendo un fenómeno complejo y multifacético en referente para explicar el desorden e inseguridad. Trump, tanto durante la campaña como en su presidencia, hace uso de lo que ha venido en denominarse "posverdad", en la que el mensaje no pretende trasmitir la verdad, sino reforzar la visión preconcebida que el receptor tiene de la realidad, asegurando lealtades al reforzar los sentimientos. Sus votantes demandan y aceptan narrativas emocionalmente afines, aunque estén manipuladas y desligadas de la realidad.

Resulta complejo encontrar datos cotejados sobre los delitos cometidos por emigrantes —documentados o indocumentados—, pues muy pocos estados distinguen el estatus migratorio en sus estadísticas de arrestos y condenas. Texas es uno de ellos, y un estudio del Instituto Nacional de Justicia, utilizando datos del Departamento de Seguridad Pública de Texas (TXDPS), reveló que los inmigrantes indocumentados cometían, porcentualmente, menos de la mitad de delitos que los nacidos en Estados Unidos.[128] Las mismas conclusiones se reproducen en otras fuentes consultadas al respecto. El estudio para MPI "Emigración y crimen en Estados Unidos" concluye que, según distintos estudios, "no existe una relación clara entre la delincuencia violenta y la inmigración".[129] Según un informe del Consejo de Inmigración de Estados Unidos,[130] los inmigrantes indocumentados tienen tasas de criminalidad más bajas que los nacidos en EE.UU., ya sea a nivel local, estatal o nacional. A la misma conclusión llega el estudio del Brennan Center for Justice, "Desmontando el mito de la 'ola crimen migrante'",[131] donde se recoge que los inmigrantes indocumentados son alrededor de un 33% menos propensos a estar encarcelados que los norteamericanos de nacimiento, afirmando que "las investigaciones no respaldan la idea de que los inmigrantes cometan delitos o sean encarcelados con mayor frecuencia que los estadounidenses nacidos en el país. De hecho, es posible que los inmigrantes tengan menos contacto con las fuerzas del orden en comparación con las personas no inmigrantes". Uno de los informes más completos y recientes es el de CATO Institute, "Los inmigrantes reducen las tasas de victimización y fomentan la denuncia de delitos",[132] en el que, referenciando datos de la Encuesta Nacional de Victimización Criminal de EE.UU., demuestra que, en general, los inmigrantes tienen menor probabilidad de ser víctimas de crímenes violentos. Así, por ejemplo, "las tasas de victimización violenta por parte de familiares y parejas íntimas fueron también un 65% más bajas en los inmigrantes que en las personas nacidas en Estados Unidos". Otro dato del estudio es que en el período 2017-2023, más de tres cuartas partes de las víctimas blancas que pudieron identificar la raza de sus agresores los identificaron como blancos.

En términos generales, los emigrantes sin estatus legal no quitan empleo a los trabajadores estadounidenses. Estudios de centros prestigiosos como el Pew Research Center o el American Immigration Council demuestran que ocupan empleos de baja remuneración, alta rotación y condiciones duras rechazados por los trabajadores nacionales. Según el Departamento de Trabajo de EE.UU., menos del 10% de trabajadores estadounidenses buscan trabajos en sectores como la agricultura, construcción, hotelería o cuidado doméstico y mantenimiento; el Consejo de Asesores Económicos de la Casa Blanca manifestó que la inmigración irregular no repercute en el desempleo ni en los salarios.

En cualquier caso, la política de estigmatización y persecución de emigrantes está dando resultados similares a lo visto al tratar la política arancelaria. Las cifras muestran que las medidas de Trump han tenido un claro efecto de contención. El actual número de detenciones de la Patrulla Fronteriza es incluso menor que el registrado antes del año 2000 al ser menos quienes intentan cruzar ilegalmente; según el Center for Immigration Studies se estima que en torno a un millón de indocumentados han abandonado voluntariamente el país[133] y algunos estudios sitúan en 1,6 millones los que lo harán en el primer año de presidencia; el número de emigrantes ha descendido significativamente desde los 53,3 millones de enero (15,8% de la población) hasta 51,9 millones de junio (15,4% de la población).

Trump utiliza la lucha contra la emigración como instrumento de consolidación ideológica de su proyecto político y con ello refuerza la percepción de cumplir sus promesas electorales. Al mismo tiempo le permite mantener viva la narrativa del conflicto y la defensa de la nación frente a un enemigo permanente, focalizando el miedo en un enemigo concreto, los inmigrantes, reforzando así el vínculo emocional con sus votantes. La resonancia mediática de sus medidas, como el despliegue del ejército en ciertas ciudades, llamativas y rocambolescas detenciones o redadas masivas, sin menosprecio de la tragedia que supone para millones de personas, transmiten la imagen de un liderazgo firme e inflexible cuando en realidad se trata trampantojos de distracción política que desplazan la atención pública ante las dificultades surgidas bien en gestión económica o en política internacional, y le proporciona una presencia constante en los medios y en la agenda pública.

Al presentar la inmigración como una invasión y a los migrantes irregulares como una amenaza a la seguridad, la cultura y la economía estadounidense, logra dividir al país entre patriotas que defienden y aman a Estados Unidos y los enemigos internos —demócratas, progresistas, medios de comunicación y activistas— que favorecen la llegada de criminales extranjeros que, además, roban puestos de trabajo. Esta deliberada polarización busca erosionar el consenso democrático y le posiciona como único político capaz de salvar a los Estados Unidos. Sin embargo, actuaciones desproporcionadas del ICE, como la muerte de Renee Nicole Good en Minneapolis (7 de enero de 2026), podrían alterar tal percepción.

El estudio de PRC "Los estadounidenses tienen opiniones mixtas o negativas sobre las acciones migratorias de la administración Trump"[134] refleja la mencionada polarización. La mitad de los estadounidenses considera que el enfoque de la Administración respecto a la deportación de los inmigrantes que viven irregularmente en Estados Unidos es "demasiado descuidado"; exactamente el mismo porcentaje de quienes esperan que las políticas resulten en una reducción del crimen (41%) más que en un aumento (20%). Casi cuatro de cada diez (37%) opinan que tendrán poco impacto en reducir la tasa de delincuencia. En 2017, el 61% de los republicanos y el 88% de los demócratas opinaban que deberían existir fórmulas legales para que los inmigrantes indocumentados permanezcan legalmente en Estados Unidos; en el referido estudio el porcentaje de votantes republicanos ha descendido al 41% en tanto que los votantes demócratas permanecen prácticamente igual con un 89%. La radicalización republicana se repite al preguntar si la nación debiera hacer un esfuerzo presupuestario para deportar indocumentados; hoy lo apoya el 56%, frente al 34% en 2017.

La estrategia electoral de Trump giró en torno a los ejes interconectados de recuperación del poder económico nacional mediante los aranceles y el control migratorio, impulsando deportaciones de indocumentados. Ambos fueron presentados de forma complementaria como expresiones de recuperación y soberanía nacional en tanto en cuanto protegiendo la frontera se garantizaba la protección de la economía, los puestos de trabajo y la identidad nacional. Este mensaje ha conectado con quienes fueron perjudicados por la globalización y perciben la diversidad cultural como una amenaza. En la narrativa trumpista, dos asuntos de tal complejidad se simplifican proponiendo soluciones autoritarias de confrontación y emocionales más que racionales. El éxito económico y la seguridad nacional tan solo pueden lograrse revirtiendo las políticas impulsadas por los demócratas. Su mensaje no solo buscaba ganar elecciones, sino transformar la percepción misma de lo que significa ser estadounidense, redefiniendo la democracia en términos de lealtad, fuerza y exclusión.

Los estados demócratas, que concentran la producción económica del país y son los mayores contribuyentes a las arcas federales, han encontrado en el ámbito de la emigración un campo de batalla en el que luchar cara a cara contra Trump. Sus gobernadores están asumiendo que el gobierno no puede obligarles a implementar programas federales tal como estableció el Tribunal Supremo en el caso Murphy contra la NCAA (2018) se trataría de aplicar una política similar a la de los estados del norte entre 1780 y 1859 respecto a la "Ley de esclavos fugitivos" que fue inaplicable en aquellos estados —solo fueron devueltos 330 esclavos—. No se trata de incumplir la ley sino de negarse a cooperar en su aplicación tal como están haciendo ya estados como Nueva York o California desarrollando estructuras gubernamentales que operan con una creciente autonomía. Incluso se han acuñado los términos de "federalismo no cooperativo" o "secesión suave" para expresar la oposición de los estados demócratas al trumpismo, en asuntos domésticos.

3.6. De Harvard a Venezuela: la estrategia del zigzag.

En *Amanece que no es poco*, película de culto de José Luis Cuerda, el personaje de Nge se traslada de un lugar a otro caminando en zigzag, "porque así se tarda más en hacer el recorrido y así se piensa más a dónde va uno". En buena medida así es la política de Donald Trump, caracterizada por decisiones sorprendentes, pero tácticamente oportunistas. Cada declaración o actuación va inmediatamente seguida de otra que la eclipsa al redirigir la atención mediática. ¿Quién se acuerda ahora de su insinuación de anexionarse Canadá o el enfrentamiento con las universidades, especialmente Harvard? El encuentro en Corea del Sur con Xi Jinping en octubre de 2025 eclipsó los ataques a las narcolanchas en el Caribe de igual forma que estos eclipsaron el encuentro fallido con Putin en Budapest; finalizando el año 2025 se entrevistó con Zelenski y Netanyahu con horas de diferencia, y en ese mismo período habló telefónicamente con Putin y anunció un ataque en territorio venezolano. En cualquier otro contexto se trataría de noticias con amplio recorrido mediático, pero en las actuales circunstancias adquieren rango de información trasnochada en tan solo unos días.

Su aparente imprevisibilidad, en un recurrente zigzagueo político y económico, no es incoherencia, sino la manifestación táctica de una estrategia que nada tiene de improvisado ni alocado, sino que responde a un propósito de desorientación en distintos ámbitos. Por ejemplo, crea problemas donde no los había para resolverlos de inmediato distrayendo la atención sobre asuntos de verdadero calado. Los ciudadanos sufren tal fatiga informativa que las noticias pierden su verdadero carácter. Según un estudio del Pew Research Center más del 68% de los estadounidenses confiesan sentirse agotados por el exceso de noticias relacionadas con el presidente.[135] En cuanto a los medios de comunicación, el exceso de noticias resulta ser, mediante la estrategia del zigzag, una táctica deliberada de control informativo.

En su primer mandato los periodistas que cubrían la información de la Casa Blanca acuñaron el término *Trump Show* porque, cada vez que surgía un asunto serio, Trump lanzaba otra historia que la desplazaba. Max Fisher, escritor y periodista de *The New York Times*, definió este mecanismo como "la máquina del caos", una estrategia presidencial que utiliza el ruido para evitar la rendición de cuentas. *The Atlantic* afirmó que Trump generaba tantos titulares diarios que los medios se veían incapaces de jerarquizar la información en una estrategia de "cortina de humo".[136] El presidente genera crisis diarias —a veces tres en el mismo día—, lo que impide a la prensa y a la oposición mantener una narrativa coherente.

Además, la estrategia del zigzag le permite decir una cosa y su contraria de un día a otro. Exige respeto a la independencia judicial, pero ataca aquellos jueces que recurren sus medidas cuestionando la independencia del poder judicial. Declara que la economía es su principal preocupación, pero desestabiliza los mercados solicitando la cabeza del presidente de la Reserva Federal y judicializa el pretendido despido a la gobernadora Lisa Cook. Habla de seguridad nacional, y se enfrenta a alcaldes en ciudades de tendencia demócrata. Promete transparencia, pero elimina los organismos de supervisión interna dinamitando organismos de control como la FEC (Comisión Federal de Elecciones) y otros once más; en el caso de la FEC acusándola de partidista por investigar donaciones poco claras vinculadas a sus campañas electorales…

Mediante esta estrategia, Trump ha logrado mantenerse como protagonista en el centro del debate público, relegando a la oposición a ir continuamente a su estela sin capacidad de reacción, desplazando la atención de los verdaderos problemas estructurales, y desgastando la confianza en las instituciones. Algo similar a lo logrado con la continua firma de Órdenes Ejecutivas. Según los archivos del Registro Federal, Trump lleva firmadas en este segundo mandato 225 Órdenes Ejecutivas[137] (Biden firmó 162 en los cuatro años de mandato), en una estrategia de "inundar la zona [los medios de comunicación] con mierda" según Steve Banon, en su momento estratega jefe de la Casa Blanca y asesor principal de Trump.[138]

La política del zigzag se complementa con las amenazas. En el orden internacional amenaza aranceles del 100% a China, México o Brasil, y al día siguiente anuncia que ha llegado a un acuerdo, y una semana más tarde vuelve a retomar las amenazas iniciales. En el ámbito doméstico amenaza a jueces, periodistas, alcaldes y gobernadores demócratas, a emigrantes… a cuantos discrepan o cuestionan sus medidas. Las amenazas responden a una estrategia basada en la intimidación como arma disuasoria más que en la negociación institucional. En el marco internacional las amenazas económicas y militares le permiten proyectar una imagen de fuerza y nacionalismo frente a su electorado, sin importarle deteriorar las alianzas históricas de Estados Unidos y provocar desconfianza internacional hacia sus políticas. Con las amenazas busca reforzar la lealtad de sus seguidores y funciona como herramienta política para someter a las instituciones independientes a una lógica de obediencia personal. El común denominador en todas ellas es la deriva autoritaria de difícil encaje con los principios democráticos. Tal afirmación vale lo mismo ccuando apresa a Nicolas Maduro en Venezuela, despliega al ejército en Washington o cualquier otra ciudad, sin autorización local o estatal, para garantizar la seguridad de los ciudadanos, o escinde unilateralmente contratos federales con universidades. Ante la inoperancia de dedicar espacio, aunque solo fuera un párrafo, al contenido de sus órdenes ejecutivas y acciones controvertidas, utilizaré el caso de su enfrentamiento con mi *alma mater*, Harvard.

En el imaginario trumpista las universidades están dominadas por el ideario progresista, de donde le surgen las críticas, que influye en la opinión pública. En este segundo mandato el enfrentamiento con las universidades surgió a raíz de las protestas universitarias contra las acciones de Israel en Gaza y en apoyo a los palestinos. Trump aprovechó estas ocupaciones de campus universitarios para intensificar su ofensiva política contra las universidades utilizando estas protestas como argumento para denunciar el antisemitismo y radicalismo universitario, y justificar la necesidad de un cambio institucional. Como en otras ocasiones, los verdaderos motivos subyacen a la (sobre)actuación. Lo que en realidad interesa al presidente es desmontar las políticas DEI (Diversidad, Equidad e Inclusión) instauradas por la Administración Biden, enmarcando el debate académico dentro de su agenda de confrontación cultural y de recuperación de un modelo educativo alineado con los valores conservadores.

En el caso "Trump vs. Harvard", ya en el primer mandato el presidente censuró a la universidad por su postura frente a la inmigración y la inclusión racial. En este segundo, las desavenencias son de mayor calado, pues el gobierno federal podría recortar hasta en 2 billones de dólares, según fuentes de la propia universidad —3 billones, según información de Reuters—,[139] los contratos federales y subvenciones a la investigación en Harvard. La universidad consideró que las exigencias de la Administración federal vulneraban la Primera Enmienda y los límites legales del gobierno. En respuesta, la Administración, además de congelar los 2 billones de dólares, amenazó con retirarle la certificación para admitir estudiantes internacionales, y también la acreditación necesaria para que los nacionales pudieran recibir ayudas federales.

Los motivos eran, supuestamente, administrativos, y según Kristi Noem, secretaria de Seguridad Nacional, la revocación de la certificación del Programa de Estudiantes y Visitantes de Intercambio de Harvard se llevaba a cabo "como resultado de su incumplimiento de la ley",[140] pues la universidad incumplía el Título VI de la Normativa de Derechos Civiles referente a prácticas de admisión. También había "creado un ambiente inseguro en el campus al permitir que agitadores antiestadounidenses y proterroristas acosen y agredan físicamente a personas, incluyendo a muchos estudiantes judíos". Otras acusaciones tenían que ver con usar indebidamente fondos públicos, discriminación ideológica, permitir manifestaciones antiestadounidenses y atentar contra la neutralidad ideológica en el proceso educativo. Esta última acusación revela la verdadera esencia de la disputa, que va más allá de asuntos relativos a la financiación o gestión académica, o de velar por el cumplimiento de la legislación. Incluso el propio Trump apuntaba esta lectura alternativa cuando acusó a Harvard, en Truth Social, de contratar solo profesores demócratas, "casi todos *wokistas*, de la izquierda radical, idiotas y cabezas de chorlito".[141]

En 1993 se publicó *Palabras que hieren: teoría crítica de la raza, discurso ofensivo y la Primera Enmienda*, argumentando que el racismo es un fenómeno estructural que alcanza las instituciones, la legislación y la cotidianeidad ciudadana. La obra se convirtió en el vademécum de la Teoría Crítica de la Raza (CRT, *Critical Race Theory*), movimiento intelectual surgido en la década de los setenta en torno a la Facultad de Derecho de la Universidad de Harvard y exportado a más de 60 universidades estadounidenses de prestigio. La CRT, que inspiró las políticas progresistas del Partido Demócrata que con Obama desembocaron en el *wokismo*, generó una respuesta conservadora que se sustanció en el nacimiento de grupos como *Turning Point USA* de Charlie Kirk y medios como *The Daily Wire* de Ben Saphiro. Según ellos, la CRT fomentaba el odio hacia Estados Unidos y dividía a la sociedad.

El debate en torno a la Teoría Crítica de la Raza se ha convertido en el campo de batalla entre la izquierda progresista y la derecha conservadora en la política estadounidense contemporánea. No se trata, por tanto, de dilucidar temas administrativos, sino de enfrentarse a un asunto ideológico de primer nivel. Se utiliza a la prestigiosa y poderosa Harvard para (de)mostrar que esta Administración está dispuesta a politizar el conocimiento y represaliar cualquier institución u organismo, por *sacro santo* que sea, si no se pliega a sus criterios. Se trataría, en última instancia, de subordinar el intelectualismo al poder político penalizando a quienes cuestionen los valores conservadores que él defiende.

En septiembre de 2025, un juez federal dictaminó de ilegal la congelación de fondos a la Universidad de Harvard. No obstante, el litigio no está totalmente cerrado pues previsiblemente el gobierno apelará la sentencia y, además, dispone de otros mecanismos de presión. Otras universidades, como Columbia, se han visto obligadas a decidir entre aceptar las demandas o iniciar litigios que pueden prolongarse años. A diferencia de Harvard, con recursos económicos para aguantar el desafío y mantener su prestigio, Columbia prefirió alcanzar un acuerdo tras ver suspendida temporalmente la dotación de 400 millones de dólares en subvenciones, alegando falta de protección a estudiantes judíos —el organismo legal utilizado ha sido la OCR (Oficina de Derechos Civiles del Departamento de Educación de Estados Unidos) y se plegó a las demandas de gobierno pagando a la Administración 220 millones de dólares para acceder a los fondos federales.

De singular importancia en este ámbito de zigzageo es la impostura de Trump en relación con la detención de Nicolás Maduro en Venezuela. La operación fue presentada como una actuación para eliminar la droga de las calles de Estados Unidos, haciéndolo un país más seguro. También se ha querido ver un interés económico en el petróleo, teoría defendida por las autoridades del país. En ambos casos se trata de meras justificaciones pues, una vez más, esta acción se enmarca dentro de la concepción trumpista de geopolítica mundial, también con derivadas domésticas. En el ámbito internacional, la acción desarrollada en Venezuela es un mensaje directo a China en el sentido de que Sudamérica y Centroamérica forman parte de la esfera de influencia estadounidense y no debe inmiscuirse. En los últimos años, China ha estado invirtiendo en Sudamérica en el sector de la agricultura haciéndose cada vez más fuerte, y está desarrollando proyectos con fuertes inversiones en infraestructuras portuarias, como el megapuerto de Chancay en Perú o Paranaguá en Brasil. En el documento de Estrategia Nacional se mencionaba claramente la Doctrina Monroe, defendiendo el principio de "América para los americanos" y asegurando que se implementaría con el corolario de Trump. La segunda lectura del ataque tiene que ver con el descenso de aceptación entre sus seguidores más fieles. Su amistad con el pedófilo Epstein, y la inclusión de su nombre entre los documentos que en esas mismas fechas eran desclasificados, se estaba traduciendo en un significativo descenso de popularidad. Una acción de este calado, entiende Trump, servirá para eclipsar la importancia mediática que están teniendo los referidos papeles incriminatorios y recuperar los altos porcentajes de aceptación entre los votantes próximos a grupos religiosos. Las escenas de la llegada de Maduro a Estados Unidos descendiendo del avión esposado fueron un espectáculo gratuito para el tema de fondo que se estaba tratando; excepto si lo que se pretendía era ofrecer un espectáculo eminentemente propagandístico.

3.7. La estrategia geopolítica del "gran garrote".

Barack Obama aspiraba a proyectar una imagen de liderazgo basada en la empatía, el diálogo y la búsqueda del consenso; su política exterior y su estilo personal reflejaban el deseo de ser querido dentro y fuera de Estados Unidos. En contraste, Donald Trump construye su figura política sobre la fuerza y la confrontación, priorizando ser temido antes que admirado, convencido de que el respeto internacional se obtiene a través del poder, la amenaza y la presión. Esta diferencia simboliza dos visiones opuestas del liderazgo y del papel de Estados Unidos en el mundo. La del palo y la zanahoria está reportando a Trump, al menos de momento, resultado. De oriente a occidente y de norte a sur, los líderes mundiales, excepto el cauteloso Xi Jinping, le muestran admiración y deferencia. Vladimir Putin asegura que con Trump en el gobierno la guerra de Ucrania nunca se habría iniciado; Netanyahu y la recién elegida primera ministra de Japón, Sanae Takaichi, le dicen merecedor del Premio Nobel de la Paz, y Corina Machado le regala el suyo; en el Reino Unido la realeza británica le brinda honores propios de un monarca; el gobierno de Qatar le regaló un avión para uso temporal como *Air Force One*; poderosos dirigentes europeos acuden a la Casa Blanca como universitarios novatos a una tutoría del catedrático buscando su favor político.

Durante los ocho años transcurridos entre la primera y la segunda elección de Trump, el mundo ha experimentado una profunda transformación geopolítica y económica. Más allá de las dos guerras que marcan el inicio de su presidencia —la de Ucrania y la de Gaza—, existen otros factores geopolíticos que condicionan su presidencia. China ha consolidado su posición como potencia tecnológica, desarrollando modelos digitales que superan a Occidente; Rusia ha reaparecido como actor militar global, proyectando su influencia más allá de sus fronteras, incluso se postula de pacificador en Irán; en Europa las tensiones internas a raíz de la guerra en Ucrania son cada día más significativas y el avance de los populismos amenaza con fragmentarla; en el Reino Unido, su histórico aliado, el Brexit se ha sustanciado; lo que ha venido en denominarse Sur Global y los BRICS han comenzado a reclamar con creciente firmeza su autonomía política y económica, y el grupo de Shanghái (OCS, Organización de Cooperación de Shanghái) se ha consolidado como alternativa real a la OCDE (Organización para la Cooperación y Desarrollo Económicos). Todo ello se ha intensificado a raíz de la guerra de Ucrania, verdadero punto de inflexión que ha reconfigurado alianzas, alterado equilibrios de poder y puesto en evidencia la fragilidad del orden unipolar surgido tras la desintegración de la URSS.

En este escenario internacional, la reelección de Trump ha supuesto un verdadero terremoto, como en el ámbito doméstico, produciendo unas convulsiones políticas y económicas todavía difíciles de calibrar. El presidente está trastocando las normas de la diplomacia internacional recuperando la vieja "doctrina del garrote". En su relación con Sudamérica, el presidente Roosevelt aplicó lo que se conoció como Doctrina del Gran Garrote —"Habla suavemente y lleva un gran garrote", reza un proverbio africano—, que consistía en combinar una diplomacia aparentemente pacífica con la amenaza del potencial de la fuerza militar para salvaguardar los intereses de Estados Unidos. Para Trump el mundo no es una comunidad de valores, sino una suerte de juego de RISK en el que la estrategia tiene como objetivo ocupar el mayor territorio posible. Sus cambios de estrategia respecto a la guerra de Ucrania en el terreno militar, la política arancelaria con China y las ambivalencias de todo tipo con Europa han sido calificadas de caóticas, pero en realidad todas ellas son movimientos para trastocar la deriva política, social y económica que, de continuar por la misma senda, pudiera relegar a Estados Unidos a un segundo plano.

En sus relaciones internacionales, Trump actúa en la convicción de que el diálogo y la negociación son útiles únicamente si se respaldan con amenazas, sustituyendo la diplomacia por la intimidación como primer movimiento negociador. Debilita los contrapesos institucionales internacionales y los límites jurídicos supeditando legalidad y legitimidad a los intereses de su nación, en claro menosprecio de los principios del estado de derecho. Ejemplo de lo expuesto son los ataques a lanchas de supuestos narcotraficantes en aguas del Caribe, previas a la detención de Maduro. La sola acusación de que se trataba de narcotraficantes, sin más pruebas que la palabra dada, y sin el preceptivo permiso del Congreso al tratarse de una acción armada fuera de las fronteras nacionales, ha justificado ataques con víctimas que, según comunicado del gobierno colombiano, eran una familia de pescadores.

Si en el ámbito doméstico sus actuaciones se caracterizaban por una marcada polarización centrada en la oposición al *wokismo* y las políticas progresistas, en el terreno internacional su línea de acción se define por la confrontación con China y el rechazo de la Agenda 2030 para el Desarrollo Sostenible, que Trump considera como legado de

Obama y expresión del globalismo. Trump ha transformando la diplomacia tradicional, basada en alianzas y compromisos, en parte de su política mercantil de transacciones bilaterales. Los acuerdos se negocian como contratos comerciales que deben reportar a los Estados Unidos un beneficio económico inmediato; el resto es prescindible. Durante todo el siglo XX, ya fuera con presidentes republicanos o demócratas, Estados Unidos era el garante del orden internacional liberal; Trump, por el contrario, solo coopera si obtiene ganancias, ya sea vendiendo armamento, negociando contratos de tierras raras o proponiendo insensatas medidas de reconstrucción. Desde esta perspectiva eminentemente mercantil, retiró a Estados Unidos del Acuerdo de París sobre el clima, del pacto nuclear con Irán, del Tratado de Libre Comercio Transpacífico (TPP), y una decena de organismos de cooperación. Su enfrentamiento con organismos internacionales como la Organización Mundial del Comercio (OMC), el Fondo Monetario Internacional (FMI) o el Banco Mundial se entiende desde su desconfianza y oposición a cuanto limite o ponga normas a la autonomía y soberanía nacional.

Para Trump los compromisos y tratados internacionales son instrumentos prescindibles si no puede utilizarlos para la pervivencia de la hegemonía estadounidense aplicando, de nuevo, su máxima de que es legítimo todo aquello que beneficie a Estados Unidos. Lo mismo se puede afirmar de las relaciones bilaterales sujetas a continuos vaivenes. Con Europa ha pasado de la alianza estratégica al chantaje comercial tanto en economía como en defensa; con China, del acuerdo comercial a la guerra arancelaria y de nuevo al acuerdo comercial alcanzado en Busán; con Corea del Norte, de la amenaza de destrucción completa a considerarse amigo de Kim Jong-un… La diplomacia de Trump es radicalmente distinta a la de Clinton y Obama, centradas en la cooperación internacional, proponiendo un modelo basado en el proteccionismo económico que recupere la economía productiva nacional, y abandonando instituciones internacionales. La lógica empresarial reemplaza a la diplomacia sustituyendo el multilateralismo por la transacción bilateral, y la cooperación internacional por el intercambio condicionado a resultados.

Trump percibe que Washington se enfrenta a una pérdida progresiva de influencia frente a potencias emergentes encabezadas por China, a un desgaste político interno, y también a un proceso de continuo declive social. Su fijación con China no resulta novedosa, ya en el primer mandato, en comparecencia en la Casa Blanca a propósito de la pandemia afirmó que:

> Durante décadas, [los chinos] han estafado a Estados Unidos como nadie lo había hecho antes. Se perdieron cientos de miles de millones de dólares al año al tratar con China, especialmente a lo largo de los años durante la Administración anterior. China allanó nuestras fábricas, deslocalizó nuestros empleos, destruyó nuestras industrias, robó nuestra propiedad intelectual y violó sus compromisos bajo la

Organización Mundial del Comercio. Para empeorar las cosas, se les considera una nación en desarrollo que recibe todo tipo de beneficios a los que otros, incluido Estados Unidos, no tienen derecho.[142]

En este sentido no se puede negar la lógica al acusar a China de comportamiento ventajista, tal como lo expresó el secretario de Estado, Marco Rubio, en su comparecencia ante el comité del senado para su nombramiento: "Dimos la bienvenida al Partido Comunista Chino al orden mundial global, y ellos se aprovecharon de todos sus beneficios mientras ignoraban todas sus obligaciones y responsabilidades". Y concluye: "El orden mundial global de posguerra no solo es obsoleto, sino que ahora se ha convertido en un arma que se utiliza en nuestra contra".[143]

En este primer año de su segundo mandato, Trump ha mantenido dos reuniones de altísimo nivel con Vladimir Putin en Alaska y con Xi Jinping en Corea del Sur. El optimismo por los resultados mostrado por Trump es una cortina de humo, pues en la práctica ambas reuniones se saldaron con resultados modestos y alejados de lo esperado. En el más reciente de Busan, el encuentro con Xi reveló que la política arancelaria, exponente del poder económico estadounidense y arma utilizada por Trump como instrumento de coacción, ha perdido eficacia y puede ser contrarrestada. China, a diferencia de Europa, se preparó ante una eventual nueva victoria de Trump y fortaleció su red de socios comerciales en Asia, África y América Latina. Xi le dobló el brazo a Trump porque su dependencia de Estados Unidos es menor que la Estados Unidos hacia China. Los estadounidenses necesitan el mercado chino para exportar su ingente producción de soja producida en el Medio Oeste, granero no solo de esta leguminosa sino de votos republicanos, y dependen de las tierras raras que posee China para mantener activa la industria. Trump, lejos de subir los aranceles por encima del 100% como había venido pregonando, los dejó en 10 puntos generales. En cuanto a la reunión en Alaska con Putin, se vendió como el primer paso para alcanzar la paz en Ucrania, pero terminó sin acuerdos concretos. Tal fue así que la proyectada nueva reunión en Budapest para el mes de octubre de 2025 se suspendió *sine die*; regresar de nuevo con las manos vacías desvelaría el fracaso de las negociaciones. Resumiendo, el encuentro con Putin en Alaska fue diplomáticamente intrascendente. En cuanto al mantenido con Xi, ha resultado más ventajoso para China, que refuerza su liderazgo, que para Estados Unidos, que está perdiendo poder negociador por el desgaste de sus tradicionales armas de presión.

Europa presenta un escenario radicalmente distinto pues, tanto para nuestro comercio como en inversiones y defensa, dependemos en buena medida de la vinculación a Estados Unidos. En este contexto, Trump aplica una política de zanahoria o palo tanto en el ámbito económico como militar —Comunidad Europea y OTAN—. Para él, representamos un modelo social decadente, atrapados en una burocracia excesiva, lastrados por el bienestar social e incapaces de defender nuestra identidad por abrazar una absurda sensibilidad humanitaria. Fueron proféticas las palabras de Jeffrey Sachs en su discurso "La geopolítica de la paz" ante el Parlamento Europeo, apenas un mes tras la toma de posesión de Trump, al afirmar que "la Administración Trump es imperialista en el fondo. Trump obviamente cree que las grandes potencias dominan el mundo. Estados Unidos será despiadado y cínico, y sí, también con respecto a Europa".[144] Sus desdenes se explican en gran medida por que nos ve como una comunidad estructuralmente débil, sin capacidad de respuesta ante los desafíos geopolíticos actuales, y en un irreversible proceso de descomposición por la propia naturaleza de la Comisión, que debe conciliar intereses a menudo divergentes o incluso contrapuestos entre sus Estados miembro, condicionados por la exigencia de unanimidad. A estos negativos factores políticos se sumarían, en la lógica trumpista, otros económicos como la adhesión a la Agenda 2030; laborales, como la pérdida de competitividad industrial derivada del estado del bienestar; o sociales, al ser permisivos con la emigración y mostrarnos alineados con el *wokismo*. Trump parece asumir que el controvertido ciclo de las civilizaciones de Tytler se está sustanciando en Europa.

Su diagnóstico resulta acertado en cuanto a la inevitable emergencia de un nuevo escenario geopolítico en el que China se equiparará e incluso pudiera desplazar a Estados Unidos como país hegemónico, pero su respuesta se antoja errónea al carecer de la visión estratégica necesaria. El problema radica en los métodos utilizados para oponerse a la referida tendencia, que generan desconfianza económica e inestabilidad geopolítica. Pretende mantener a Estados Unidos como potencia hegemónica mediante un proteccionismo comercial que está sacudiendo la economía mundial y genera tensiones políticas al enfrentarse a sus aliados tradicionales; tampoco resulta lógico cuestionar la validez de aquellos organismos internacionales sobre los que Estados Unidos construyó su liderazgo mundial. Trump antepone la eficacia a cualquier otra consideración, y por ello profesa admiración por la libertad de actuación de líderes de regímenes autoritarios, como Xi y Putin, que no están sujetos a controles políticos. En su lógica empresarial, considera que Xi ha logrado el éxito que las democracias liberales han perdido, y ha sido así debido al modelo chino de control social.

El presidente americano aspira a desbaratar la actual tendencia geopolítica y, en su visión mesiánica del poder, pretende competir con Xi como arquitecto del nuevo orden. La prioridad no es preservar el equilibrio internacional, sino salvaguardar la jerarquía estadounidense e impedir su decadencia hegemónica en un mundo que comienza a cuestionar su dominio. Su política exterior, su menosprecio de las instituciones, su guerra cultural doméstica… forman parte de la misma estrategia y lanzan el mensaje de que el tiempo del consenso ha terminado. Sin embargo, ni la legislación, ni la tradición histórica, ni la estructura social de Occidente guardan relación alguna con los modelos absolutistas. Juan José Ruiz, publicó en el Real Instituto Elcano el estudio "Hegemonía quebrada: la rivalidad entre Estados Unidos y China en la nueva era de la política de fuerza", asociando con acierto la filosofía MAGA y la "Trampa de Tucídides" —según Graham Allison, cuando una potencia amenaza con sustituir a otra, existe una clara tendencia al conflicto—: "La retórica del *America First* y las políticas proteccionistas han alterado las reglas del juego, marcando el fin del orden liberal internacional basado en reglas y la emergencia de un mundo donde predomina la ley del más fuerte y una competencia global que evoca la 'Trampa de Tucídides'".[145] Similares presupuestos expuso Jeffrey Sachs, en el referido discurso, al afirmar que Estados Unidos actúa "marcando alianzas subordinadas, y conduciendo rivalidades estratégicas".[146]

Trump entiende que nos encontramos a las puertas de un cambio en el equilibrio global tan importante como el producido tras la Segunda Guerra Mundial o la caída de la URSS, que, ahora, desafía el orden internacional liderado por Estados Unidos desde mediados del siglo XX. También acierta en su diagnóstico sobre la nueva realidad geopolítica mundial en la que China se postula como potencia económica, tecnológica y militar. Su aguda percepción política del momento, y su propósito de reformar un sistema en crisis para revertir la tendencia geopolítica es loable, pero la forma en que lo está haciendo implica riesgos. Gorbachov y Yeltsin en la extinta Unión Soviética acertaron, como Trump, en el diagnóstico, pero lejos reconducir la situación terminaron por agravarla. Gorbachov buscó salvar el comunismo abriéndolo, y aceleró su colapso; Yeltsin quiso democratizar Rusia, y provocó el caos oligárquico en el que actualmente viven los rusos. Del mismo modo, la propuesta trumpista de reconstruir Estados Unidos debilitando instituciones y polarizando la sociedad, aislando al país con el proteccionismo económico y desmantelando alianzas con sus socios históricos, en resumen, destruyendo los pilares del orden liberal que han sostenido su hegemonía, en cruzada contra la globalización, en vez de salvar el sistema pueden precipitarlo al abismo. Su éxito dependerá de si logra contener, o por el contrario acelera como otros reformadores, la entropía del sistema que pretende salvar.

3.8. El trampantojo del tercer mandato.

Resulta innegable que la política del zigzag en la generación de noticias, de la continua amenaza a sus adversarios, de la estrategia de la zanahoria y el palo como principio negociador, está dando sus frutos. La avalancha de Órdenes Ejecutivas y noticias tiene el propósito de desorientar a la oposición demócrata y "podría estar funcionando", según Jonathan Lemire, corresponsal de Associated Press en la Casa Blanca.[147] Está colonizando las instituciones colocando a sus fieles en puestos de responsabilidad, como con Stephen Miran, actual presidente de su Consejo de Asesores Económicos, nombrado miembro de la Junta de Gobernadores de la Reserva Federal. Además, trasmite a los votantes la sensación de dinamismo político y de trabajar sin descanso en beneficio de Estados Unidos. Los medios de comunicación sienten coartada la libertad informativa; en febrero de 2025, 47 asociaciones de periodistas estadounidenses firmaron una carta denunciando los ataques verbales, el bloqueo de preguntas y la manipulación del flujo informativo desde la Casa Blanca, calificándolo como "una amenaza al derecho a la información".[148]

Más inquietante resultan las consecuencias de tales actuaciones en la percepción que los ciudadanos comienzan a tener de las instituciones. El mensaje de que no son imparciales va cuajando progresivamente, lo que se traduce en un debilitamiento de los mecanismos democráticos de control y transparencia. El volumen de Órdenes Ejecutivas es tal que, incluso traspasando la legalidad, las instituciones pierden la capacidad de vigilancia y reacción. La arbitrariedad como forma de gobierno comienza a normalizarse. Ejemplo de ello son los referidos hundimientos de supuestas narcolanchas en el Caribe y el abordaje a petroleros. Los ataques se realizaron sin ser autorizadas por el Congreso Estadounidense; el demócrata Gregory Meeks ha solicitado audiencia del Comité de Asuntos Exteriores de la Cámara para investigar esas actuaciones y defendió con vehemencia la necesidad de restaurar el control legislativo sobre las decisiones internacionales del Ejecutivo. También han contrevenido la legalidad internacional y el Consejo de Derechos Humanos de las Naciones Unidas manifestó sobre este asunto que "el uso de la fuerza letal en aguas internacionales sin una base jurídica adecuada viola el derecho internacional del mar y constituye ejecuciones extrajudiciales".[149]

Poco a poco, está vaciando de contenido aquellas instituciones que no controla y debilitando la configuración de pesos y contrapesos mediante un flujo constante de medidas superpuestas y contradictorias que minan la necesaria coherencia institucional, imprescindible para el funcionamiento del Estado de derecho, en beneficio de una estructura de poder personalista. Creando confusión, generando ruido mediático y fatigando a la ciudadanía y las instituciones, Trump está avanzando hacia la concentración de poder político en su persona. El congresista demócrata Steve Cohen, en su página web *Trump Administration Tracker*, denuncia que:

> La Administración Trump ha actuado de manera ilegal e inconstitucional, debilitando nuestras instituciones democráticas, frenando la economía, eliminando protecciones para la salud pública y el medio ambiente, y poniendo en riesgo la atención sanitaria y los beneficios de la Seguridad Social de millones de estadounidenses. Y eso es solo el comienzo.[150]

Si sus censurables actuaciones son "solo el comienzo", ¿cuál es el final? ¿Acaso presentarse a una tercera elección? En entrevista telefónica en la NBC, Trump afirmó que "mucha gente" le pedía que continuara en la Casa Blanca más allá del segundo mandato. El periodista le recordó la limitación constitucional y contestó que "hay métodos por los cuales se podría hacer", concluyendo "veremos qué pasa".[151] No ha sido la única vez que se ha manifestado en el sentido de que si el país lo necesita seguirá por más tiempo y que son los votantes y no los burócratas quienes debieran tener la última palabra. En este mismo mes de octubre de 2025, Steve Bannon declaró en entrevista a *The Economist* que Trump "va a conseguir un tercer mandato" como presidente de los Estados Unidos, y que "su círculo íntimo ya tiene un plan" para lograrlo. No ofreció más detalles, limitándose a asegurar que "en el momento adecuado se presentará el plan [para el que] hay muchas alternativas".[152] ¿Realmente existe la posibilidad de un nuevo intento de reelección?

La respuesta, sin menosprecio del precedente que supuso el asalto al Congreso llevando al borde del abismo la institución democrática por excelencia, y la infinita egolatría de Trump, convencido de haber sido elegido por Dios para liderar a Estados Unidos, es NO. El presidente tendrá 82 años al final de esta legislatura y, además, se lo prohíbe la Constitución. Retorcer la legislación por intereses personales tendría unas consecuencias gravísimas, provocando, sin la menor duda, graves enfrentamientos civiles que en nada le favorecerían. Estos coqueteos con la posibilidad de un tercer mandato son provocaciones retóricas que forman parte de la estrategia política que cuestiona la esencia misma del sistema democrático estadounidense, y de la narrativa destinada a mantener su figura como indispensable, desafiando, una vez más, los límites institucionales.

Se plantea la opción de que podría presentarse en el ticket como vicepresidente —posibilidad rechazada por el propio protagonista—, o mediante una interpretación flexible de la Enmienda Constitucional considerando que su primer mandato (2017-2021) fue saboteado por improcedentes investigaciones judiciales, de manera que el tercer período sería en realidad el segundo efectivo. La XXII Enmienda, adoptada tras los cuatro mandatos de Franklin D. Roosevelt, no plantea la menor duda: "ninguna persona será elegida para el cargo de presidente más de dos veces".[153] Solo una Enmienda Constitucional aprobada por el Congreso y ratificada por tres cuartas partes de los estados podría permitir un tercer mandato, algo numéricamente imposible en el reparto político actual con 20 estados declaradamente demócrata y 25 incondicionalmente republicanos; aunque los 5 *swing states* votaran junto a los republicanos, Trump necesitaría, en el mejor de los casos, 4 estados más.

Todo lo relativo a un tercer mandato forma parte de la chatarra sonora en la estrategia del zigzag que he venido exponiendo. Un día flirtea con tal posibilidad diciendo que le gustaría intentar la reelección y que "hay opiniones respecto a eso [la prohibición de la XXII enmienda]", y al siguiente afirma que la combinación Vance-Rubio es invencible. Zach Jewell apunta en "El discurso de Trump sobre su tercer mandato pone nerviosos a los izquierdistas otra vez"[154] que el presidente aviva los rumores sobre un tercer mandato para provocar nerviosismo entre los demócratas, asegurando que le está funcionando. El hecho de que Trump no pueda presentarse en absoluto lleva implícito el fin del trumpismo. Su intención, y la de quienes le apoyan, es que la nueva deriva política a la que está conduciendo al republicanismo se consolide y trascienda su persona. Él mismo lo sugirió en entrevista a la cadena ABC: "Quiero tener cuatro grandes años y luego entregar el mando a alguien, idealmente a un gran republicano, un gran republicano que pueda continuar con ello".[155] El deseo lleva implícita la intención de ser él quien designe al candidato republicano para las próximas elecciones, convirtiéndose en un *king maker*. Las elecciones de mitad de mandato del mes de noviembre en el 2026 serán determinantes y, aunque los índices de popularidad no le resultan propicios tras este primer año de mandato, Trump siempre es impredecible y nunca se puede asegurar que los resultados no le serán favorables.

Su agresividad en geopolítica internacional y acontecimientos internos de alto impacto, como el asesinato de Renee N. Good, sin obtener ni ofrecer resultados tangibles, podrían pasar factura en las elecciones de mitad de mandato en noviembre del 2026. En este contexto, dijo a los congresistas republicanos reunidos en el Trump-Kennedy Center el 6 de enero de 2026 que perder la actual mayoría en las elecciones de medio mandato del mes de noviembre podría abocarle a un nuevo *impeachment*. Trump subrayó la necesidad de cerrar filas enfatizando la obligación de permanecer unidos para superar con éxito esos comicios, y reafirmó un liderazgo fuerte y disciplinado para conservar la mayoría. Noviembre será la auténtica piedra de toque, no solo para el resto del mandato, sino para el futuro del trumpismo, pues condicionará en buena medida las presidenciales de 2028. Eso sí, los demócratas deberán encontrar y consensuar un líder sólido. Hay quienes auguran que, si las encuestas le fueran muy desfavorables, Trump podría intentar alguna argucia legal para evitar la celebración de las referidas *midterms*. Mejor no considerar tal escenario.

El futuro del trumpismo más allá de Donald Trump, presenta una transición incierta, pero hay dos nombres que comienzan a sonar con fuerza en el Partido Republicano: el vicepresidente J.D. Vance y el secretario de Estado Marco Rubio. Vance representa la versión fresca del discurso nacional-populista del trumpismo, y estaría apoyado por los grandes empresarios de las nuevas tecnologías y del capital digital. Rubio participa de la misma visión internacional del presidente, tiene experiencia institucional y representa una opción más próxima al engranaje y estructuras del partido. En última instancia el candidato, con un republicanismo rendido, será quien el presidente escoja, aunque no puede descartarse la combinación Vance-Rubio o Rubio-Vance que él mismo ha insinuado. Se trata de dos candidatos jóvenes; Vance nació en 1984 y tiene 41 años, y Rubio nació en 1971 y tiene 54, pudiendo plantearse una sucesión escalonada, aunque tal hipótesis a tan largo plazo resulta imposible de concretar. Venciera uno u otro, fueran 4, 8, 12, o 16 los años de gobiernos republicanos, el trumpismo se instalaría con la fuerza del reaganismo en los ochenta. En cualquier caso, en una sociedad tan polarizada como la estadounidense la cuestión capital tiene que ver con qué ocurriría ante una eventual victoria demócrata por estrecho margen en las próximas presidenciales. Asumir la derrota marcaría, probablemente, el fin del trumpismo como fuerza movilizadora; por el contrario, una negativa a reconocer el resultado reactivaría dinámicas de deslegitimación institucional y episodios de tensión social incluso peores que aquellos tras la derrota frente a Biden. De nuevo, mejor no pensar en ello.

CAPÍTULO IV
Novus ordum seclorum

CAPÍTULO IV   *NOVUS ORDUM SECLORUM*

4.1. ¿De malas democracias a buenos dictadores?

La divisa oficial china es el renminbi aunque, paradójicamente, no existen billetes de 1 renminbi. Los billetes de yuan, como popularmente se conoce el renminbi, tienen valores de 5, 10, 20, 50 y 100 yuanes y la imagen de Mao Zedong aparece en todos ellos indistintamente de su valor. Los reversos sí varían, y presentan imágenes emblemáticas en una suerte de recorrido visual sobre la identidad nacional china. El billete de 5 yuanes muestra el monte Tai, sagrado para el taoísmo; el de 10 yuanes las Tres Gargantas del río Yangtsé, enfatizando la modernización del país; el de 20 yuanes dibuja el paisaje del río Li en Güilín, su icono natural más reconocible; el de 50 yuanes presenta el palacio de Potala en el Tíbet ocupado, como reflejo de la integración territorial de regiones culturalmente diversas; y el de 100 yuanes, por último, el Gran Salón del Pueblo sede de la Asamblea Popular Nacional. Estos diseños pretenden transmitir una imagen de tradición y modernización, además de unidad y armonía territorial; de igual forma que la imagen repetida de Mao en el anverso legitima al Partido Comunista Chino.

La divisa estadounidense sí dispone de billetes de un dólar, y utiliza el anverso para homenajear distintos protagonistas de su historia, desde George Washington hasta Benjamin Franklin. El reverso presenta numerosos elementos simbólicos. El popular texto *In God We Trust* destaca entre la pirámide truncada coronada por el ojo divino, y el águila calva atrapando en sus garras ramos de olivos y flechas, siempre con numerología de 13 en reconocimiento a los 13 primeros estados. En 1935, siendo presidente Franklin D. Roosevelt, se rediseñó el billete incluyendo otras dos leyendas en latín: *Annuit Coeptis* ("Favorece nuestras empresas") y *Novus Ordo Seclorum* ("El nuevo orden de los tiempos"). La primera como sortilegio para evitar un nuevo 1929, y la segunda evocando la filosofía del "Destino Manifiesto". Estados Unidos estaba ungido para expandir sus valores democráticos, y las puritanas aspiraciones sintetizadas en la imagen de la "Ciudad en la montaña", modelo moral para el mundo.

El mensaje subliminal en dólares y yuanes trasciende el diseño notafílico al reflejar las diferencias filosófico-culturales, político-económicas y socio-históricas de ambos países. El dólar despliega abundante simbología y literatura hablando de Dios, de su historia, de economía y aspiraciones nacionales, articulando un relato sobre la ciudadanía soberana, la democracia y los principios republicanos; el yuan apenas si habla, y cuando lo hace, se expresa como Estado totalitario —"Banco Popular de China"—. El dinero repite el patrón que subyace en la pugna entre Estados Unidos y China por liderar el *Novus Ordum Seclorum* que está sustanciándose para este siglo XXI.

Andrea Kendall-Taylor y Richard Fontaine publicaron en *Foreign Affairs* (Mayo/Junio, 2024) un interesante artículo titulado "El eje de la agitación: Cómo los adversarios de Estados Unidos se unen para derrocar el orden global",[156] analizando la alianza entre China, Rusia, Irán y Corea del Norte con el propósito de "derrocar los principios, las normas y las instituciones que sustentan el sistema internacional imperante" y concluyendo: "Su objetivo colectivo es crear una alternativa al orden actual, que consideran dominado por Estados Unidos". La guerra de Ucrania ha provocado una profunda reorganización del sistema de alianzas internacionales con propuestas revisionistas de carácter multihegemónico que aspiran a redefinir la arquitectura del orden global surgido tras la Segunda Guerra Mundial. Aunque los actores y el momento histórico sean distintos, la situación descrita por Kendall y Fontaine recuerda aquella de 1940 y el Pacto Tripartito entre Alemania, Italia y Japón con el propósito de "establecer y mantener un nuevo orden de cosas" en el que cada una de las tres naciones ocuparía "su propio lugar". Resulta incuestionable que la estructura liberal hegemónica de la OCDE como referencia global está siendo desplazada progresivamente por nuevas propuestas socioeconómicas en proceso de consolidación.

Esta situación de declive hegemónico y nacimiento de un nuevo orden bien pudiera responder a un proceso histórico natural; etnogénesis, lo denominó Lev Gumiliov en *Etnogénesis y la biosfera de la Tierra* (1978). A lo largo de la historia, cada potencia dominante, desde Egipto y Roma hasta españoles y otomanos, ha pretendido establecer un nuevo orden global. Alexander Tytler proponía, allá por el siglo XVIII, su famosa y controvertida teoría política según la cual las civilizaciones siguen la secuencia nacimiento-prosperidad-decadencia; y a comienzos del siglo pasado Oswald Spengler teorizaba sobre *La decadencia de Occidente* (1918-1923). Más recientes son, *Enfrentando la posdemocracia* (2000) de Colin Crouch, la obra de Steven Levitsky y Daniel Ziblatt *Cómo mueren las democracias* (2018), y la referencial de Emmanuel Todd *La derrota de Occidente*.

Sea o no debido al determinismo histórico, el actual *zeitgeist*, con Trump como presidente estadounidense y una guerra librándose en tierras europeas, refleja el desgaste del modelo liberal dominante en Occidente desde finales del siglo XVIII.

Desde aproximaciones más analíticas, el agotamiento democrático occidental podría explicarse en referencia a la descomposición de la URSS, cuando el liberalismo perdió el enemigo ideológico frente al cual se definía y crecía. En ausencia de esa confrontación, la hegemonía liberal entró en una complaciente ensoñación de la que despertó con los atentados del 11-S, cuando Estados Unidos y Occidente en general privilegiaron la seguridad a costa de sacrificar libertades individuales, alma y sentido del liberalismo. *El gran desengaño: sueños liberales y realidades internacionales* (2018) de John J. Mearshimer, apunta en ese sentido.

Las bondades del modelo liberal son actualmente negadas incluso por quienes han prosperado al amparo de los beneficios y ventajas que el propio sistema liberal garantiza. Amplios sectores de izquierda, superados los postulados del comunismo clásico, lo cuestionan desde nuevas perspectivas éticas y culturales como el ecologismo, el feminismo, el pacifismo o la justicia social global. Los grupos más radicales de izquierda rechazan el neoliberalismo, que erróneamente identifican con capitalismo, por perpetuar desigualdades y estructuras culturales que imposibilitan una transformación real del sistema. La paradoja de estos grupos, o tal vez su gran mentira, es que viven inmersos en la contradicción; demonizan el liberalismo pero viven reivindicando certezas y logros como libertades individuales, democracia, separación de poderes, independencia de la justicia, libertad de prensa… inherentes a ese modelo social. A tenor de los mensajes excluyentes que lanzan, la sociedad que ellos reclaman suprimiría las libertades que ahora tienen garantizadas.

Los radicalismos de derechas e izquierdas, que se presentan como antagónicos, no están conceptualmente tan alejados como parece a primera vista; ambas tendencias comparten el principio de que el Estado debe estar por encima del individuo, y cuantas consecuencias autoritarias se puedan derivar ello. La imagen tradicional que representa el espectro político como una línea recta, con las derechas y las izquierdas radicales en los extremos opuestos, no refleja adecuadamente la realidad ideológica. Una representación más precisa sería la de una herradura en la que los extremos se curvan y aproximan hasta casi tocarse, pues tanto los radicalismos de izquierda como los de derecha —como en su momento fascismo y comunismo— rechazan el pluralismo, cuestionan la democracia representativa, aspiran a controlar los medios de comunicación y la justicia, y justifican el uso de la violencia en beneficio de sus ideales. La actual deriva política está polarizando la sociedad vaciando el espacio de centro, históricamente ocupado por fuerzas moderadas bien de la socialdemocracia o del conservadurismo clásico, que garantizaban estabilidad institucional y el consenso democrático. En este contexto, la capacidad de alcanzar acuerdos queda limitada, y se corre el peligro de provocar una irreversible fragmentación de la representación política.

Tras el 11-S, posteriores atentados terroristas perpetrados por islamistas radicales en Madrid (2004), Londres (2005), París (2015), Berlín (2016), Sídney (2025)… evidenciaron conflictos culturales vinculados a la inmigración. Al mismo tiempo, la dependencia económica del petróleo y otras fuentes energéticas incontrolables para Europa genera una sensación de vulnerabilidad, que provoca en parte de la población sentimientos de desconfianza y temor. Tragedias y recelos han contribuido a que determinados sectores abracen el escepticismo pragmático e identifiquen cuanto tenga que ver con otras culturas como una amenaza para la identidad y los valores propios del cristianismo occidental, enfrentándose a quienes, desde planteamientos eminentemente "buenistas", defienden una sociedad más humana, más plural y solidaria en consonancia con la realidad de un mundo globalizado. También genera fractura social y debilitamiento institucional cuestionar otros valores tradicionales occidentales propios de la moral cristiana, por ejemplo, su modelo familiar, *dovela clave* y piedra angular de la sociedad occidental.

No se trata, ni mucho menos, de un asunto banal, pues tal como apunta Emmanuel Todd en la mencionada *La derrota de Occidente*, los valores religiosos constituyen el epicentro de la vida social sobre los que una sociedad construye sus principios morales y la "acción colectiva". Distingue tres niveles de religiosidad —activo, *zombie*, cero— y Occidente habría alcanzado el "grado cero". La pérdida de una cosmovisión religiosa —según Todd de raíz protestante— y la ausencia de valores religiosos se traduce en un vacío moral y metafísico que ha evolucionado hacia un nihilismo carente de valores trascendentes, lo que implica que las sociedades occidentales han quedado deslegitimadas internamente. Es en este escenario donde surgen propuestas nacionalistas autoritarias que, como los radicales de izquierda, ponen en entredicho principios fundamentales del liberalismo.

El desafío al modelo liberal occidental no procede únicamente de su interior. Las amenazas también llegan desde el exterior y no obedecen a condicionantes militares, como con la antigua URSS; ahora son de índole económica y cultural. En el ámbito económico, durante las últimas décadas regímenes totalitarios y autoritarios han experimentado un notable crecimiento hegemónico al abandonar las estructuras económicas de corte comunista en beneficio de un exitoso capitalismo estatal. Durante la visita de Vladimir Putin a Xi Jinping el 4 de febrero de 2022, días antes de comenzar la guerra de Ucrania, ambos mandatarios firmaron la Declaración conjunta de la Federación de Rusia y la República Popular China sobre las relaciones internacionales que entran en una nueva era y el desarrollo sostenible global,[157] cuya primera frase era: "Hoy, el mundo atraviesa cambios trascendentales y la humanidad está entrando en una nueva era de rápido desarrollo y profunda transformación". Una propuesta similar se planteó en el Foro de Davos tras la pandemia de la COVID-19, al señalar que el momento era propicio para replantear el modelo globalizador tal y como se conocía hasta entonces y se debía resetear la economía global. Sin embargo, el verdadero reseteo ha venido finalmente de la mano de la guerra de Ucrania, que ha acelerado transformaciones económicas y geopolíticas mucho más profundas de lo previsto inicialmente.

El principio de cooperación multilateral y de gobernanza compartida representa la piedra angular de lo que se ha conocido como "globalización", exponente máximo del liberalismo económico que promovía el libre comercio, la apertura de mercados y la interdependencia entre naciones. Sus antecedentes se encuentran en el discurso de Woodrow Wilson "Nuestro programa es la paz mundial" (1918),[158] conocido popularmente como el Discurso de los Catorce Puntos, donde se mencionó por primera vez la expresión "nuevo orden mundial", ligado a la cooperación entre naciones y la libertad de comercio. Años después, la presidencia de Ronald Reagan (1981-1989) fue el pistoletazo de salida para la globalización, impulsando un modelo económico genuinamente liberal en cuanto a eliminación de barreras arancelarias, apertura comercial y desregularización. El tránsito desde los principios universalistas de los Catorce Puntos hasta las políticas neoliberales de la década de 1980, incluyendo las de Margaret Thatcher, ilustra la evolución hasta el modelo globalizador que alcanzó su momento dorado con el nuevo orden mundial surgido tras la debacle soviética.

Tras décadas de avances sociales y expansión económica la sociedad occidental ha entrado en una espiral de cuestionamiento institucional fruto de un generalizado desencanto ciudadano. Los conservadores estadounidenses ven amenazado su *modus vivendi* por la deriva social conocida como *wokismo*; y quienes perdieron el trabajo culpaban a las políticas globalizadoras, con cierta razón, de su empeoramiento. Trump supo escuchar tal clamor y articuló su primera campaña electoral enfrentándose a la deriva integradora del liberalismo y estigmatizando el aperturismo industrial de la globalización.

El sistema democrático que abrazaban los *baby boomers* se debatió por la generación *X* y es cuestionado por los *millenials*, que priorizan seguridad y eficacia por encima de libertades individuales. En este contexto se entiende la elección democrática de presidentes como Trump, Meloni, Orbán, Miley, Bukele, Kast o Asfura, en lo que parece ser una implícita aceptación de que más vale un buen dictador que una mala democracia. También puede explicarse como respuesta social al hartazgo que para amplias capas de la población supone la demagógica democrática que prima los derechos de las minorías sobre la voluntad de la mayoría. Aún más, el hecho de que sean reelegidos y su popularidad aumente indica que una parte significativa de la población prefiere ese modelo de gobierno, aun cuando presente rasgos de tendencia absolutista. John Mearsheimer avisó de esta deriva cuando en *El gran desengaño* afirmó: "No cabe duda de que el liberalismo y el nacionalismo pueden coexistir, pero cuando entran en conflicto, el nacionalismo casi siempre vence".

En el ámbito económico, por más que Trump evoque la figura de Reagan, su propuesta de *America First* supone un retorno a lógicas nacionalistas y proteccionistas en clara oposición a los principios que venían guiado la política exterior estadounidense, surgida con las *reaganomics*, relativas a la liberalización del comercio internacional y cuanto ello implica. Desde la óptica trumpista, la globalización no es percibida como algo universalmente beneficioso, sino como un proceso retrógrado en tanto en cuanto ha propiciado una revolución geopolítica y geoeconómica que ha beneficiado a terceros países en perjuicio de Estados Unidos. En la reconfiguración del orden internacional a raíz de la guerra de Ucrania, la debilitada democracia liberal está siendo sustituida por modelos autoritarios. En un mundo desnortado, los Estados Unidos de Trump siguen políticas antagónicas con su tradición liberal, Europa parece condenada al papel de aristócrata venido a menos, y China consolida su hegemonía como potencia mundial.

4.2. Europa como utopía de futuro.

4.2.1. La aristocracia venida a menos.

El jardín de los cerezos (1904) fue la última obra teatral escrita por Anton Chekhov, y en ella trata la decadencia de la aristocracia rusa y las dificultades de esa clase social para adaptarse a las nuevas circunstancias en un mundo que ha cambiado. La protagonista es Ranevskaia, una aristócrata arruinada que se niega a admitir la realidad; "todo se arreglará, ya verás", es el mantra que repite de forma recurrente; será Lopakhin, hijo de los antiguos siervos, quien finalmente compre la casa y tale los cerezos porque "el jardín es hermoso, pero no da ingresos".

La economía europea, que en la década de 1980 competía de igual a igual con Estados Unidos y aventajaba claramente a China, atraviesa un período de cuestionamiento profundo sobre su fortaleza interna y su protagonismo en el escenario internacional. Ha visto reducido, en términos relativos y globales, su peso geopolítico y geoeconómico, y en tan solo dos generaciones ha perdido más de la mitad de su potencial económico global. Esta realidad resulta más preocupante al constatar que en ese mismo período Estados Unidos ha mantenido un crecimiento estable y China lo ha multiplicado por diez. El viejo continente es percibido por estos dos países como un bloque en decadencia al estar anclado en un modelo económico obsoleto, propio de otros tiempos. Razones tienen para pensarlo; el proceso que nos ha conducido a este escenario es multicausal y el enfoque interpretativo —en la quimera de que aún pueda revertirse la situación— debe ser necesariamente holístico al tratarse de la interacción de factores económicos, demográficos, regulatorios, culturales y tecnológicos.

Entre las causas del deterioro destacan, fundamentalmente, el "buenismo" legislativo que socava los cimientos del Estado-nación, los abusos del Estado del bienestar que empobrecen a las clases medias, la dependencia económica y militar que nos supedita estructuralmente a Estados Unidos, una debilidad financiera que condiciona la capacidad operativa en el panorama mundial y, por último, una legislación energética en absoluto competitiva. Todos estos factores, en conjunto, configuran un escenario de desunión y declive hegemónico difícil de frenar sin una reestructuración profunda de su política económica, deriva social y estructuras institucionales.

La arrogancia europea daba por sentado que su relación estratégica con Estados Unidos era inalterable e incondicional, pero la redefinición de los vínculos transatlánticos de Donald Trump ha reposicionado al viejo continente en el lugar que verdaderamente le corresponde. El asunto primordial, capital, que ocupa y preocupa al reelegido presidente, su prioridad absoluta en política internacional, es China y por derivación la región Indo-Pacífico; Europa le interesa o le preocupa tan solo en un segundo o tercer nivel. En su intervención ante la Asamblea General de las Naciones Unidas el 23 de septiembre de 2025 afirmó que las naciones europeas "se están yendo al infierno".[159] El Documento de Estrategia Nacional —noviembre de 2025— incluye una sección titulada "Promover la grandeza europea"; en este apartado se afirma que, siendo grave "el declive económico" de Europa, "queda eclipsado por la perspectiva real y aún más contundente de un borrado civilizatorio".[160] Ello es debido a que las políticas migratorias "están transformando el continente y generando conflictos, censura de la libertad de expresión y supresión de la oposición política, tasas de natalidad en caída libre y una pérdida de identidades nacionales y de autoconfianza", concluyendo que si Europa continúa con la actual tendencia migratoria, "el continente será irreconocible en 20 años o menos". En entrevista concedida a *Politico*, Trump afirmó que Europa era "débil y decadente" porque sus líderes son "muy políticamente correctos" y "no saben qué hacer"; en definitiva, "Europa está siendo destruida".[161]

Otros aspectos estructurales por los que, a juicio de Trump, Europa no podrá desempeñar un papel hegemónico en el futuro son las políticas sociales que condicionan la cohesión social del continente, y una sociedad excesivamente centrada en la preservación del Estado del bienestar; condicionantes que imposibilitan la competencia en un entorno global cada vez más exigente. A ello se suman una economía europea marcada por el bajo crecimiento y el estancamiento de la productividad, sin olvidar las persistentes divisiones políticas entre los Estados miembro. Todos estos factores hacen de Europa un espacio político lastrado por irresolubles problemas estructurales y de unidad interna impidiendo, entiende Trump, mantenerse como potencia hegemónica en el futuro orden mundial que se está configurando. Sus gestos de distanciamiento, por ejemplo los desplantes a raíz de la guerra de Ucrania, reflejan la valoración estratégica que nos otorga. Entiende que la crisis europea ha alcanzado un punto sin retorno, y en la cosmología trumpista no solucionar un problema implica ser parte de él.

Con el descubrimiento de América, Europa se convirtió en el centro político, económico y cultural del mundo. Tras la Segunda Guerra Mundial la hegemonía global se trasladó de las viejas potencias europeas a Estados Unidos, que emergió como nación hegemónica, garante de la seguridad occidental, y eje alrededor del cual giraría el nuevo orden mundial. Un episodio revelador de esta nueva realidad fue la crisis de Suez en 1956, cuando el Reino Unido y Francia intentaron, junto a Israel, derrocar al presidente egipcio Gamal Abdel Nasser tras nacionalizar el canal. Londres y París, convencidos de que continuaban siendo grandes potencias, llevaron a cabo una intervención militar unilateral sin consultar a Washington. Estados Unidos se opuso frontalmente a la operación y presionó para que se detuviera. La vergonzosa retirada europea evidenció que, en el nuevo orden mundial, este tipo de decisiones cruciales se tomaban en el Pentágono.

Similar situación vuelve a repetirse con la guerra de Ucrania y el rechazo ruso a considerarnos posibles mediadores. Vladimir Putin responsabiliza a la OTAN del inicio del conflicto por su política expansiva desde la unificación alemana, los acuerdos de asociación con Ucrania y las repetidas sanciones tras la anexión de Crimea en 2014. Los líderes europeos han rechazado tal interpretación, pero resulta innegable que algunas decisiones europeas fueron erróneas en sus cálculos y no exentas de cierta torpeza diplomática, presente y pasada. En materia de defensa Europa continúa subordinada a la OTAN, pero Estados Unidos actúa con total autonomía. La fragmentación de los ejércitos nacionales y, de forma muy especial, la falta de inversión en industria militar propician la dependencia de Estados Unidos, reduciendo la capacidad de acción soberana de Europa y comprometiendo su estabilidad futura.

Ucrania y Gaza han puesto de manifiesto las limitaciones defensivas y diplomáticas de Europa para influir en acuerdos de alto fuego. Hasta ahora, soslayó la siempre impopular inversión en defensa refugiándose en la seguridad del paraguas estadounidense. "Lo que estamos viviendo es la muerte cerebral de la OTAN", manifestaba Macron en noviembre de 2019 en entrevista a *The Economist*,[162] y aquella situación se ha traducido en una clara insolvencia internacional. El ninguneo diplomático de Putin, excluyendo a Europa de las negociaciones con la aquiescencia de Trump, refleja la pérdida de influencia geopolítica europea en los grandes asuntos globales. Además de los motivos expuestos, el rechazo europeo a eventuales cesiones territoriales también condiciona su papel mediador. De igual forma, el consentimiento implícito de las masacres en la guerra de Gaza, amparándose en un degradante *déjà vu*, la han inhabilitado como autoridad moral internacional.

Actualmente la política de defensa europea pivota en torno a la guerra de Ucrania y, cada día con mayor intensidad, a un hipotético ataque ruso. Un básico recorrido histórico desvela que en 1914 Rusia atacó Prusia Oriental, que en 1939 libró la guerra de Invierno con la invasión de Finlandia y ese mismo año el Pacto Molotov-Ribbentrop dividió Polonia entre Alemania y la URSS, que un año más tarde (1940) se anexionó los estados bálticos, y durante el período soviético intervino en países de su órbita para sofocar levantamientos anticomunistas. Pero no es menos cierto que Rusia ha sido invadida repetidamente por las principales potencias occidentales durante los últimos dos siglos, y desde hace tiempo ha solicitado establecer una zona de seguridad entre su territorio y las potencias occidentales. Rusia nunca ha querido una confrontación con la OTAN y así lo ha manifestado repetidamente. Lo dejó claro en el Acta Fundacional OTAN-Rusia de 1997, que buscaba establecer una nueva era de cooperación y seguridad entre la OTAN y Rusia con el compromiso de no verse como enemigos y trabajar juntos por una paz duradera en Europa.

A finales de noviembre de 2025, el mismo día que Macron anunciaba la puesta en marcha del servicio militar voluntario en Francia,[163] Putin se mostró dispuesto a formalizar oficialmente que Rusia no atacará a Europa "documentándolo como [las naciones europeas] quieran".[164] También afirmó que quienes pregonan que "resulta necesario fortalecer el potencial de defensa" porque "Rusia se prepara para atacar Europa", únicamente "intentan mejorar sus índices de popularidad [o] sirven a los intereses de la industria armamentística". En sus declaraciones durante esta rueda de prensa tras visitar Kirguistán, Putin respondía al ministro alemán de exteriores Johann Wadephul, quien en el Foro de Política Exterior de Berlín afirmó que "nuestros servicios de inteligencia nos dicen con urgencia que Rusia está creando al menos la opción de una guerra contra la OTAN a más tardar en 2029".[165] Apenas una semana después, en su intervención en un foro de inversión en Moscú, Putin afirmó que, en el conflicto ucraniano "los europeos están molestos por haber sido excluidos de las negociaciones, pero […] ellos mismos se han apartado, ha sido una iniciativa suya", asegurando que "no tienen un programa de paz, están del lado de la guerra", para concluir, "no tenemos intención de ir a la guerra con Europa, pero si Europa quiere y empieza, estamos listos".[166] Estas manifestaciones fueron interpretadas como una suerte de amenaza rusa por los medios de comunicación y, aunque en la esfera política se reaccionó con mesura, no faltó quien denunció la hostilidad de Moscú mediante ciberataques, sabotajes y acciones encubiertas.

En este contexto la supuesta amenaza, la simple posibilidad de un ataque ruso, ha servido de coartada para justificar un aumento masivo del gasto militar, que de otro modo sería difícil de explicar ante la opinión pública. La demanda estadounidense para que Europa dedique el 5% de su PIB a inversiones en defensa se ha convertido en una suerte de incuestionable mantra político. Los líderes europeos, también Trump, saben que ninguno de ellos alcanzará tal objetivo —Estados Unidos dedica en torno al 3,5% de su PIB—, aunque como buenos jugadores de póker insisten en que así será. Los motivos para ello tienen una dimensión política, se satisfacen las demandas de Estados Unidos evitando el riesgo de un endurecimiento en las relaciones bilaterales; otra militar, mostrar ambición militar es una forma de ocultar la dependencia real; y, por último, simbólica, Europa necesita mostrarse como un actor serio en la nueva reordenación geopolítica.

No está mal de cara a la galería, pero la posibilidad de que Putin lance contra Europa un ataque al modo del ucraniano resulta disparatada, tal como he mencionado en otro capítulo. Los ataques de Putin contra Occidente no buscan anexiones territoriales, pero sí debilitar la cohesión interna de Europa. Para ello promueve divisiones como forma de evitar acciones unitarias, y socava la legitimidad institucional cuestionando implícitamente el modelo democrático liberal. Ese tipo de guerra no requiere armamento convencional; sus batallas se libran manipulando procesos electorales —correos de Hillary Clinton—, alimentando insurrecciones locales —referéndum catalán— o subvencionando cualquier descontento social —movimientos anti-OTAN y chalecos amarillos—; también lanza ataques informáticos —MacronLeaks— y desarrolla políticas de desinformación mediática utilizando las emisiones de Sputnik y el canal televisivo RT.

Las verdaderas intenciones de los gobiernos europeos en su insistencia para aumentar el gasto armamentístico bien pudieran relacionarse con la intención de potenciar la OTAN y reactivar la economía. La defensa es uno de los pocos asuntos en que Europa muestra unidad e invirtiendo más en armamento se refuerza el protagonismo de la OTAN en detrimento de la dimensión económica de la CE; es decir, el organismo económico queda supeditado al militar. Al mismo tiempo, el gasto militar puede convertirse en una palanca económica para dinamizar sectores industriales de alto valor añadido. Invertir en industria armamentística podría funcionar como un instrumento de estímulo económico si el grueso de la inversión se destina a producción propia dentro de la Comunidad Europea, y no a la adquisición de material estadounidense. Reactivar la industria militar europea generaría empleo, impulsaría la innovación tecnológica y fortalecería la autonomía económica y militar europea respecto a Estados Unidos. De acuerdo a la Agencia Europea de Defensa, el gasto total en defensa de los Estados miembros de la Comunidad Europea se incrementó un 19% respecto a 2024 alcanzando una cifra de 343.000 millones de euros, estimando que se alcanzarán los 381.000 millones en el 2025.[167]

Invertir en defensa también pudiera resultar beneficioso para Europa en otros ámbitos del nuevo contexto geopolítico. La obsesión de Trump por China y el control Indo-Pacífico implica "descuidar" el Atlántico y el Polo Norte, que se perfila como futura comercial ruta de Asia hacia Europa. En ese escenario, la OTAN podría jugar el papel de aliado necesario para contrabalancear la hegemonía de China y Rusia en esa área; un papel similar al que juega Israel en el Medio Oriente de los países musulmanes.

Con independencia de necesidades bélicas o económicas, el discurso del rearme se ha impuesto como una narrativa incuestionable que guía las prioridades de la Europa contemporánea. El 10 de septiembre de 2025, Ursula von der Leyen proclamaba en el Parlamento Europeo que "el mundo mira a Europa y Europa está lista para liderarlo".[168] Se trataba, entiendo, de una proclama retórica con el propósito de proyectar la imagen de estar preparados para asumir un papel protagonista en el nuevo panorama internacional, aspirando a enmendar que Europa haya reaccionado tarde y de forma descoordinada a los problemas internos y externos que se le plantean. Su peso específico es menor del que sus dirigentes proclaman y el significado de la frase de von der Leyen, en terminología saussureana, refleja el desajuste entre las aspiraciones europeas y su influencia real en el panorama político actual.

4.2.2. Los errores se pagan.

Durante décadas Europa ha ignorado las advertencias relativas a su excesiva dependencia de Estados Unidos. Los europeos vivíamos convencidos de que la ventajosa asociación era imperecedera, y que los estadounidenses nunca exigirían contraprestaciones insalvables. Esta percepción descansaba en la premisa de que la política estadounidense era estable, previsible y, sobre todo, proeuropea. El referéndum del Brexit en 2016 fue un punto de inflexión, pues reveló algunas realidades que Europa se negó a ver durante años. La salida del Reino Unido evidenció que la cohesión interna era tremendamente frágil y que los problemas migratorios e identitarios tenían más peso social que los asuntos económicos. La deserción británica brindaba a Estados Unidos una nueva plataforma de influencia en Europa y la Comunidad Europea dejaba de ser imprescindible para ellos, sobre todo en un contexto en el que Washington comenzaba a mirar hacia otros escenarios geopolíticos más dinámicos.

En las últimas elecciones presidenciales estadounidenses, gran parte de los líderes europeos apostaron por la continuidad de Joe Biden convencidos de que la primera presidencia de Trump había sido una simple anomalía histórica. Los resultados no fueron los esperados, pero convendría no olvidar que Trump, con sus abruptas formas, simplemente ha amplificado unas tendencias en el momento que Europa está más debilitada y dividida que nunca. La cuestión de fondo venía apuntándose incluso desde George Bush Jr. La Administración de este presidente ya subrayó la importancia creciente de Asia con declaraciones como "la región Asia-Pacífico es de vital importancia para Estados Unidos,[169] o "nuestro futuro está cada vez más ligado al Pacífico".

Con frecuencia se señala a Trump como el presidente que ha reorientado las prioridades geopolíticas estadounidenses hacia la región Asia-Pacífico o Indo-Pacífico. Sin embargo, fue Barack Obama el primero en impulsar tal giro estratégico, conocido como *Pivot to Asia* o *Rebalance to Asia*, en el 2011. En *Avanzar en el reequilibrio hacia Asia y el Pacífico*[170] se afirmaba que el área Asia-Pacífico concentraba "casi la mitad de la población de la Tierra, un tercio del PIB global y algunas de las fuerzas militares más capaces", y se anunciaba un cambio de estrategia que colocaba a China como nación de actuación prioritaria para Estados Unidos. Hillary Clinton, como secretaria de Estado, formuló de manera evidente este desplazamiento geopolítico. En su influyente artículo "El siglo del Pacífico para Estados Unidos" escribió que "el siglo XXI estará decidido en Asia, no en Afganistán o Irak, y Estados Unidos estará en el centro de los acontecimientos".[171] Se trata de la misma propuesta ya formulada en un discurso pronunciado en Hawái en 2010 cuando afirmó que "el futuro de Estados Unidos está ligado al futuro de la región Asia-Pacífico, y el futuro de esta región depende de Estados Unidos".[172] Estas afirmaciones, además de anticipar un nuevo mapa de prioridades, ponían de manifiesto que Europa dejaba de ser región preferente en el proyecto global de los Estados Unidos.

Pese a ello, Europa continuó actuando como si el vínculo transatlántico fuera inalterable, y sin querer ver la verdadera dimensión de la crisis financiera del 2008. Asia contaba más que Europa para Estados Unidos; no era solo China, también India, Corea del Sur, Indonesia o Vietnam concentraban gran parte del crecimiento global convirtiendo la zona en el epicentro económico del mundo. La desigualdad se ha incrementado al concentrarse, también en esa zona, la innovación tecnológica que marcará el devenir a lo largo de este siglo. Frente al dinamismo oriental, Europa aparece envejecida, estancada económicamente, atrapada en debates internos y constreñida por una ingente reglamentación burocrática.

Al igual que la guerra de Ucrania ha puesto de manifiesto la dependencia europea de Estados Unidos en materia de defensa, y la de Irán la fragilidad económica occidental, la crisis financiera de 2008, desencadenada tras la quiebra de Lehman Brothers, desveló la dependencia financiera. Lo que comenzó como una implosión del mercado hipotecario estadounidense,, transformó de forma irreversible la trayectoria económica y política de Europa y reveló las debilidades sistémicas en la zona euro. Los bancos europeos estaban fuertemente expuestos a activos tóxicos y derivados vinculados al mercado hipotecario estadounidense y sus flaquezas financieras eran mucho más profundas que al otro lado del Atlántico. La falta de liquidez afectó gravemente a entidades bancarias obligando a los gobiernos a intervenir con rescates masivos. Estados Unidos respondió con una contundente acción coordinada inyectando liquidez y aplicando políticas monetarias agresivas; Europa, por el contrario, mostró indecisión, lentitud y divisiones entre Norte y Sur. El PIB alemán cayó un 6,7%, el italiano un 5,9% y el británico un 4,1%. La media en la zona euro fue de un 4,5% y en España la caída acumulada en el período entre 2008 y 2013 fue del 9%.[173]

Estados Unidos recuperó su crecimiento antes de 2012, pero Europa quedó atrapada en lo que se ha bautizado como "década perdida". Entre 2007 y 2017, la zona euro creció apenas un 5% acumulado, mientras que en el mismo período Estados Unidos creció un 34%.[174] El contraste entre la rápida recuperación estadounidense y el estancamiento europeo evidenció que Europa carecía del dinamismo institucional necesario para hacer frente a crisis sistémicas, y también a los problemas derivados de la inexistencia de una arquitectura económica común en la eurozona. El sistema financiero europeo era tan vulnerable como el estadounidense, pero estaba peor coordinado y dependía de decisiones nacionales poco sincronizadas. Según el Banco Central Europeo (BCE), en los años 2008 y 2009 los flujos de capital entre países de la Comunidad Europea se redujeron drásticamente, lo que amplificó el problema.[175] Se compartía una misma moneda, pero se carecía de un gobierno fiscal y económico que actuara de forma coordinada.

Tras la banca llegó la crisis de la deuda pública, especialmente en el sur de Europa. Se acuñó el acrónimo PIGS (cerdos) para englobar a Portugal, Italia —más tarde también Irlanda—, Grecia y España, golpeadas con especial dureza porque, pese a su aparente solidez, el sistema bancario europeo era altamente vulnerable. El BCE debió superar su inicial reticencia para intervenir impulsando medidas extraordinarias como las LTRO (Operaciones de Financiación a Largo Plazo) prestando dinero a bajo interés y largo plazo, comprando deuda soberana a países en crisis sin limitaciones con programas como el OMT (Transacciones Monetarias Directas); y, por último, adquiriendo bonos de deuda pública y corporativa para abaratar el crédito y estimular el crecimiento inyectando liquidez a las economías con las *Quantitative Easing* (Expansión Cuantitativa).[176]

El impacto de la quiebra de Lehman Brothers fue el primer síntoma serio del debilitamiento del liderazgo europeo en el escenario internacional. No solo interesó el universo financiero que debilitó económicamente a Europa, el aumento del desempleo con tasas superiores al 25% en países como Grecia y España, alcanzando picos por encima del 50% entre los jóvenes, acarreó consecuencias políticas e institucionales que marcarían el escenario político. Se vivió una década de austeridad y recortes que derivaron en tensiones sociales y deterioraron la confianza ciudadana en el proyecto europeo, propiciando la aparición de partidos populistas euroescépticos escorados a izquierda y derecha del mapa político. Además del ascenso del histórico Frente Nacional en Francia, partidos de nuevo cuño fueron *Syriza* en Grecia, el *Movimento 5 Stelle* en Italia, Podemos en España, *United Kingdom Independence Party* (UKIP) en el Reino Unido, *Alternative für Deutschland* (AfD) en Alemania... junto al incremento de otros movimientos radicales en toda Europa.

4.2.3. Del "buenismo" cultural a las culturas del rechazo.

El nacimiento de los grupos nacionalistas poco tiene que ver con la dependencia militar y económica que se ha venido tratando; surgieron como reacción a políticas europeas de emigración, especialmente la musulmana, en oposición a lo que ha venido en denominarse "buenismo". "Buenismo" es la etiqueta valorativa utilizada por quienes consideran que las políticas migratorias europeas han provocado una serie de desajustes sociales de compleja resolución por ser demasiado permisivas e ingenuas en su normativa irracionalmente garantista. Los mayores recelos se tienen contra quienes no logran integrarse en la cultura europea de raíz judeo-cristiana.

Hablar de inmigración es un asunto tremendamente resbaladizo y existe el riesgo de ser acusado de islamófobo al tratar la singularidad cultural musulmana. En ese sentido deseo enfatizar que el fenómeno religioso no me interesa desde su dimensión doctrinal ni por el contenido espiritual de las creencias. Su inclusión en este estudio se ciñe exclusivamente a su función como referente cultural que ha dado forma a civilizaciones enteras estructurando sociedades, estableciendo instituciones, orientando comportamientos colectivos, y que continúa condicionando la capacidad de cohesión de las sociedades contemporáneas. Entiendo por "cultura" el entramado histórico de valores, creencias, normas y estructuras sociales que configuran la identidad de una comunidad nacional. En otras palabras, un armazón construido a lo largo del tiempo mediante un proceso histórico continuo que integra memoria histórica, valores morales e instituciones sociales, conformando el marco fundamental por el que las sociedades interpretan la realidad y organizan su vida común.

El propósito no es denunciar ni detectar manifestaciones singulares de rechazo en subgrupos o escenarios y contextos específicos, y por ello la necesidad de utilizar trazos gruesos sin matizaciones ni variaciones pertinentes entre zonas, países y lugares; tal escenario propiciará, sin duda, la polémica por las imprecisiones de ello derivadas.

Este trabajo entiende la inmigración como una pieza más dentro de una estructura analítica mucho más compleja, que incluye factores demográficos, económicos e institucionales. En tal contexto, la distinción entre inmigración regular e irregular resulta secundaria, pues lo relevante es analizar el impacto que tendrá en Europa la incorporación de un grupo humano con referencias culturales propias ajenas al liberalismo occidental, y las implicaciones sociales, identitarias y estructurales que generará la presencia estas comunidades. Con frecuencia, los factores económicos, socio-culturales, demográficos y simbólicos relativos a estos grupos son tratados de manera simplista tanto por sus detractores como por sus defensores. En absoluto se pretende sobredimensionar el hipotético "peligro cultural", en terminología de Samuel P. Huntington; el objetivo es entender por qué la transformación interna de Europa, combinada con tendencias globales imparables, estaría conduciendo al continente a la irrelevancia en la resolución de asuntos globales.

Los procesos de integración cultural de los distintos grupos migratorios son profundamente desiguales según su origen y cultura de referencia. La inmigración procedente de fuera de las fronteras europeas presenta dificultades de integración, en especial los colectivos procedentes de países musulmanes. Numerosos estudios señalan que este grupo plantea singulares retos de integración, especialmente en lo relativo a la (in)compatibilidad entre determinadas prácticas religiosas, valores sociales y los principios normativos de las sociedades europeas de acogida. Las relaciones entre las comunidades musulmanas y cristianas en Europa están contribuyendo a la aparición de nuevos marcos de convivencia, gobernanza y gestión del pluralismo religioso-cultural. Confundir integración y asimilación bien pudiera estar en la raíz del asunto. La asimilación supone la pérdida o disolución de los valores culturales de origen, mientras que la integración implica la aceptación de los valores fundamentales de la sociedad de acogida sin necesidad de renunciar por completo a la identidad cultural propia. La población de origen musulmán no logra integrarse en el sistema de valores occidentales, generando lo que ha venido en acuñarse como "culturas del rechazo". Los motivos pueden ir desde la concentración demográfica en barrios marginales hasta la discriminación laboral respecto a los autóctonos. También pudiera dificultar su integración social la imagen decadente de la sociedad occidental, que ellos ven como un proceso de descomposición ética y corrupción moral, en tanto en cuanto ciertos derechos garantizados chocan con sus principios religiosos. De no revertirse tal situación, desaparecerán de las identidades políticas tradicionales, desde los históricos referentes simbólicos comunes de los europeos o la cohesión cultural de raíz judeo-cristiana, hasta el modelo de Estado-nación propio de sociedades liberales y democráticas.

Resulta evidente que la inmigración es esencial para el funcionamiento del sistema económico europeo, pero al mismo tiempo se le culpa de causar desempleo, inseguridad, delincuencia, e incluso del deterioro del Estado del bienestar. Se pretende que los inmigrantes sean invisibles, pero el acelerado envejecimiento de la población y la baja natalidad los hace indispensables para el funcionamiento de nuestro Estado del bienestar. La emigración en absoluto supone un peligro económico o laboral por privar de puestos de trabajo a los autóctonos, más bien todo lo contrario, son la solución. Sin ellos no se realizarían los trabajos rechazados por la hiperprotegida población laboral autóctona, los más duros y peor pagados en sectores esenciales como la agricultura o construcción; incluso asuntos eminentemente domésticos, como la atención a los mayores, colapsarían sin la presencia de población inmigrante. Además, la recaudación fiscal disminuiría y el crecimiento económico, en términos generales, se vería seriamente afectado.

Los desajustes sociales que provoca la inmigración son culturales y no económicos, con implicaciones políticas de primerísimo orden al plantear cuestiones relativas a la identidad colectiva, la cohesión social, la percepción de seguridad y la capacidad de las instituciones para integrar a poblaciones diversas. En el imaginario colectivo de la izquierda, las políticas migratorias basadas en la restricción de derechos o en la devolución de inmigrantes suelen interpretarse como un proceso de desdemocratización; los grupos conservadores, en cambio, defienden la necesidad de preservar las estructuras formales de la democracia mediante una adaptación de la legislación a nuevos contextos sociales descritos como posdemocracia. En este sentido, es posible establecer un paralelismo, desde un punto de vista estrictamente sociológico, entre el desafío de integración que afronta la sociedad estadounidense con la población emigrante de Centro y Sudamérica y el que afrontan muchas sociedades europeas con la inmigración de origen musulmán. Estos grupos llegan con tradiciones, valores y referencias culturales distintas a los modelos dominantes del país receptor, generando fricciones y rechazos mutuos.

Desde que Robert E. Park formulara el ciclo de las relaciones raciales en *Raza y cultura* (1950), se han sucedido los estudios sobre las relaciones interculturales migratorias. Unificando teorías llego a discernir cuatro niveles: rechazo —el migrante experimenta una negación absoluta de la cultura receptora—, adaptación —el migrante aprende y adopta algunas prácticas indispensables para funcionar en la sociedad receptora—, integración —implica un proceso en que el migrante reconoce los beneficios de la sociedad receptora sin abandonar su cultura—, y asimilación —el migrante adopta como propia la cultura de la sociedad receptora—. El conflicto surge porque una parte de la sociedad receptora exige la asimilación cultural cuando algunos de sus principios, como los matrimonios homosexuales o políticas de género, son entendidos como degeneración moral por la cultura migrante. En este sentido, la inmigración musulmana genera mayor controversia y está sometida a una mayor atención porque la diferencia cultural es más profunda. ¿Hasta qué punto la cultura islámica es antagónica con los principios liberales?

Democracia y libertad conforman, junto a la propiedad privada, los cimientos de las sociedades liberales. La relación entre ambos preceptos es compleja y, pese a reforzarse mutuamente, una no implica automáticamente la presencia de la otra, ni son conceptos idénticos ni necesariamente coincidentes. La primera tiene carácter social, la segunda individual. La democracia alude al sistema político de participación ciudadana como expresión de la voluntad popular en la elección periódica de representantes políticos. La libertad, por su parte, implica una complejidad mucho mayor en tanto en cuanto tiene que ver con derechos individuales, ya sean políticos, económicos o sociales, que pueden existir en distintos regímenes, incluidos aquellos que no cumplen plenamente con los criterios democráticos. El Franquismo, por ejemplo, fue una dictadura política, pero, al mismo tiempo, era garantista en cuanto a la libertad económica y empresarial individual. Del mismo modo, existen democracias como la rusa o la venezolana que, pese a celebrar elecciones, presentan importantes carencias en materia de libertades.

Jenofonte expresa de forma meridianamente clara la diferencia entre ambos conceptos en la *Constitución de los lacedemonios* sobre Esparta. Para él, las libertades de la democracia ateniense se traducían en indisciplina e inestabilidad que, en última instancia, causaron su declive. Los ciudadanos espartanos, por el contrario, que vivían bajo los dictados de una *gerusía* o Consejo de Ancianos, eran más libres que los atenienses porque, pese a no participar en las decisiones políticas, eran claros exponentes de "libertad moral" al estar dispuestos a sacrificar lo individual en beneficio de lo colectivo. Jenofonte no entiende la libertad como igualdad, sino como autodisciplina y obediencia.

Europa no distinguió entre democracia y libertad, ni supo prever que convivir bajo un marco común de normas y derechos implicaba algo más que ofrecer acogida para cubrir puestos de trabajo. La bandera de la tolerancia cultural fue patente de corso para permitir prácticas y usos antagónicos con las libertades individuales conseguidas tras siglos de luchas. No se exigió que los migrantes, sin necesidad de renunciar a su identidad de origen, adoptaran, respetaran y asumieran plenamente las reglas, valores y leyes que sostienen el liberalismo democrático como vía de integración —que no asimilación—. Las instituciones y gobiernos se limitaron a garantizar derechos sin considerar que debían acompañarse de la aceptación efectiva de los principios fundamentales de la sociedad europea, en el ensueño de que el sistema de libertades y derechos individuales lograría por sí solo la integración. En el mismo sentido se expresó Chistopher Caldwell en *La revolución europea: cómo el islam ha cambiado el Viejo Continente* (2009) al afirmar que Europa subestimó el impacto cultural de la inmigración musulmana. En cualquier caso, el paisaje demográfico ha cambiado considerablemente en las últimas décadas y, cuando el ritmo de cambio es elevado y las instituciones no encauzan el proceso, surgen los temores identitarios que son el caldo de cultivo para los populismos de uno y otro signo.

Unos admiten la necesidad de inmigrantes, pero sin que nada cambie; quieren trabajadores, pero no vecinos ruidosos; defienden la economía abierta, pero con identidades cerradas. Otros no entienden que una llegada masiva mal gestionada o excesivamente rápida siempre genera tensiones culturales en cualquier sociedad, y que los cambios bruscos son percibidos como una amenaza, semilla de nacionalismos excluyentes y discursos xenófobos. Olvidan, en definitiva, que Europa era cristiana incluso antes de ser Europa, y en un par de generaciones no se pueden erradicar por decreto principios ni sentimientos arraigados durante siglos.

No puede atribuirse únicamente a las administraciones la responsabilidad por no haber sabido encauzar los retos que plantea la emigración, ni impulsado políticas de integración. También la propia dinámica interna de los grupos —tanto del colectivo migrante como de la sociedad receptora— ha contribuido a esa falta de integración. La concentración demográfica en barrios segregados, condiciones laborales diferenciadas, fidelidad incuestionada a la cultura de origen, la inexistencia de espacios de interacción cultural o la falta de programas para fomentar el aprendizaje del idioma y tradiciones de la cultura receptora han favorecido el distanciamiento y la creación de espacios sociales paralelos. Estos factores, unidos a las diferencias con la cultura de origen, propician el desencuentro entre comunidades y levantan fronteras invisibles que dificultan la cohesión social.

Tomando como referencia los datos de Eurostat del año 2024[177] y el Pew Research Center —aunque sus datos se retrotraen a 2017—, de los aproximadamente 450 millones de personas en la Comunidad Europea, unos 45 millones, el 10%, nacieron fuera de Europa. En cuanto a los nacidos en Europa de familias migrantes no se dispone de cifras concluyentes, pues muchos censos nacionales con políticas laicas entienden que registrar la religión implica discriminación y no recogen tal guarismo. En cualquier caso, se estima en torno al 15% la población europea es nacida u originaria de países fuera de la Unión. En lo referente a la población de origen musulmán —fundamentalmente turcos, magrebíes y subsaharianos— se estima en torno a un 5% del total. Este porcentaje puede inducir a engaño, pues las diferencias entre países son abismales. En Francia, Bélgica y Suecia, por ejemplo, se aproximan al 10% de su población —según otras estadísticas lo han superado—, mientras que en países del Este como Hungría, Polonia o República Checa no llegan ni al 0,3%.

Además de la concentración espacial, que facilita la pervivencia cultural, deben tenerse en cuenta dos factores determinantes; por una parte, el crecimiento vegetativo muy superior al de la población europea autóctona, y la continua llegada de migrantes de la misma cultura. En países como Alemania, Francia o Bélgica estamos asistiendo a una suerte de oligantropía caucásica, pues entre el 25% y 40% de los nacimientos totales corresponden a madres nacidas fuera de Europa; la tasa de fertilidad de las mujeres de origen magrebí es de 2,5-3,0 hijos por mujer, las turcas en Alemania entre 2,00-2,3 y las del África subsahariana entre 3,5-4,0, índices todos ellos muy superiores a las europeas con una tasa entre 1,2-1,6 hijos, lejos del 2,1 necesario para mantener niveles estables de población. Según Eurostat,[178] en 2022 Europa recibió 5,1 millones de emigrantes y, aunque no se dispone de estudios rigurosos, las llegadas continúan al mismo ritmo. Pese a ser un neófito en estadística demográfica no resulta aventurado predecir que la situación no cambiará mientras África continúe siendo esa "gran trampa de pobreza" como la describió Paul Collier en *El billón más pobre: por qué fracasan los países más pobres y qué se puede hacer para remediarlo* (2007).

Las estimaciones demográficas para predecir el potencial político, social, económico, cultural… de cualquier grupo consideran la combinación de inmigración, natalidad y crecimiento natural (en el caso de Europa se trataría de decrecimiento). El Pew Research Center publicó en 2017 un estudio con proyecciones demográficas sobre la población de origen musulmán en Europa hasta el año 2050 planteando tres escenarios.[179] El primero, sin nuevas llegadas, estimaba que la población culturalmente musulmana alcanzaría alrededor del 7,4% debido a su mayor crecimiento vegetativo; el segundo tomaba como referencia los flujos de los años 2014-2016 y situaba la cifra en torno al 11,2%; el tercero, en un escenario de inmigración alta, podría superar el 14% en 2050. Sin embargo, las llegadas de emigrantes durante la última década indican que el escenario de inmigración alta ha sido superado y todo apunta a que en el 2050 podría acercarse al 20%, triplicando los porcentajes del 2017. Una vez más debe tenerse presente que las cifras presentan promedios europeos y que las diferencias entre países son muy marcadas. Las proyecciones más aceptadas señalan que en Suecia la población de origen musulmán alcanzaría el 30%; en países como Francia, Alemania, Bélgica, o Austria, entre el 18 y 20%; en el Reino Unido el porcentaje podría situarse en torno al 17%; y en los países mediterráneos —Italia, España, Grecia— se aproximaría al 15%. En cambio, en los países del Este de Europa, la inmigración continuaría siendo reducida con porcentajes inferiores al 2%. De acuerdo a las proyecciones de Eurostat en "Population Projections — Baseline and No-Migration Variants",[180] el 80% del crecimiento poblacional europeo esperado hasta el 2050 dependen de la emigración. Esta misma oficina de estadística y el Wittgenstein Centre han estudiado el escenario de *no migration* o *zero inflow* y coinciden en pronosticar que Europa sería el continente con mayor contracción relativa del mundo en un escenario de ausencia de inmigración. En un escenario de emigración 0, Europa perdería alrededor del 9% de su población para 2050 y hasta un 35% para el año 2100; cifras también respaldadas por la ONU, en *Zero Migration Variant*.[181] En tal situación, todos los sistemas de protección social saltarían por los aires, tanto por la falta de mano de obra joven que impulsara la economía como por el notable incremento de la población envejecida, quienes, precisamente, demandan más recursos económicos para servicios sociales como pensiones y sanidad.

Se pone de manifiesto la profunda y al mismo tiempo imparable transformación demográfica en Europa como factor estructural que configurará la Europa del siglo XXI. Además del referido trabajo de Caldwell también resultan sugerentes las teorías de Ernest Gellner en *Naciones y nacionalismo* (1983), en el que trata el tema de la homogeneidad cultural como elemento necesario para el éxito del Estado-nación moderno; Roger Scruton, quien en *La cultura importa: fe y sentimiento en un mundo asediado* (2007) defiende que la civilización occidental basada en la libertad se sustenta en la identidad cultural; y Robert Putnam, que en *E Pluribus Unum* (2007) expone que la diversidad étnica reduce la confianza social y la sociedad tiende a la autodefensa. Más preocupantes son las teorías de Bernard Lewis en *La crisis del islam: guerra santa y terror impío* (2003), quien ve complicada la relación entre el liberal y demócrata Occidente con el islamismo radical que considera aquellos valores incompatibles con su modo de vida. Si de alarmismo se trata los autores referenciales serían Bat Ye'or y su teoría sobre "Eurabia" expuesta en *Eurabia: el eje euro-árabe* (2005), argumentando que Europa está inmersa en un proceso de transformación cultural, demográfica y política debido al crecimiento de la población musulmana. Su influencia en el polémico Michel Houellebecq resulta innegable al prevenir sobre "el gran reemplazo", tal como lo acuñó Renaud Camus en *El gran reemplazo* (2011), por el que la población europea estaría siendo gradualmente sustituida demográfica y culturalmente por poblaciones inmigrantes, especialmente de origen musulmán. Para Houellebecq, "el gran reemplazo no es una teoría, es un hecho", según manifestó a Michel Onfray en la entrevista del número especial de *Front Populaire* (noviembre, 2022), llegando a ser presentado por sus críticos como un provocador por defender que "la única posibilidad de supervivencia sería que el supremacismo blanco se pusiera de moda".[182]

Durante las últimas décadas Europa ha aceptado la llegada incontrolada de emigrantes generando tensiones sociales y conflictos políticos. El "buenismo" mal entendido ha conducido a excesos que implican la negación de los valores de segmentos conservadores. La narrativa progresista liberal germinaba desde la autoridad moral que implica la máxima de proteger a los más desfavorecidos. En Europa, la progresía socialdemócrata ha radicalizado su defensa de las minorías y los derechos individuales y eso ha motivado la reacción de amplios sectores conservadores que se han sentido atacados. En algunas naciones, como España, se ha menospreciado la historia que identificaba a estos grupos con la nación y se consideran retrógrados, cuando no reaccionarios o fascistas, a quienes cuestionan medidas como la posibilidad de cambiar de género años antes de haber alcanzado la mayoría de edad. También han visto cuestionadas sus creencias religiosas con mofas hacia la iglesia católica, la legalización del aborto y el matrimonio homosexual. Todo ello está generando una polarización política que favorece el surgimiento de radicalismos, alimentados por segmentos ciudadanos para quienes la política tradicional no responde a sus inquietudes ni protege sus intereses. La percepción, a menudo manipulada, de inseguridad, como ocurre en el discurso político estadounidense cuando se afirma que "los demócratas son débiles con el crimen", muestra cómo estas narrativas se utilizan para justificar soluciones de tintes autoritarios y antidemocráticos.

De forma análoga a lo ocurrido en Estados Unidos, donde la reacción anti*woke* ha contribuido de manera decisiva al ascenso del trumpismo y al fortalecimiento del conservadurismo populista, en Europa está emergiendo una respuesta similar frente a los movimientos socioculturales de la izquierda radical. Esta reacción, alimentada por percepciones de pérdida de identidad y defensa de determinadas agendas culturales, está favoreciendo el crecimiento de formaciones de carácter ultranacionalista y euroescéptico, como las que integran el grupo Patriotas en el Parlamento Europeo. Los resultados de las elecciones en los últimos años apuntan a un desplazamiento del eje político hacia posiciones más identitarias, soberanistas y euroescépticas. En el documento sobre seguridad estratégica de 2025 en Estados Unidos, el gobierno de Trump se compromete a "ayudar a Europa a corregir su trayectoria actual", respaldando a partidos "patrióticos" afines con el propósito de evitar un futuro en el que "algunos miembros de la OTAN se convertirán en una mayoría no europea".[183]

4.2.4. La perversa encrucijada histórica del vacilante Estado-nación.

El amplio preámbulo sobre la inmigración —y, de manera particular, sobre la procedente de contextos musulmanes— resulta imprescindible para exponer el *Catch-22* en el que se encuentra atrapada Europa. Por un lado, se necesitan inmigrantes para sostener el sistema productivo, compensar el desplome demográfico autóctono y garantizar la continuidad de sectores clave como la agricultura. Pero, al mismo tiempo, esa misma inmigración introduce dinámicas culturales que, en un contexto europeo de cohesión menguante, contribuyen a erosionar los fundamentos del Estado-nación tal como lo hemos conocido hasta ahora. La gran paradoja, tal vez irresoluble, es que aquello que sostiene la economía europea también amenaza su cohesión. Europa depende de la inmigración para sobrevivir económicamente, pero esa dependencia dificulta el mantenimiento de una identidad común necesaria para desempeñar un papel protagonista en la geopolítica mundial.

El Estado-nación moderno se construye sobre los mismos principios que la *polis*, la ciudad-Estado en la antigua Grecia. Ambos modelos se legitiman en sí mismos y germinan desde identidades colectivas compartidas como mitos fundacionales en la *polis*, y narrativas históricas, valores sociales y simbología cultural en el Estado-nación moderno. Más allá de alarmismos y profecías apocalípticas, lo cierto es que la presencia cultural musulmana está trastocando fundamentos estructurales del Estado-nación constitutivo del sistema social liberal democrático.

Locke y Rousseau fueron los primeros en plantear el Estado-nación desde la perspectiva del contrato social. Más próximos a nosotros, Clifford Geertz apuntaba en el ensayo "La revolución integradora: sentimientos primordiales y política civil en los nuevos Estados" (1963) que la identidad nacional se construye sobre identidades culturales profundas ya existentes. Similar aproximación encontramos en Benedict Anderson, quien afirmaba en *Comunidades imaginadas* (1983) que las naciones se constituyen como comunidades imaginadas en la que distintos grupos se perciben como pertenecientes a una comunidad determinada. Para Walker Connor la base del Estado-nación es la etnicidad, y Max Weber defiende que la nación se genera a partir de una comunidad emocional que legitima al estado. En nuestros días Ulirich Beck, Zygmunt Bauman, o Saskia Sassen han teorizado sobre la crisis actual del Estado-nación. Particularmente entiendo que el Estado-nación es el constructo cultural y sociopolítico resultante de comunicarse en un mismo idioma, participar en el mismo proceso histórico, coincidir en los cánones culturales y las simbologías del imaginario colectivo y, en última instancia, aceptar las mismas normas sociales.

Entre las innumerables manifestaciones polémicas de Donald Trump, tuvieron especial resonancia mediática las relativas a la emigración en Europa en la referida entrevista concedida a *Politico*.[184] Según él, "su política de inmigración [de Europa] es un desastre. Lo que están haciendo con la inmigración es un desastre" por permitir la entrada de "millones de personas" sin los controles adecuados, algo que "los hará mucho más débiles [a los países europeos]". También en los Estados Unidos se estaba produciendo tal "desastre, pero yo [Donald Trump] fui capaz de detenerlo". Los líderes europeos, recomendaba, debieran "darse cuenta de lo que hacen a sus países, de que los están destruyendo, de que está llegando gente de fuera que está cambiando su ideología, porque vienen con ideologías totalmente diferentes".

Las declaraciones del presidente estadounidense revelan que los flujos migratorios plantean serios desafíos para la pervivencia de las democracias liberales, pero su interpretación del fenómeno resulta simplificada y, como en él suele ser habitual, interesadamente reduccionista. La emigración está vinculada a dinámicas económicas, demográficas, políticas y culturales tanto en los países de origen como en los de destino. Pretender abordarlo con soluciones de choque, como cierres fronterizos con drásticas prohibiciones, supone ignorar la naturaleza, profundidad y consecuencias del fenómeno. El momento de declive europeo tiene un origen multicausal y no puede atribuirse exclusivamente a la inmigración no regulada, sino a una combinación de factores internos y externos que incluyen las discrepancias entre los países socios, el estancamiento económico, la evolución demográfica, la fragmentación social, la crisis de liderazgo político y los cambios en el equilibrio global de poder, entre otros.

Las declaraciones del presidente americano, formuladas con apariencia de preocupación genuina tienen una intencionalidad eminentemente propagandística y responden, en realidad, a una estrategia populista bien calculada. Trump sabe cómo manejar a los medios de comunicación y era plenamente consciente de la repercusión mediática de sus críticas a la política migratoria europea combinadas con la denuncia de ineptitud de sus dirigentes. Se trata de un asunto que inquieta profundamente a la ciudadanía europea y ha reproducido el mismo patrón discursivo que le permitió fidelizar a amplios sectores del electorado estadounidense. Es plenamente consciente de que los fenómenos migratorios son complejos y no pueden resolverse con medidas simplistas ni soluciones de impacto inmediato. Apela al miedo, la inseguridad, y la pérdida de identidad cultural, aprovechando el clima de desconfianza y preocupación que se ha instalado en buena parte de la sociedad europea. Las recetas que propone, lejos de ofrecer una respuesta efectiva a los desafíos reales, constituyen una impostura más en su repertorio retórico orientado a movilizar emociones y capital político antes que a aportar soluciones viables. Su propósito es conectar con los votantes europeos, reforzando y legitimando su influencia en aquellos partidos de nuevo cuño afines a su orientación ideológica.

La combinación de las teorías de Ernest Gellner y Emmanuel Todd ofrece el marco apropiado para comprender cómo la inmigración de culturas musulmanas tiene efectos profundos sobre la cohesión cultural y la capacidad política de Europa. Ambas teorías coinciden en que la estabilidad del Estado-nación moderno depende de la existencia de una cultura común y, cuando esa base cultural se disgrega, la arquitectura política pierde solidez. Europa se encuentra actualmente inmersa en un proceso de reorganización cultural de incierto futuro.

La conjugación de los marcos analíticos de Gellner y Todd, posibilita el constructo de una teoría del Estado-nación pertinente para la hipótesis aquí defendida. El primero vincula la emergencia del Estado-nación a las exigencias culturales y socioeconómicas de la industrialización; Todd, por el contrario, propone la estructura familiar como semilla antropológica de las organizaciones sociales. Considero relevante introducir un elemento adicional sin el que no puede entenderse la configuración verdadera del Estado-nación europeo: la matriz cultural cristiana. La cultura europea surge y tiene sentido desde la cultura cristiana. Es la familia, tal como defiende Todd, el vehículo de trasmisión de los valores morales propios del cristianismo y, como defiende Gellner, esos valores resultaron imprescindibles para vertebrar la sociedad liberal que surgió durante la industrialización del siglo XIX y se consolidó en el XX.

Como al tratar el islam, la referencia al cristianismo nada tiene que ver con su función espiritual, sino con su carácter cultural y los valores sociales. La historia muestra que la consolidación de los sistemas democráticos liberales se produjo en sociedades moldeadas por el legado moral y cultural del cristianismo. Este legado no explica la democracia por sí solo, pero sí creó las condiciones antropológicas necesarias para su desarrollo. Los principios morales cristianos han marcado el sistema social de valores, la estructura organizativa de poderes, el continuismo identitario, los derechos y obligaciones ciudadanas que han conformado el imaginario colectivo europeo.

En las últimas décadas y de forma simultánea, Europa ha experimentado un proceso de declive demográfico, fragmentación cultural, polarización política, alteración del núcleo familiar tradicional y tremendas dificultades institucionales —cuando no imposibilidad— para alcanzar acuerdos intracomunitarios. En ese contexto, la llegada masiva de inmigración con valores distintos está introduciendo dinámicas que desafían la capacidad integradora del Estado-nación. La identidad nacional se ha diluido y el multiculturalismo reemplaza la homogeneización cultural por la coexistencia de comunidades reacias a integrarse en un modelo social desestructurado, heterogéneo y alejado de sus referencias morales. En Europa, el modelo familiar nuclear tradicional se cuestiona y está siendo sustituido por alternativas que producen rechazo en segmentos de raíz nacionalista entre los autóctonos, y chocan con usos culturales musulmanes; además las estructuras comunitarias son cada vez más débiles, como puso de manifiesto el Brexit. En el vértice opuesto, la población foránea musulmana que llega a Europa se caracteriza por la fortaleza de sus valores éticos colectivos, una coherencia cultural y social en línea con sus principios religiosos, el culto a la tradición, y núcleos familiares tremendamente férreos.

Esta nueva realidad social propicia la pérdida de homogeneidad cultural, dificulta el consenso político y potencia la polarización, favoreciendo el auge de los populismos y el colapso de los partidos tradicionales en una dinámica que, lejos de aportar soluciones, empeora la situación. La Comunidad Europea, concebida como un proyecto pos y plurinacional, está demostrando ser una estructura demasiado débil para mantener la legitimidad cultural del Estado-nación. Esta desestabilización interna coincide, en el plano geopolítico, con el ascenso de potencias cohesionadas culturalmente como China —e incluso India—, y con la reconfiguración del orden mundial. La incapacidad de Europa para hablar con una sola voz, para gestionar sus fronteras o para definir un proyecto común pone de manifiesto una crisis de identidad que trasciende lo político y lo económico.

Siguiendo a Gellner y Todd, el problema fundamental es que Europa no puede —o sabe— sostener la homogeneidad cultural y la continuidad antropológica necesarias para funcionar como actor político coherente. La alteración profunda de la base cultural liberal y antropológica cristiana del Estado-nación, tal como lo entendemos hoy en día, es uno de los motivos por los que Europa pierde capacidad de influencia en el mundo. Una Comunidad Europea sin una estructura cohesionada y compuesta por espacios políticos divergentes perdería la capacidad de actuar de forma unificada imposibilitando la construcción de un proyecto colectivo. Se corre el peligro de que un porcentaje importante de ciudadanos no se considere parte del proyecto común europeo y cuestione, por los motivos que fuere, los aspectos constitutivos de nuestra cultura; llegado a ese punto la comunidad en cuestión desaparecerá en beneficio de otros paradigmas culturales tal como apunta Trump. La entidad política resultante de tales condiciones carecerá de los instrumentos necesarios para proyectar poder, influencia o hegemonía más allá de sus fronteras, debilitando su presencia estratégica en el escenario internacional.

4.2.5. *La fin de l'abondance.*

Las tensiones sociales generadas por procesos migratorios sin políticas integracionistas coherentes no representan el único factor estructural para explicar la debilidad geopolítica de Europa. El liberalismo, además de constituir el fundamento democrático de las constituciones occidentales y de garantizar las libertades individuales a través de su marco jurídico, ha propiciado el desarrollo económico que ha hecho posible la consolidación del llamado Estado del bienestar. A finales del siglo XIX, Otto von Bismarck aprobó las primeras leyes de protección social instaurando seguros de enfermedad (1883), accidentes laborales (1884) y vejez e invalidez (1889) con intención de que los trabajadores vieran al Estado como su protector y no como enemigo. No se trataba de un gesto altruista, pues el fin último era fidelizar políticamente al proletariado en el convencimiento de que fortaleciendo el bienestar social evitaría acontecimientos como los de la Comuna de París (1871). A lo largo del siglo XX el bienestar social se convirtió, además de un mecanismo de protección ciudadana, en un instrumento de estabilización política, y las conquistas del actual Estado del bienestar se lograron en contextos de competencia política y presión sindical en momentos críticos para partidos y gobiernos que buscaban consolidar o ampliar su base electoral.

La proposición inicial tenía que ver con el axioma de que cada generación viviría mejor que la anterior. La premisa está hoy en entredicho, pues las nuevas generaciones trabajan en condiciones más inestables y difícilmente pueden acceder a una vivienda; también verán retrasada su edad de jubilación y tanto sanidad como educación sufrirán recortes presupuestarios. La deuda pública se ha disparado y a ella se añade la deuda oculta derivada de los compromisos futuros de pensiones. Si estas tendencias continúan, no es descartable un escenario en que ni siquiera sea posible pagar las pensiones prometidas. Europa parece atrapada en la trampa de articular muchas normas y mucha redistribución, pero un crecimiento insuficiente para sostener todo ello.

El modelo social actual está sometido a fuertes tensiones que exceden la lógica para la que fue diseñado. El incremento en la demanda de servicios no se acompaña con un paralelismo contributivo al sistema, dificultando su sostenibilidad a medio y largo plazo. Países con tasas de desempleo superiores al 10% presentan graves carencias de mano de obra en sectores como los servicios, la hostelería, la construcción o la agricultura. Políticas de desempleo con un elevado nivel proteccionista y un enfoque asistencial garantista desincentivan en muchos casos la búsqueda real de empleo. El resultado es un desgaste progresivo de la clase media, sometida a una carga fiscal creciente, que alimenta el descontento, la polarización y el auge de políticas nacionalistas. El abuso de las prestaciones que ofrece el Estado del bienestar ejemplifica en buena medida la arrogancia europea al vivir en la ensoñación de que las condiciones de crecimiento y abundancia propias del ciclo expansivo que se inició tras la Segunda Guerra Mundial se prolongarán de manera ilimitada.

En agosto del 2022, en el primer Consejo de Ministros tras las vacaciones estivales, el presidente francés Emmanuel Macron hablaba de *la fin de l'abondance* en los siguientes términos: "Por mi parte, creo que lo que estamos viviendo es más bien un cambio, una gran conmoción. En primer lugar, porque estamos experimentando, y no solo desde este verano, sino en los últimos años, el fin de lo que podría haber parecido abundancia".[185] También advirtió de que Francia en particular y Europa en general estaban viviendo un punto de inflexión debido a la guerra de Ucrania y que la sociedad occidental debería afrontar tiempos de incertidumbres. El alemán Friedrich Merz afirmaba en el congreso del CDU en Osnabrück que el Estado del bienestar "ya no pude financiarse" con lo que produce la economía alemana, que dedica ⅓ de la economía a asuntos sociales no productivos.[186]

Europa ha vivido durante décadas con una arrogante y complaciente ensoñación respecto a su propio futuro y, en buena medida, así continúa siendo. Dio por sentado que la protección militar de Estados Unidos sería indefinida, que el suministro energético procedente de Rusia y Oriente Medio permanecería estable y que su fortaleza económica superaría cualquier perturbación global. Sin embargo, Trump amenaza con abandonar la OTAN, la energía industrial se ha encarecido exponencialmente y la bancarrota de Lehman Brothers en 2008 no solo desencadenó una recesión de alcance mundial, sino que reveló la fragilidad de las economías europeas y la dependencia estructural de un sistema que se creía inmune. Aquella crisis puso las cosas en su sitio desvelando vulnerabilidades latentes que Europa había preferido ignorar durante demasiado tiempo.

Mencionaba a Macron advirtiendo sobre "el fin de la abundancia" como excelente notario de la situación actual. La disponibilidad gratuita de determinados servicios sociales ha alimentado la creencia de que el sistema no tiene límites materiales ni fiscales; principio alimentado con las prebendas y regalías electorales de los partidos políticos sobre la base de que "el dinero público no es de nadie". En Europa se han consolidado políticas y regulaciones laborales que menoscaban la cultura del trabajo y el modelo europeo se basa en un considerable gasto social. A comienzos de esta década el PIB europeo representaba el 18% de la economía mundial, sin embargo, Europa destinaba a gastos sociales el 40% del total mundial. Los europeos disponemos de subsidios prolongados que permiten mantenerse indefinidamente fuera del mercado laboral y regulaciones tan populistas que institucionalizan el absentismo laboral. Este paternal modelo exige una financiación estable y elevada, que, en la práctica, recae de manera directa sobre quienes generan ingresos regulares.

Bajo el incuestionable principio de la "protección social", Europa continúa manteniendo un Estado del bienestar autodestructivo a medio plazo por más que se nos venda como un logro social irrenunciable. Los avances sociales y logros laborales son, nadie lo duda, grandes conquistas del sindicalismo, pero sus aplicaciones con perversas intenciones políticas han derivado en dinámicas de hiperproteccionismo que limitan la capacidad de Europa para competir en un entorno global actual. Bajo el paraguas de la "protección social" se han tomado medidas como generalizar las jubilaciones anticipadas, subvenciones descontroladas a ciertos núcleos de población, sistemas de negociación laboral políticamente teledirigidos, medidas como los salarios mínimos vitales sin control, legislaciones laborales con trasfondo electoral y populista, subvenciones a ONGs de objetivos opacos y controvertidos... que aceleran el gasto-deuda y frenan la productividad.

El coste del Estado del bienestar europeo es muy superior al de otras zonas del mundo y recae, fundamentalmente, en las clases medias que soportan una carga impositiva cada vez mayor. La creciente demanda de prestaciones y beneficios sociales exige una parte sustancial de los recursos económicos generados por los impuestos. Según datos de Tax Foundation, los 24 países con mayor carga fiscal son europeos.[187] El llamado *tax wedge* o cuña fiscal entre la cantidad desembolsada por la empresa y lo que recibe el trabajador en la zona OCDE apenas si alcanza 40%. Cualquier manual de economía aplicada expone que una cuña fiscal de este tamaño introduce distorsiones significativas en la oferta laboral, reduce la elasticidad de participación y penaliza la creación de empleo.

Para sostener un gasto social elevado y creciente en un contexto de envejecimiento poblacional y baja productividad, los gobiernos recurren sistemáticamente a aumentar ingresos vía impuestos en lugar de replantear el tamaño, el diseño o el objetivo del propio Estado del bienestar. Esto último sí lo está llevando a cabo de forma decidida Trump en Estados Unidos. La estructura tributaria de la CE se apoya de forma desproporcionada en las rentas del trabajo, lo que afecta especialmente a asalariados y autónomos. Además, en la zona euro los impuestos indirectos como el IVA son los más altos del mundo desarrollado, y recaen fundamentalmente en el consumo cotidiano de los hogares de las clases medias. El mantra de "que paguen los ricos" se enmarca en la oratoria de corte populista, pues en la práctica son los asalariados medios, los profesionales y los propietarios de pequeños negocios quienes asumen la carga real de mantener el Estado del bienestar.

Estos últimos, los trabajadores autónomos, soportan una carga fiscal desproporcionada en comparación con países extracomunitarios. La mayoría de Estados europeos imponen elevadas cotizaciones a los autónomos, que reducen sus beneficios independientemente de sus ingresos, junto al incremento de cargas regulatorias y una fiscalidad de tramos crecientes sin las mismas deducciones que un asalariado. Esta situación está provocando el cierre de pequeños negocios y desincentivando emprender otros nuevos en lo que ha venido en denominarse "trampa de productividad-fiscalidad". Se trataría de un perverso círculo vicioso, pues la baja productividad provoca una mayor fiscalidad que, a su vez reduce la productividad, provocando estancamiento económico y la falta de creación de puestos de trabajo. Los más básicos manuales de macroeconomía advierten de que unos impuestos muy altos y una redistribución excesiva desincentivan trabajar, invertir e innovar.

La principal preocupación —tal vez única— de muchos gobiernos europeos —sino todos— es mantenerse en el poder a toda costa y temen el rechazo de sus votantes si promueven políticas de recorte social. Ahí está el ejemplo francés en su intento de retrasar la edad de jubilación. La (i)lógica electoral de preservar a toda costa un Estado del bienestar cada vez más costoso discriminando a sus ciudadanos más dinámicos se traduce en parálisis productiva al castigar a quienes realmente financian el sistema. Asalariados medios, profesionales y trabajadores autónomos perciben que, pese a sostener la mayor parte de la recaudación, la redistribución no es justa ya que reciben menos beneficios que otros estratos sociales hiperprotegidos pese a su escasa o nula productividad. Esta asimetría entre aportación y retorno alimenta la desconfianza del grupo que constituye el núcleo fiscal del sistema y su descontento amenaza la sostenibilidad económica y política del modelo europeo. El proceso conlleva un desgaste progresivo de la clase media, que se ve sometida a una presión fiscal cada vez mayor sin recibir mejoras proporcionales a su aportación, y percibe que el actual ritmo de gasto social es insostenible. El resultado son los continuos cambios de gobierno. En un solo año, 2024, Francia tuvo tres primeros ministros —Gabriel Attal, Michel Barnier y François Bayrou—; este último ya ha cesado en el cargo, siendo sustituido por Sébastien Lecornu.

A este contexto social se suma la falta de cohesión política que pone a prueba la solidez del proyecto común en la eurozona. Los enfrentamientos son continuos entre países del este (más nacionalistas) y del oeste (más integradores), del norte (fiscalmente ahorradores) y del sur (más derrochadores), grandes (marcando las agendas económicas) y pequeños (subordinados a las prioridades de aquellos)… y condicionan, cuando no paralizan, las tomas de decisiones. Alcanzan acuerdos sobre los tapones en las botellas de plástico, pero los de mayor calado, como la unidad fiscal, la emisión de eurobonos o diseñar una estrategia conjunta de innovación tecnológica, se atascan en una gigantesca maraña de regulaciones cuando no de recelos y desconfianzas.

Ante tal realidad, la pregunta es si la economía europea tiene en el 2025 la fortaleza necesaria para soportar una crisis como la del 2008. El informe "Perspectivas de la Economía Mundial" (WEO por sus siglas en inglés) realiza para el Fondo Monetario Internacional (FMI) estudios relativos a la participación porcentual de cada economía en el PIB mundial. Según esta fuente, en 1980 la economía de la eurozona representaba en torno al 30% del PIB mundial, superando en 10 puntos el 20% de Estados Unidos y a años luz del 2% chino.[188] Los datos actuales, también respaldados por el FMI, reflejan que China ha crecido hasta el 20%, superando el 15% de Estados Unidos y el 13% de la eurozona. El documento de Estrategia de Seguridad Nacional de Estados Unidos de 2025 justifica el descenso del 25% del PIB mundial de Europa en 1990 al 14% actual (le otorga 1 punto más que el FMI), "en parte debido a regulaciones nacionales y transnacionales que socavan la creatividad y la laboriosidad".[189]

Europa se enfrenta al dilema de continuar sosteniendo un Estado del bienestar cada vez más costoso financiado por una clase media exhausta, o emprender una reforma profunda que devuelva coherencia al sistema fiscal y dinamismo a la economía. Continuar cargando sobre asalariados y autónomos un peso tributario creciente solo agravará la crisis de competitividad y ensanchará la brecha entre gobernantes y gobernados. La sostenibilidad del modelo dependerá no solo de ajustes técnicos, sino de una redefinición social que reparta cargas y beneficios de forma equitativa, incentive la actividad productiva y reconecte a los contribuyentes con un sistema que perciben como injusto e ineficiente. En última instancia, Europa debe decidir si aspira a ser un actor capaz de competir en el siglo XXI, o si permanecerá atrapada en una arquitectura institucional que ya no responde a las realidades económicas ni a las aspiraciones de sus ciudadanos. La elección definirá no solo su prosperidad futura, sino su capacidad para mantener la cohesión interna y su relevancia en un orden global en transformación.

4.2.6. Un jarrón chino en el museo global.

Se atribuye a Felipe González —presidente español entre 1982 y 1996— la frase "los expresidentes son como jarrones chinos: todos los quieren mucho, pero nadie sabe dónde ponerlos",[190] aludiendo a esa mezcla de prestigio e inutilidad práctica que acompaña a quienes fueron decisivos en otro tiempo pero hoy resultan difíciles de integrar en el espacio político. El italiano Mario Draghi —presidente del Banco Central Europeo entre 2011 y 2019— aseguró durante su intervención sobre competitividad europea en 2023 que "si Europa no reacciona pronto, corre el riesgo de convertirse en un museo económico: un lugar admirable, pero no decisivo". También Ana Botín se manifestó de forma parecida en Davos (2025) al afirmar que "Europa corre el peligro de convertirse en un museo. Pero ahora no lo es".[191]

En junio del 2024 CaixaBank publicaba el estudio "El crecimiento de la productividad en Europa: bajo, desigual y en desaceleración"[192] —firmado por Oriol Aspachs y Erik Solé— señalando que el crecimiento de la productividad en Europa se había reducido de manera significativa en los últimos años. Según ese estudio, la productividad en la CE avanzó a un promedio anual del 1,9% entre 2000 y 2006; sin embargo, tras la crisis financiera de 2008, ese crecimiento se desaceleró de forma notable, situándose en apenas el 0,9% en el período entre 2007 y 2022. Ese fenómeno también afectó a las principales economías desarrolladas, y en Estados Unidos, el crecimiento de la productividad pasó del 2,4% al 1,3%; en el Reino Unido, del 1,8% al 0,4%; y en Japón, del 1,5% al 0,8%. Lo significativo para el tema que nos ocupa es que esas cifras ponen de manifiesto que la productividad europea ha crecido de forma sistemáticamente inferior a la estadounidense durante las dos últimas décadas. Aunque las cuatro décimas porcentuales entre 2000 y 2022 puedan parecer asumibles, su persistencia prolongada ha tenido un efecto acumulativo considerable, pues la brecha entre la productividad de la economía europea y la de Estados Unidos ha aumentado un 8,4% desde el año 2000. Este diferencial creciente erosiona la competitividad relativa de Europa y explica su menor dinamismo económico en el contexto global.

La autoimpuesta Agenda 2030 para cumplir los Objetivos de Desarrollo Sostenible (ODS) en un contexto de crisis energética, desaceleración económica, tensiones geopolíticas y debate social ha sido metafóricamente descrita con la imagen del bólido que disputa la carrera con el freno de mano activado. La reducción de emisiones exigida por las políticas de transición energética exige subir impuestos, aumentar la deuda pública y, en general, unas inversiones imposibles de afrontar por muchas empresas particulares y no menos países europeos. Los objetivos de sostenibilidad cada vez se antojan más inalcanzables y, por el contrario, la agenda ha generado vulnerabilidad económica, desindustrialización, dependencia tecnológica y tensiones sociales.

En Europa no encontramos grupo alguno que se oponga frontalmente a esta agenda económica, como la Heritage Foundation de Estados Unidos, pero el británico Institute of Economic Affairs, el canadiense Fraser Institute, el belga Bruegel, el comunitario Centre for European Policy Studies… reclaman, cuando menos, la necesidad de recuperar el realismo económico. La legislación resulta tan poco realista y competitivamente perjudicial que ha sido necesario rectificar, por ejemplo, en el sector del automóvil. En el 2023 se legisló de forma que para 2035 las emisiones de CO_2 de los vehículos nuevos se redujeran al 0%, lo que *de facto* suponía prohibir los motores de combustión —mercado que lidera Europa— en beneficio de los eléctricos —mercado liderado por China—. "¿Para qué fabricar coches eléctricos si después no se venden?", se preguntaba el consejero delegado de SEAT, Wayne Griffiths.[193] Finalizando el 2025 la Comisión Europea revisó sus objetivos en este sector, evidenciando las dificultades de aplicar políticas de transición sin una base tecnológica e industrial suficientemente sólida. Tan solo ONGs ecologistas e instituciones de carácter internacional dominadas por los verdes defienden sin cortapisas la Agenda 2030 como oportunidad de modernización industrial e impulsora de progreso.

La comparación con Estados Unidos o países asiáticos como China y Corea del Sur, modelos de adaptabilidad económica, pone de manifiesto el retraso europeo causado por la dificultad sistémica para adecuarnos a un mundo crecientemente competitivo. La brecha de competitividad es mucho mayor al compararla con China. Los datos relativos a China y otras economías emergentes no están disponibles en la misma referencia de PIB ajustado a la "Paridad por Poder Adquisitivo" (PPP, *Purchasing Power Parity*) aplicado a Europa y Estados Unidos. En cualquier caso, todos los indicadores ponen de manifiesto que China ha multiplicado su productividad laboral de forma exponencial no solo por la flexibilidad de su economía, sino al orientar su producción a la industria avanzada y tecnológica. El resultado es una Europa que, pese a su potencial tecnológico y su capital humano, opera con márgenes de maniobra más estrechos frente a economías cuya flexibilidad estructural les permite responder con mayor rapidez a los cambios globales. Los europeos, lastrados por desincentivos laborales institucionalizados, trabajamos menos y producimos menos mientras las grandes potencias globales avanzan con economías dinámicas, eficientes y orientadas a nuevos modelos de mercado.

La situación empeora en un clima político caracterizado por la fragmentación ideológica y la dificultad para alcanzar consensos estratégicos duraderos. Las agendas de los distintos partidos son cada vez más antagónicas, provocando una polarización y enfrentamiento sin precedentes que impide a los gobiernos nacionales emprender las reformas estructurales necesarias. Francia, de nuevo, es un paradigmático ejemplo de la situación. Según la web oficial de la Comunidad Europea, dedicó el 34% de su

PIB en el año 2022 a protección social, el mayor porcentaje de toda la zona OCDE, superando en 6 puntos la media de la Unión Europea (27,9%) y 23 puntos por encima de Irlanda que dedicó aquel año el 11,4%.[194] Sin embargo, la sociedad francesa ha reaccionado contundentemente ante distintos intentos de cambiar el *status quo*; primero fueron las protestas de los "chalecos amarillos" y este mismo año —2025— las huelgas convocadas al intentar elevar la edad de jubilación. Los referidos continuos cambios de gobierno ponen de manifiesto una desunión institucional que dificulta cualquier proyecto de modernización.

No es solo en Francia donde se sustancia el desgaste institucional. Italia encadena coaliciones gubernamentales frágiles incapaces de impulsar una agenda de reformas estructurales; la estable Alemania experimenta una creciente polarización política que complica la capacidad de decisión del Ejecutivo en materia energética. España afronta recurrentes tensiones territoriales y una creciente dependencia de pactos parlamentarios coyunturales que dificultan la aprobación de reformas de largo alcance. Incluso en los armoniosos Países Bajos la reciente fragmentación electoral ha generado dificultades para formar mayorías estables. Esta tendencia generalizada apunta a un debilitamiento de la gobernanza en toda Europa, donde la fragmentación parlamentaria, los vetos cruzados y el clima de movilización ciudadana permanente reducen la capacidad de los Estados para responder a los mínimos desafíos estructurales.

El proyecto de integración europea fue concebido como mecanismo para garantizar la prosperidad compartida, pero en las dos últimas décadas las tensiones internas, la fragmentación política y la incapacidad para articular respuestas comunes a desafíos globales han puesto de manifiesto la fragilidad de un modelo que, pese a sus logros iniciales, muestra serias dificultades para mantener la cohesión y la eficacia institucional necesarias en el siglo XXI. La ausencia de un verdadero presupuesto común impide responder con eficiencia a crisis financieras, como quedó demostrado en el 2008 con la bancarrota de Lehman Brothers, y la guerra de Ucrania ha puesto de manifiesto las carencias de su política energética.

El hundimiento de Lehman Brothers arrastró consigo a la economía internacional y desató una crisis global que marcó un punto de inflexión que provocó, en la economía europea, su mayor recesión desde la Segunda Guerra Mundial. En pocas semanas, el sistema financiero colapsó debido a la falta de liquidez y la pérdida de confianza en el sistema paralizó la inversión y el consumo. Según "The Impact of The Economic Crisis on Euro Area Labour Markets" del Banco Central Europeo,[195] en la eurozona se perdieron 4 millones de puestos de trabajo; en España, la tasa de paro pasó del 8% en 2007 a más del 26% en 2013, mientras que en Grecia tenía un 27%, Portugal superó el 17%, y la eurozona en su conjunto alcanzó máximos cercanos al 12% cuando antes de la crisis era del 7,3%. Esta destrucción de empleo vino acompañada de la mencionada crisis bancaria que provocó el colapso de la actividad económica, obligando a los gobiernos europeos a intervenir bancos para salvar sus economías. Durante ese mismo período el PIB de la eurozona cayó un 4,5%, mientras que países como Grecia sufrieron una contracción acumulada superior al 25%. La deuda pública de la eurozona que en el 2007 rondaba el 65% del PIB alcanzó el 91%, con casos extremos como Grecia (180%) o Italia (130%). La caída del gigante financiero evidenció la alta dependencia europea del sistema financiero global y provocó una incertidumbre prolongada que se proyecta hasta nuestros días.

La incapacidad de Europa para extraer aprendizajes sólidos de la crisis financiera del 2008 se ha transformado en uno de los síntomas más visibles de su progresivo debilitamiento económico. Lo más preocupante es que, casi veinte años después, muchas de las condiciones que agravaron el impacto de Lehman Brothers no solo persisten, sino que se han intensificado. La dependencia europea de financiación externa, la ausencia de una unión fiscal efectiva o la debilidad de su mercado de capitales continúan siendo asignaturas pendientes para superar el estancamiento económico. Hoy, a pesar de la creación del Mecanismo Europeo de Estabilidad y de reformas parciales del sistema financiero, Europa sigue enfrentando aquellos desafíos con la misma arquitectura institucional.

Durante décadas, el continente confió en fuentes de energía externas —especialmente el gas ruso y, en menor medida, el petróleo de Oriente Medio— sin desarrollar una infraestructura suficientemente diversificada ni un proyecto común de autonomía energética. Esta dependencia dejó a Europa expuesta a presiones geopolíticas y a vulnerabilidades críticas que se hicieron evidentes durante las tensiones con Rusia a raíz de la guerra de Ucrania, que provocó el encarecimiento del crudo y otras fuentes energéticas.

No fue solo la guerra de Ucrania, también debe considerarse el marco regulatorio de la Agenda 2030 en sus propuestas de transición energética ecológica, que ha encarecido costes e impuesto discutibles regulaciones al mercado energético europeo. Como ocurriera al hablar de la emigración, al tratar asuntos de índole ecológica volvemos a encontrarnos navegando en las turbulentas aguas de lo políticamente correcto a riesgo de ser acusado de negacionista. No existe desarrollo económico sin una base energética sólida, y Europa no puede posponer la resolución del dilema economía/ecología en su pretendido reposicionamiento global. El ecologismo político ha condicionado el desarrollo económico al implementar políticas de transición energética que, aunque bien intencionadas y moralmente encomiables, han lastrado la competitividad económica y autonomía energética del continente europeo. La coalición del partido verde alemán *Die Grünen* con los socialdemócratas de Gerhard Schröder entre 1998 y 2005, controlando las carteras Economía y Energía y Medio Ambiente, supuso un punto de inflexión en la política energética europea al promover una transición energética que cerraba centrales nucleares beneficiando las energías renovables. En este sentido, la decisión de Angela Merkel de acelerar el cierre nuclear tras lo ocurrido en Fukushima redujo la capacidad de generación energética estable y barata para Alemania, aumentando la dependencia del gas ruso que, finalmente, ha resultado nefasto para su economía.

No fue el único error de cálculo; tras la invasión de Ucrania, se castigó a Rusia con sanciones energéticas que han resultado más contraproducentes para Europa que para Rusia. A ello se añaden incomprensibles normativas europeas que, por ejemplo, impiden la puesta en marcha del proyecto MidCat, un corredor gasista directo entre España —rica en regasificadoras— y el centro industrial de Europa atravesando Francia. España tiene capacidad para regasificar un tercio de las necesidades gasísticas del continente, pero los actuales gaseoductos de Larrau y Biriatou resultan insuficientes para satisfacer la demanda europea. Con la crisis del gas ruso en 2022, Alemania propuso reabrir el proyecto MidCat, pero Francia vetó la propuesta. Para su construcción resultaba imprescindible la aprobación de la CRE (Comisión Reguladora de Energía), regulador energético francés que ha emitido reiterados informes negativos. La CRE alegó razones de costo económico y medioambiental, pero la realidad es que un gasoducto que conectara directamente España con Europa Central reducía la hegemonía nuclear francesa en el sistema energético europeo.

El resultado de estas actuaciones es una estructura energética excesivamente cara. Según datos de la Agencia Internacional de la Energía (AIE), Europa es la zona económica que más caro paga el MWh para electricidad industrial, hasta 3 veces más que Estados Unidos, China, o la India —en momentos de alta demanda hasta 5 veces más— y, si de gas se trata, según el indicador energético Henry Hub, la diferencia de precios puede ser hasta 10 veces superior en meses determinados. Este diferencial encarece la producción de la industria europea socavando su competitividad, frenando la inversión y propiciando la deslocalización hacia zonas energéticamente más baratas y regulaciones menos estrictas.

Una década después de Lehman Brothers, la crisis de la COVID-19, seguida por la guerra de Ucrania y la segunda presidencia de Trump han puesto de manifiesto que Europa continúa sin ofrecer una respuesta adecuada a los retos que se le plantearon en el 2008. La externalización progresiva de la producción hacia Asia, la dependencia de tecnologías críticas procedentes de Estados Unidos y China y la fragmentación interna, entre otros condicionantes, impiden articular una política industrial europea que pueda competir con el potencial estadounidense o con la capacidad productiva china. Esta desconexión entre el tamaño del mercado europeo y su limitada capacidad de decisión económica genera un déficit de soberanía que condiciona todas las demás dimensiones —política, militar y tecnológica— y que sitúa a Europa en una posición reactiva, y no proactiva, en el tablero global. Para recuperar la hegemonía e independencia económica, Europa necesita reformar y reorientar su obsoleto modelo de crecimiento, válido para escenarios de estabilidad geopolítica y baja competencia mundial. También deberá superar prejuicios propios de los autoproclamados progresistas defensores de la histórica superioridad ético-moral de Europa, para quienes el crecimiento económico generado por empresas tecnológicas y grandes corporaciones supranacionales conduce a un modelo social "tecnofeudal" antagónico a la tradición cultural de principios humanistas. Por último, deberá replantearse seriamente su política energética condicionada por políticas medioambientales que, desde un punto de vista eminentemente empresarial, han lastrado el desarrollo económico.

4.3. China y los fundamentos del nuevo orden mundial postoccidental.

4.3.1. Del subdesarrollo maoísta al capitalismo de Estado.

En la novela *La colmena* (1945), de Camilo José Cela, el personaje de Doña Rosa presume de su caridad cristiana al afirmar: "Yo doy todos los meses dinero para bautizar chinos". Quienes vivimos nuestra tardía infancia estrenados los años 70 del siglo pasado, postulábamos hucha en mano para el Domund con la recurrente frase "Para los chinitos que no pueden comer". El retoricismo de la frase aludía a la década anterior, cuando el "Gran Salto Adelante" propuesto por Mao Zedong a finales de los cincuenta condujo a cientos de millones de chinos a la pobreza más extrema y provocó la muerte por hambre de decenas de millones de seres humanos. La intención del líder comunista era modernizar el país según el modelo estalinista de movilización masiva de la población rural, forzando una inhumana colectivización en comunas populares y una quimérica producción industrial que nada tenía de realista.

La debacle fue de tal magnitud que llegó a peligrar el liderazgo de Mao, quien, preocupado por conservar el poder, lanzó entre 1966 y 1976 la llamada "Revolución Cultural", presentada como un intento de preservar la pureza del comunismo y reafirmar la lucha de clases. En realidad, su verdadero propósito fue purgar las tendencias moderadas dentro del Partido Comunista Chino (PCCh) y consolidar su autoridad, primando la lealtad ideológica de los dirigentes por encima de su capacidad organizativa. De igual forma que el "Gran Salto Adelante" sumió a China en una ruina económica sin precedentes, la "Revolución Cultural" generó un trauma social profundo que perduró durante décadas.

Uno de los dirigentes que sufrió las purgas de la "Revolución Cultural" fue Deng Xiaoping, acusado de revisionista y capitalista. Nunca fue expulsado del PCCh, pero sí destituido de todos sus cargos políticos, condenado a trabajos forzados y sometido a un proceso de "reeducación". Tras la muerte de Mao, fue rehabilitado políticamente y, aunque no ocupó puesto orgánico de relevancia —secretario general, primer ministro o presidente—, Deng se convirtió en el Líder Supremo, el dirigente más influyente y determinante de China durante la década de los ochenta, y en el principal responsable del proceso de apertura y reformas que marcaron el rumbo del país tras los sucesos en la plaza de Tiananmén.

Fue allí, en Tiananmén, donde se comenzó a escribir la historia moderna de la República Popular China a raíz del movimiento de protesta que recorrió el país durante la primavera de 1989. Aquellas movilizaciones, fruto de las tensiones derivadas de las reformas económicas y encabezadas principalmente por estudiantes universitarios, cuestionaban la legitimidad del Partido Comunista Chino y reivindicaban libertades democráticas. La represión, con centenares de muertos, marcó de forma indeleble el futuro de la nación por el giro posterior hacia la estabilidad, el control político y el crecimiento económico como pilares fundamentales del régimen comunista. La significación histórica de aquellos acontecimientos es comparable a otro acontecimiento producido apenas cinco meses más tarde, la caída del Muro de Berlín.

La explicación de los acontecimientos en Berlín y Pekín tenía que ver con el colapso económico del modelo comunista y la movilización juvenil a favor de las libertades individuales. China presentaba a finales de los años ochenta inflaciones próximas al 20%, y en la primera mitad de la década de 1990 se situó en torno al 24%, cifras preocupantes pero menores si se comparan con la hiperinflación rusa, que en enero de 1990 superó el 200% y durante esa década alcanzó picos por encima del 2.000%. En cuanto a las libertades individuales, los desenlaces de las crisis de Pekín y Berlín fueron de naturaleza muy distinta, lo que marcó dos caminos divergentes para el comunismo al final de la Guerra Fría. En Tiananmén se sembró la semilla del llamado "milagro chino", que germinó con el ingreso de China en el año 2000 en la Organización Mundial del Comercio (OMC); la caída del Muro de Berlín, por el contrario, preconizó el fin del comunismo soviético.

En el caso chino que ocupa este apartado, tras Tiananmén los sectores más retrógrados del PCCh radicalizaron sus posiciones en cuanto a control estatal y frenaron las reformas económicas adoptadas hasta entonces. Fue en ese contexto cuando reapareció la figura de Deng a través de la denominada "gira por el sur" de 1992, visitando regiones de China en las que la incipiente apertura económica había mejorado el nivel de vida de la población. En aquel viaje se estableció el nuevo rumbo mercantil de la era pos-Mao, lo que marcó un punto de no retorno para las reformas económicas del país.

Deng defendía que el crecimiento económico era la única vía para asegurar la supervivencia del régimen, y que el ejercicio del poder por parte del PCCh no debía ligarse a la ideología comunista; en consecuencia, el partido debía favorecer a las élites nacionales para garantizar su lealtad y, al mismo tiempo, atraer inversión extranjera como soporte de su estrategia de desarrollo. La doctrina de reforma y apertura pregonada por Deng suponía una reconfiguración del maoísmo hacia un socialismo de economía de mercado sin apertura política. Los resultados son indicadores del éxito de tal sistema: cuando se produjo la masacre de Tiananmén, China tenía un PIB per cápita similar al de Gambia; en el 2030 podría superar al de Estados Unidos.

En cuanto a las demandadas de apertura democrática que también reclamaban los jóvenes universitarios chinos, quedaron definitivamente relegadas, consolidándose el modelo de apertura económica sin liberalización política que continua vigente en la actualidad.

Deng se hizo con el control del partido y promocionó a Jiang Zemin, secretario general del PCCh en Shanghái durante los acontecimientos de Tiananmén, para ocupar la Secretaría General Nacional del partido. Zemin siempre estuvo a la sombra de Deng, y solo dispuso de margen de maniobra cuando el histórico dirigente falleció en 1997. Se rodeó de viejos colaboradores en lo que vino en bautizarse como "grupo de Shanghái", tecnócratas con formación financiera, experiencia industrial y partidarios del pragmatismo económico. Las reformas económicas estaban transformando profundamente China, y el PCCh debía redefinirse en consonancia con la nueva realidad nacional. El partido debía asumir el protagonismo que en el mundo capitalista conjugaba la iniciativa privada en cuanto a impulsar avances económicos con la modernización tecnológica para resultar productivamente eficiente. La presidencia de Zemin impulsó la reforma de "las tres representatividades" — adoptada oficialmente en 2002 tras el ingreso de China en la Organización Mundial del Comercio, OMC— asumiendo que correspondía al partido, y no la iniciativa privada, la modernización tecnológica, impulsar los avances económicos y promover la eficiencia productiva. Estos principios suponían una ruptura total con el maoísmo clásico, pues implícitamente se legitimaba y apostaba por la economía de mercado. La presidencia de Hu Jintao (2003-2013) marcó el necesario período de reposo para una transición social que, sin renunciar al comunismo, se estructuraba según premisas capitalistas.

4.3.2. Xi Jinping y el Mandato del Cielo.

El "Mandato del Cielo" es un principio de legitimación política con fundamentos espirituales que se remonta al confucionismo. En la religiosidad china, el "Cielo" se concibe como la suma de las divinidades de la naturaleza y de los antepasados, como un principio moral y cósmico, que concede el derecho a gobernar a un líder justo y virtuoso que traerá estabilidad y prosperidad a su pueblo. Sus orígenes se remontan a la dinastía Zhou (siglo XI a.C.) y, a diferencia de las monarquías europeas, tal prerrogativa no es hereditaria, pues solo se mantiene mientras el gobernante garantiza el orden, la justicia y el bienestar de su pueblo. Si la sociedad cae en el caos o el líder actúa de manera corrupta, se interpreta que ha perdido el Mandato del Cielo, lo que legitima su destitución y la elección de un nuevo gobernante.

En el ámbito de esta cosmovisión política, los logros de Xi Jinping lo convierten en el dirigente ungido para marcar el destino nacional y el "rejuvenecimiento de China". Pruebas inequívocas que legitiman su liderazgo en el simbolismo de trascendencia histórica que representa el Mandato del Cielo son, entre otros, haber erradicado definitivamente la pobreza extrema y logrado estabilidad social, también los éxitos económicos que han llevado a China a ser una nación hegemónica, o el liderazgo en la geopolítica internacional.

Tal vez sea ese halo de excepcionalidad, cercano a una forma secular de sacralización del poder, por lo que Xi pudo alterar sin oposición las normas que hasta entonces habían regido en el PCCh en materia de reelección. El presidente chino ha sabido utilizar con eficacia los mecanismos de tecnología política para modificar las reglas del sistema en su propio beneficio y, en 2018, impulsó una reforma constitucional que desmanteló la normativa que garantizaba la alternancia en el poder, abriéndole la puerta a una permanencia indefinida en el cargo. En el ámbito político, el liderazgo de Xi encarna el mismo modo de gobierno personalista de Donald Trump y Vladimir Putin —Putin recorrió una senda similar en 2020, al reformar la Constitución rusa para asegurarse la posibilidad de mantenerse en la presidencia hasta 2036, y Trump coquetea con la idea de un tercer mandato—. El dirigente chino concentra en su persona los cargos de presidente de la República Popular China, presidente de la Comisión Militar Central, secretario general del PCCh, y también preside las más importantes comisiones estratégicas. Pero incluso más importante que todo ello es que sus propuestas se convierten en doctrina oficial obligatoria para todos los militantes del PCCh desde que en 2017 se incluyó en la Constitución del partido el llamado "Pensamiento de Xi Jinping sobre el socialismo con características chinas para una nueva era", lo que implica que su línea política se perpetuará al mismo nivel que la de Mao. Su mandato está marcando una etapa cardinal en la evolución del régimen iniciado por Deng, en el que Zemin consolidó la apertura económica y Jintao reforzó el papel del PCCh como superestructura política y garante del progreso económico. Xi ha consolidado un modelo político-social en el que el control interno y la proyección internacional se complementan de forma explícita.

Denunciaba en el capítulo anterior la impostura de Trump confesándose seguidor del liberalismo reaganiano; idéntica impostura encontramos en Xi cuando se presenta como continuador del comunismo maoísta. Aunque el régimen chino sigue apelando formalmente al marxismo-leninismo, para Xi el marxismo y los principios ideológicos resultan prácticamente irrelevantes como referente real de acción política. Los principios programáticos de la revolución se han visto subvertidos, y quienes en su día se definían como la vanguardia del proletariado se han convertido en burgueses comunistas. Entrecomillaba al comienzo de esta sección la expresión "rejuvenecimiento de China" por representar una de las directrices de su liderazgo. Poco después de asumir la presidencia del PCCh, pronunció el discurso conocido como "El camino hacia el rejuvenecimiento nacional" utilizando por primera vez el término "el sueño chino" que desarrolló en su primer discurso como presidente electo de china.[196] Para Xi, "el sueño chino es el sueño de toda la nación, así como el de cada individuo", concluyendo: "Al fin y al cabo, el sueño chino es el sueño del pueblo. Debemos hacerlo realidad apoyándonos estrechamente en el pueblo y beneficiándolo incesantemente".

Agotado el modelo estalinista, la Unión Soviética emprendió una deriva reformista profundizando todavía más en la doctrina comunista, origen y causa de sus problemas estructurales. China, tras el desastroso legado del maoísmo, adoptó una estrategia radicalmente distinta, basada en la apertura económica gradual y el pragmatismo político. En apenas un par de generaciones, ha pasado de sufrir hambrunas masivas a convertirse en protagonista del orden económico y geopolítico mundial. Xi ha sacado a millones de ciudadanos chinos de la pobreza extrema, la clase media se ha ampliado de forma significativa y su número de milmillonarios es el segundo del mundo tras Estados Unidos. El punto de inflexión para llegar al estado actual fue el referido ingreso de China en la Organización Mundial del Comercio.

Dando este paso, China se garantizó el acceso a los mercados internacionales. Sus características sociolaborales, con abundante mano de obra procedente del medio rural y salarios extremadamente bajos, resultaban muy atractivas para la inversión extranjera, lo que propició la deslocalización masiva de empresas occidentales hacia territorio chino y aceleró su integración en las cadenas globales de producción. Unas elevadas tasas de ahorro interno, junto con una política estatal orientada a la creación de zonas económicas estratégicas, la provisión de crédito a bajo coste y el apoyo sistemático a las exportaciones, facilitaron un rápido crecimiento de su capacidad productiva, convirtiendo al país en la "fábrica del mundo". El denominado "milagro chino" fue posible gracias a la industrialización acelerada, acogiendo y vinculándose a gigantes económicos internacionales y adoptando un modelo de expansión basado en las exportaciones globales.

Lo que vino en conocerse como teoría del "comercio para el cambio" —propuesta por Deng para crear una clase media amplia—, se sustentaba en producir grandes cantidades a bajo coste, y durante décadas los productos chinos estuvieron asociados a una percepción de baja calidad, fabricación rudimentaria y piratería industrial, colocándolos en el imaginario colectivo como bienes de segunda categoría en comparación con productos europeos. Las tiendas de "Todo a dólar" o "Todo a cien" y expresiones como "cómpralo en el chino" reflejaban y reforzaban la idea de que estos productos no podían competir en términos de calidad, diseño o fiabilidad con los estándares industriales occidentales, consolidando un prejuicio que acompañó durante años a las manufacturas chinas.

En el 2012 el Banco Mundial en colaboración con el Centro de Investigación para el Desarrollo del Consejo de Estado chino publicó *China 2030: construyendo una sociedad moderna, armoniosa y creativa*,[197] en el que resultaba meridianamente claro que China era consciente de que en el futuro sería más importante el crecimiento cualitativo, invirtiendo en innovación, que cuantitativo, continuando con producciones de bajo coste. El documento deja entrever que, a diferencia de las economías occidentales atadas a las dinámicas del mercado y de consensos políticos, China podía beneficiarse de un sistema político centralizado y de carácter autoritario para planificar una estrategia de modernización a medio y largo plazo. El informe *China 2030* anticipa las líneas de actuación económica que articularía Xi un año más tarde con la "Iniciativa de la Franja y la Ruta" (BRI, *Belt and Road Initiative*), complementada con el libro blanco *China: una democracia que funciona* (2021).

En la última década la percepción de que los productos chinos son de mala calidad ha cambiado sustancialmente y, ahora, China es una potencia tecnológica de primer orden que compite codo a codo con la OCDE en sectores vanguardistas e innovadores. Su industria de alta tecnología está a la altura de la estadounidense y supera ampliamente a las de Europa que, según *Fortune* Global 500,[198] no logra situar una sola de sus empresas entre las 20 tecnológicas de mayor facturación. Este salto cualitativo ha sido el resultado de políticas de control estatal en sectores clave orientadas a reducir la dependencia tecnológica, asegurar el suministro energético y garantizar autonomía financiera. Siendo todo ello importante, no lo es menos la inteligente planificación geopolítica a medio-largo plazo que ya está dando sus frutos.

Europa ha perdido peso en el nuevo orden geopolítico, y Estados Unidos deberá competir con una China cada vez más influyente. En su actual dinámica expansionista, el gigante asiático utiliza políticas que incorporan elementos del liberalismo clásico como el aperturismo económico; los Estados Unidos liderados por Trump, por el contrario, adoptan una dinámica proteccionista de vocación nacionalista. La actual política económica estadounidense transmite la sensación de actuar por impulsos, zigzageando sin una planificación clara y, cuando parece tenerla, muestra signos de retroceso que ponen en cuestión su liderazgo tradicional; China, por el contrario, da pasos firmes hacia un proyecto de futuro planificado a largo plazo con la "Iniciativa de la Franja y la Ruta" como columna vertebradora.

4.3.3. Tras los pasos de Marco Polo: la Nueva Ruta de la Seda.

La obra *Los viajes de Marco Polo* se convirtió rápidamente en una suerte de singular vademécum sobre Asia para comerciantes y mercaderes medievales. El intrépido viajero protagonista de lo narrado, describía la corte del emperador Kublai Kan como un gigantesco mercado de infinitas oportunidades económicas. Tal fue así, que siglos más tarde, los viajes trasatlánticos desde Colón a Magallanes tenían como objetivo encontrar una vía marítima uniendo Occidente con Oriente como alternativa a la Ruta de la Seda, durante siglos la ruta comercial más importante del mundo conocido.

En el año 2013 Xi Jinping lanzó la "Iniciativa de la Franja y la Ruta", popularmente conocida como la "Nueva Ruta de la Seda" o simplemente la "Ruta de la Seda". Durante las visitas a Kazajistán e Indonesia aquel año, el líder chino propuso la construcción del "Cinturón Económico de la Ruta de la Seda y la Ruta Marítima de la Seda del siglo XXI", que más tarde se bautizó con el nombre de *Belt and Road Initiative*. Se trataba de una estrategia geopolítica y geoeconómica de cooperación para el desarrollo internacional, promoviendo una red terrestre y marítima de infraestructuras para conectar China con el resto de Asia, África y América Latina. El objetivo era ampliar su esfera de influencia expandiendo mercados internacionales y creando dependencia financiera de terceros países para, finalmente, reemplazar a Estados Unidos como potencia hegemónica mundial. La Iniciativa de la Franja y la Ruta plantea un nuevo modelo de relaciones internacionales, inspirado en la histórica Ruta de la Seda, basado en la cooperación y el libre comercio que ha reforzado la presencia china en Eurasia, África y América Latina y supone una propuesta a medio-largo plazo para un nuevo orden mundial.

Para hacerlo realidad, Xi se hizo con el control absoluto del Banco Popular de China (PBOC) —equivalente funcional a la Reserva Federal en Estados Unidos o al Banco Central Europeo— pudiendo intervenir activamente en la política monetaria, controlar el valor de su divisa, modular las tasas de interés y orientar la gestión de sus fondos soberanos. También controlaba los recursos industriales y energéticos del país, imprescindibles para conseguir estos objetivos. La agenda internacional de la Ruta de la Seda incluye inversiones en infraestructuras, el control de recursos naturales y energéticos, impulsar tecnologías avanzadas como motor industrial, consolidar nuevas alianzas internacionales y proponer mecanismos financieros alternativos. Esta estrategia ha demostrado sobradamente su efectividad tanto por los resultados como por haber reducido considerablemente la vulnerabilidad china frente Estados Unidos, su único competidor en estos momentos.

4.3.3.1. Infraestructuras.

Alejandro Magno, Julio César y Gengis Kan tienen en común haber levantado grandes imperios que pudieron controlar gracias al desarrollo de una red de corredores, vías y rutas de comunicación. En ese sentido el paso del tiempo nada ha cambiado y la conectividad de infraestructuras constituye el pilar central de la Nueva Ruta de la Seda. Para convertirse en potencia mundial China debe asegurar sus rutas comerciales y de aprovisionamiento energético, y para ello es clave la creación de infraestructuras terrestres y controlar los cuellos de botella marítimos del comercio mundial que son los estrechos y canales.

Tras la Guerra Fría, durante la década de los noventa del siglo pasado, China impulsó las primeras conexiones ferroviarias de conexión comercial internacional. En 1992 se abrió la línea Lianyungang, en la costa oriental china con Almaty, en la antigua república soviética de Kazajistán, en lo que se bautizó como "Nuevo Puente Terrestre Euroasiático". A partir del 2013 este corredor se integró en la Nueva Ruta de la Seda y adquirió importancia estratégica al fortaleces las relaciones económicas con Asia Central sin conexiones marítimas. El segundo eje estratégico terrestre lo constituye el corredor China-Asia Central-Asia occidental, mediante una densa red de oleoductos y gasoductos que llegan hasta Irán y Turquía, facilitando el acceso chino al gas y el petróleo de Asia Central y de Oriente Medio, reduciendo así la dependencia de inestables rutas marítimas. El corredor China-Mongolia-Rusia enlaza regiones industriales chinas con Siberia y Europa oriental. Es la vía de entrada del petróleo y las materias primas rusas, pero sobre todo tiene un gran valor geopolítico por reforzar la alianza ruso-china, además de integrar a Mongolia configurando un núcleo económico estable. El corredor China-Pakistán, por último, ofrece una vía de acceso al mar Arábigo reduciendo la dependencia del estrecho de Malaca y reforzando la proyección china hacia el Índico y Oriente Medio.

Alfred T. Mahan publicaba en 1890 su referencial *La influencia de la hegemonía marítima en la historia (1660-1783)* defendiendo que la grandeza de una potencia mundial dependía del control de los mares como forma de dominar las rutas marítimas. Tal teoría continúa vigente hoy día, y es en ese contexto donde adquiere significado la amenaza de Donald Trump de invadir el canal de Panamá o comprar Groenlandia. En 1997 la empresa Hutchinson Ports, con sede en Hong Kong —que aquel mismo año fue cedido por Reino Unido a China—, se hizo con el control de los puertos de Cristóbal, en el Atlántico, y Balboa, en el Pacífico, estratégicamente situados a ambos extremos del canal. Más del 70% de la carga que atraviesa el canal tiene Estados Unidos como origen o destino, de forma que el control chino del cuello de botella que representa Panamá supone un grave riesgo ante una eventual guerra comercial. Lo mismo se puede extrapolar al ámbito militar, pues porcentajes similares encontramos en el movimiento de tropas. En cuanto a Groenlandia, el progresivo deshielo de los polos la está convirtiendo en un enclave de creciente importancia estratégica al permitir la navegación por el Ártico, abriendo nuevas rutas comerciales que determinarán el equilibrio comercial y la seguridad global.

El 90% del comercio mundial internacional se mueve por mar. Estados Unidos defiende sus intereses reforzando su presencia militar con bases militares en los nodos críticos existentes; China, por el contrario, ha optado por una estrategia de conectividad expansiva, basada en la construcción y financiación de infraestructuras. Su estrategia marítima no se concibe de manera aislada, sino interconectando redes logísticas más amplias que permitan comerciar y transportar energía, petróleo y gas desde los países productores directamente al interior chino, reduciendo la exposición a estrechos marítimos vulnerables.

Los expertos emplean la formulación matemática "6+5+3" para describir la arquitectura de la red portuaria y marítima china como principio rector de su proyección marítima y logística para tener garantizada la llegada de materias primas —en especial petróleo y tierras raras— y asegurar las rutas comerciales de sus productos. Seis grandes corredores marítimos estratégicos —Asia oriental con el Sudeste Asiático, el océano Índico, Oriente Medio, África oriental, Europa (vía mar Rojo y Mediterráneo) y América Latina—; cinco grandes zonas portuarias donde invertir —Sudeste Asiático, el océano Índico, el golfo Pérsico, África (especialmente el Cuerno de África) y el mar Mediterráneo—; tres nodos o cuellos de botella estratégicos —el estrecho de Malaca, el estrecho de Bab el-Mandeb y el canal de Suez y su entorno—. La conectividad de infraestructuras trasciende intereses exclusivamente económicos, pues se trata de reforzar su influencia geoeconómica global como parte de la Ruta Marítima de la Seda con una propuesta de reordenamiento del comercio y del poder global, donde ferrocarriles, puertos, oleoductos, cables digitales y nodos marítimos se convierten en instrumentos de influencia.

Un ejemplo excelente del modelo de actuación chino es el estrecho de Malaca. Por sus aguas atraviesa el 25% del comercio chino —y el mismo porcentaje del comercio mundial—, convirtiéndolo en una suerte de talón de Aquiles —"dilema de Malaca", en terminología oficial china— para sus exportaciones comerciales e importaciones energéticas. Para reducir tal vulnerabilidad, Pekín ha invertido en puertos estratégicos como Guadar en Pakistán —destino final del referido corredor terrestre— y Kyaukpyu en Myanmar, permitiendo una salida directa al océano Índico. Similar estrategia se repite con Ormuz, Bab el-Mandeb, África y América Latina, donde empresas chinas han financiado construcciones, ampliaciones o adquirido participaciones operativas en más de cien puertos en los cinco océanos. Por lo general las inversiones provienen de empresas estatales como COSCO o China Merchant Port, y con estas inversiones, sin necesidad de inversiones militares como Estados Unidos, China ha reforzado su posición estratégica en las grandes rutas comerciales marítimas.

4.3.3.2. Recursos naturales.

Durante el siglo XX el petróleo fue la gran materia prima geopolítica por excelencia. Ese protagonismo está siendo desplazado hacia la búsqueda de recursos necesarios para las nuevas tecnologías del siglo XXI, en lo que han venido en conocerse como "tierras raras". Poseer tierras raras en el propio territorio se ha convertido en algo tan determinante como fue en el siglo XIX tener carbón o en el XX disponer de reservas petrolíferas. Vehículos eléctricos, telefonía móvil, paneles solares y otras energías renovables, semiconductores para la electrónica de vanguardia o sistemas de defensa avanzados… dependen de los quince elementos del grupo de lantánidos. Más allá de su "rareza" en la naturaleza, han sido adjetivados de "raros" porque, obviando la extracción, el procesamiento y refinado de estos minerales es tremendamente complejo, caro y muy contaminante. Desde los años noventa, Pekín ocupó un espacio que las economías occidentales habían abandonado por su alto coste ambiental y baja rentabilidad inmediata, e invirtió en este nuevo sector, priorizando el procesamiento y el refinado frente a la simple extracción. China es el líder indiscutible mundial en el ámbito de las tierras raras, concentrando la mayor parte de la capacidad mundial de separación y refinado de esta materia prima, lo que le proporciona una ventaja estratégica decisiva dentro de las cadenas de suministro globales. China vio mucho antes que Occidente que la economía, la tecnología y la estabilidad del poder global futuro no dependería de la energía convencional, sino que estaría en manos de quien tuviera el control de los nuevos recursos materiales. En este ámbito, la política seguida por China se asemeja a la utilizada en el control de las rutas marinas, pues su liderazgo no se basa en la posesión de recursos naturales, sino en el control tecnológico, industrial y logístico de un sector clave para los nuevos retos energéticos.

Actualmente China está invirtiendo en recursos alimentarios de producción agraria en África y América del Sur. Se ha convertido en el gran propietario y arrendador de tierras en países como Etiopía, Mozambique, Zambia o Tanzania, invirtiendo en proyectos agrícolas a gran escala y modernizando el sector mediante infraestructuras de riego, almacenamiento y transporte de arroz, cereales, algodón y oleaginosas. En el paquete contractual con los distintos gobiernos también se incluye financiación para infraestructuras de carreteras, líneas ferroviarias y puertos, integrando la producción agrícola en los referidos corredores logísticos vinculados a la Ruta de la Seda. Brasil, Argentina y Uruguay se han convertido en socios prioritarios en el sector agrícola con productos clave como carne, soja y maíz. China es el principal destino de las exportaciones agrícolas brasileñas, mientras que en Argentina ha financiado proyectos para el cultivo de cereales y el desarrollo de infraestructuras para la exportación.

En idéntica dinámica que en el resto de sectores, la política china de inversiones agrícolas va más allá de la rentabilidad económica, al formar parte de la planificada estrategia geoeconómica global. Invirtiendo de forma directa en el proceso productivo, asegura el control de la cadena alimentaria reduciendo su dependencia de mercados volátiles y fortaleciendo su capacidad negociadora.

4.3.3.3. Tecnologías avanzadas.

A finales del siglo pasado las autoridades chinas asumieron que el crecimiento basado únicamente en mano de obra barata y exportaciones industriales debía complementarse y evolucionar hacia modelos económicos acordes con la revolución tecnológica en puertas. Durante los primeros años del nuevo milenio, China comenzó a reorientar su modelo productivo hacia el control de sectores estratégicos con la mira puesta en la autosuficiencia tecnológica. La crisis del 2008 marcó el punto de inflexión definitivo para priorizar industrias centradas en energías renovables y telecomunicaciones; invirtió en robótica e inteligencia artificial primando empresas dedicadas a la investigación en semiconductores, y telecomunicaciones. Se planificó la ecuación Estado+Universidades+Empresas como complemento del Projecto 211 (siglo 21, 100 universidades) de 1995 para crear centros de excelencia elevando el nivel científico de las universidades. El gobierno apoyaba la investigación universitaria con fuertes inversiones y la universidad reformaba programas educativos para satisfacer las demandas de empresas innovadoras a quienes transfería el conocimiento. Si hay un ámbito en el que resulta especialmente nítida la divergencia estratégica entre China y Estados Unidos de cara al futuro, ese es el de las enseñanzas universitarias y la política de atracción de talento. El actual gobierno de Estados Unidos ataca la atracción de talento internacional con políticas de hostigamiento a estudiantes universitarios extranjeros, justo cuando China consolida la suya.

En el capítulo anterior mencionaba las amenazas de Trump a la autonomía universitaria utilizando a la Universidad de Harvard como cabeza de turco. Las universidades de Estados Unidos han sido históricamente el gran referente mundial en la producción y atracción de conocimiento, y los ataques del presidente al sistema universitario ponen de manifiesto hasta dónde alcanza su ceguera estratégica. Su hostilidad hacia la universidad, más allá de las pérdidas económicas en matriculaciones, debilita el ecosistema académico estadounidense y propicia el desplazamiento del centro de gravedad del saber hacia sistemas que, como el chino, han entendido que la educación superior es un instrumento estratégico esencial. China ha seguido una política universitaria radicalmente opuesta, reformado su sistema universitario con imaginativas iniciativas de captación de estudiantes y profesores extranjeros.

En el 2008, China lanzó el programa "Plan de los mil talentos", ofreciendo a investigadores extranjeros y chinos retornados vivienda, financiación de laboratorios y salarios muy competitivos. Al estilo de la *Ivy League*, creó su propia red de universidades de élite —Tsinghua, Peking, Fudan, SJTU (Shanghai Jiao Tong Universit), Zhejiang—, diseñando másteres y doctorados en los programas STEM —ciencia, tecnología, ingeniería, matemáticas—, impartidos íntegramente en inglés. Ha promovido la creación de campus internacionales con universidades sino-extranjeras como Duke Kushan University, NYU Shanghai, o University of Nottingham Ningbo China, con plantillas docentes mixtas y reconocimiento internacional de las titulaciones. Dotó con generosidad el programa de becas CGS (Becas del Gobierno Chino), que cubre, además de la matrícula, el alojamiento, la manutención y también ofrece seguro médico en todos los niveles universitarios desde el grado hasta el doctorado incluyendo estancias de investigación.

Como resultado, China lidera todos los *rankings* en estudios de posgrados tecnológicos. Según *Nature Index*, los estudiantes en programas de investigación STEM se duplicaron en China durante la última década llegando a las 600.000 matrículas en 2023.[199] Consecuencia de ello es que el número de doctorados en áreas STEM ha superado ampliamente a Estados Unidos —en el 2022, 50.000 en China, 34.000 en Estados Unidos—[200]. Según el Centro de Seguridad Cibernética de la Universidad de Georgetown,[201] el número de doctorados chinos alcanzará la cifra de 77.000 en este 2025 duplicando los que saldrán de universidades estadounidenses —las universidades europeas no ofrecemos datos homogéneos debido a la diversidad de nuestros sistemas educativos pese a los esfuerzos unificadores de los distintos programas Erasmus—.

En producción científica China es el primer país del mundo en citaciones de impacto indexadas en Scopus (base de datos referencial en bibliografía internacional); el detalle resulta especialmente significativo al comprobar que supera a Estados Unidos en ingeniería, energía y medio ambiente, inteligencia artificial, química y ciencias de materiales. El resultado de ello es que China ha pasado a ocupar la primera posición del mundo en número de solicitudes de patentes con casi la mitad de cuantas se solicitan. Se trata, de nuevo, de patentes en ingeniería, inteligencia artificial, energías, telecomunicaciones y manufacturas, los mismos sectores referidos en Scopus.

El pasado 15 de enero, *The New York Times* publicaba el artículo "Las universidades chinas avanzan en los *rankings* globales, mientras las estadounidenses retroceden".[202] En él se señalaba que la Universidad de Harvard había pasado de su histórico primer puesto a ocupar el tercer lugar. Aunque para muestra baste un botón, el análisis de *rankings* de indudable reconocimiento, como el de Leiden,[203] muestra que la situación trasciende con mucho la anécdota de que Harvard haya dejado de liderar la clasificación. En campos de investigación como las matemáticas y las ciencias computacionales, las universidades chinas copan claramente los primeros puestos. En el período 2020-2023 —el último del que se dispone de datos—, son chinas 45 de las 50 primeras universidades. Solo el Instituto Tecnológico de Vellore (puesto 17, India), el Instituto de Ciencia y Tecnología SRM (34, India), el Politécnico de Milán (43, Italia), la Universidad Técnica de Múnich (44, Alemania) y la Universidad Tecnológica de Delft (48, Países Bajos) logran colarse. La primera universidad estadounidense es el Instituto Tecnológico de Georgia, en el puesto 52. En el período 2006-2009, en este mismo *ranking*, el número de unversidades chinas era de 10 y el de estadounidenses, de 17.

China está demostrando ser mucho más ágil que la OCDE en adaptarse a los nuevos tiempos y, además, lejos de complacerse con la situación actual, continúa promoviendo políticas reformadoras para la universidad. El 1 de enero de 2025 entró en vigor una nueva ley de grados académicos ampliando la autonomía de las universidades para diseñar sus propios programas de grado y doctorado estableciendo sus propios requisitos propios para los casi 50 millones de estudiantes universitarios. Se crearon 24 nuevos grados centrados en áreas consideradas estratégicas para su desarrollo tecnológico como Biotecnología aplicada al cultivo, Semiconductores de alta potencia, Materiales de información electrónica, o Ingeniería de visión inteligente. El sistema universitario chino ofrecía 93 categorías profesionales y 816 programas, en línea con las exigencias del mercado laboral y los cambios en las necesidades tecnológicas. La autonomía universitaria llega al punto de que algunas universidades, como el Instituto de Tecnología de Harbin, eliminan la necesidad de redactar una tesis para obtener el grado de doctor en Ingeniería si el estudiante presenta algún tipo de logro que resulte beneficioso para las industrias.

En respuesta a las trabas burocráticas migratorias de Estados Unidos, China ha lanzado la R-Visa, un tratamiento migratorio especial para atraer talento extranjero de alto nivel que facilita y agiliza el proceso de visados. El mencionado programa de becas para estudiantes extranjeros CGS, ha convertido a China en uno de los mayores países receptores de estudiantes, especialmente del resto de Asia, África y América Latina. La captación de estudiantes de estas zonas geográficas, y en general la expansión y reorientación de la educación superior, se inscribe en una estrategia más amplia vinculada a la Iniciativa de la Franja y la Ruta. En última instancia, su propósito es eliminar la dependencia de Occidente, convirtiéndose en una potencia científica y universitaria de primer nivel para aumentar su influencia global.

Complementando la política educativa, en 2015 China lanzó oficialmente el programa *Made in China*, concebido para cambiar el modelo de crecimiento basado en mano de obra barata y productos de bajo coste por otro de tecnologías avanzadas y alto valor añadido. *Made in China* no solo redefine las bases del crecimiento económico chino, sino que refuerza su aspiración de convertirse en un actor central del liderazgo tecnológico y científico global, con implicaciones directas para el equilibrio de poder económico y la competencia internacional en el siglo XXI. Desde el punto de vista económico, este programa está logrando que las empresas chinas compitan en sectores de alta tecnología ganando peso en áreas de comercio tradicionalmente dominadas por Estados Unidos, Europa o Japón/Corea del Sur.

La gran prueba de fuego para el programa *Made in China* fue la guerra arancelaria iniciada por Trump en su primer mandato y ampliada en este segundo. En enero de 2018 se hicieron realidad las amenazas arancelarias y la Administración Trump impuso de forma unilateral unos aranceles del 25% a las importaciones chinas. Fue un considerable error de cálculo, pues los aranceles iban dirigidos contra la China de final de siglo, dependiente de las exportaciones, que basaba su potencial en la industria manufacturera. Los estregas estadounidenses no vieron que la China de aquel 2018 constituía el mayor mercado doméstico del mundo y había consolidado unas instituciones sólidas que le permitían aceptar el órdago. La economía China, lejos de salir debilitada, se reforzó tanto en el ámbito doméstico como internacional, y fue Estados Unidos quien debió rectificar ante los efectos económicos adversos. En el sector agrario, las represalias chinas golpearon con fuerza las exportaciones estadounidenses. Antes de la guerra comercial, China, que importaba el 60% de la soja exportada por Estados Unidos, redujo drásticamente las compras de esta leguminosa provocando una abrupta caída de precios en origen y la consiguiente acumulación de excedentes, haciendo necesarios multimillonarios rescates federales para los agricultores estadounidenses. Aquella primera guerra arancelaria fue una clase particular que regaló Trump a China, mostrándole sus puntos débiles, acelerando su aprendizaje estratégico, y permitiéndole corregir sus vulnerabilidades estructurales.

La segunda guerra arancelaria partía de similares premisas, pero ahora en lo relativo a la tecnología. Los aranceles revelaron que la industria tecnológica estadounidense dependía en buena medida de componentes electrónicos fabricados en China —circuitos, placas, baterías…— para productos de alto valor añadido fabricados en Estados Unidos. El encarecimiento de estos componentes elevó los costes de producción y los precios finales para el consumidor, afectando a la competitividad de las empresas y aumentando la inflación. En definitiva, los aranceles afectaron negativamente a sectores clave de la economía, y la Administración Trump se ha visto obligada a introducir correcciones en su política arancelaria y a buscar acuerdos al constatar que una política comercial basada en la confrontación le generaba más perjuicios que beneficios.

También ahora ha obtenido China unos réditos indirectos, pues la política arancelaria de Trump ha propiciado la ampliación y apertura de nuevos mercados exteriores para China. Países de Asia, África y América Latina, incluso Europa, que han sufrido las restricciones comerciales impuestas por Estados Unidos, han optado por estrechar relaciones con China como socio alternativo, consolidando su presencia comercial allí donde la influencia estadounidense se había reducido. El 16 de enero de 2016 Canadá firmó un importante acuerdo con China, marcando un giro estratégico de su política comercial en clara ruptura con Washington, reduciendo el impuesto de importación del 100% sobre los vehículos eléctricos chinos a cambio de una sustancial rebaja de China sobre los aranceles impuestos a los productos agrícolas canadienses.[204] De este modo, la estrategia proteccionista de Washington ha contribuido, paradójicamente, a ampliar el alcance global de la economía china a costa de la pérdida su propia hegemonía comercial. Según *Trading Economics*,[205] aunque las exportaciones chinas a Estados Unidos cayeron de forma significativa —un 25% en octubre de 2025 respecto a 2024—, el comercio total chino creció con otros socios, con un incremento del 5% en exportaciones globales y un superávit comercial que alcanzó niveles superiores al billón de dólares marcando un récord nunca alcanzado por ningún otro país. Estados Unidos, por el contrario, registró una caída superior al 30% en sus exportaciones hacia China pasando de 12 mil millones de dólares en agosto de 2024 a poco más de 8 mil en agosto de 2025 según datos de OEC (Observatorio de Complejidad Económica). La guerra arancelaria de Trump ha propiciado que China haya fortalecido sus relaciones comerciales en todas las zonas económicas por la contracción comercial estadounidense.

4.3.4. ¿Los BRICS como alternativa?

El 30 de noviembre de 2001, Jim O'Neill publicaba en la web *Global Economics* de Goldman Sachs, donde era jefe de Investigación Económica Global, el *paper* número 66 titulado "Construyendo una economía global mejor: los BRICs".[206] Con tal acrónimo se refería a las economías emergentes que representaban Brasil, Rusia, India y China, como artífices del nuevo orden económico mundial del milenio, debido al potencial industrial derivado de su magnitud demográfica. En ese momento no existía ningún tipo de alianza entre los países incluidos en el término y debieron transcurrir 5 años hasta que en 2006, en una reunión informal de los ministros de Asuntos Exteriores de esos países, decidieron utilizar tal terminología como una expresión de reconocimiento conjunto.

El primer encuentro oficial BRIC tuvo lugar en 2009 con la participación de los jefes de Estado y de Gobierno de los cuatro países fundadores. Pretendían constituirse en una suerte de plataforma emergente de articulación política y económica entre economías no occidentales con intención de ampliar sus márgenes de autonomía estratégica en el sistema económico internacional. También como grupo de cooperación, comprometiéndose a actuar de forma conjunta y solidaria en los distintos foros internacionales y presentándose como alternativa al omnipotente G-7. En último extremo, su objetivo era reconfigurar el equilibrio económico reformando las instituciones financieras internacionales e impulsando un proyecto multipolar que cuestionaba la necesaria hegemonía política y económica de los Estados Unidos. En el 2010 se unió Sudáfrica y el grupo pasó a denominarse BRICS. En años posteriores la alianza BRICS incorporó nuevos miembros —Arabia Saudí, Egipto, Emiratos Árabes, Etiopía, Irán (Argentina solicitó oficialmente su incorporación, que retiró tras la victoria de Milei)—; el último país en unirse al grupo fue Indonesia en enero de 2025, y también se creó la categoría de "Estados socios", que incluye una decena de países, y se acuñó el término BRICS+.

Comparativamente con el G-7, los BRICS representan en torno al 45% de la población mundial y el G-7 al 10%; su PIB nominal es del 30% y el del G-7 del 43%; sin embargo, el PIB global en términos PPA (Paridad del Poder Adquisitivo) es del 40% y el del G-7 del 30%. El estudio de estos y otros indicadores económicos ofrece interesantes datos que tienen una doble lectura: por una parte, el G-7 tiene ventaja financiera, pero al mismo tiempo el peso político y económico del grupo de los BRICS va en aumento. En cualquier caso, el grupo ha evolucionado convirtiéndose en una organización de primer orden en el escenario global hasta el punto de cuestionar sacrosantas estructuras de poder financiero como el Fondo Monetario Internacional y el Banco Mundial. Cuestiona el dólar como moneda de referencia económica mundial promoviendo sistemas monetarios alternativos —el 47% de las transacciones comerciales en el grupo se realizan en renminbis—, y ha creado sus propias estructuras financieras, como el Nuevo Banco de Desarrollo. En el ámbito institucional, reclaman mayor protagonismo en la gobernanza mundial sin cuestionar los principios del capitalismo como modelo económico-social, aunque China —y Rusia— forme parte de los BRICS.

Según *Business Standard* el conjunto de las economías de los BRICS superará las del G-7 en un par de décadas.[207] Ciertamente el potencial económico y demográfico de los BRICS es impresionante. Controlan el 40% de las reservas petrolíferas mundiales y más del 50% de las reservas gasísticas; también el 45% de la producción agrícola y disponen de más del 60% de la fuerza laboral global. Estos datos parecen anticipar un cambio profundo en el equilibrio del poder global, preconizando el fin de la hegemonía occidental y su sustitución por un nuevo orden internacional de carácter multipolar, sustentado en el bloque de los BRICS. Sin embargo, la traducción automática de ese potencial económico en liderazgo global resulta excesivamente simplista, pues existe un universo de factores estructurales, políticos, sociales y económicos que condicionan, e incluso imposibilitan, ese hipotético escenario.

El modelo económico de los países BRICS no representa una alternativa inmediata al sistema actual, al necesitar a la OCDE para poder desarrollarse. En términos generales, se trata de economías de corte liberal, integradas en los mercados globales, dependientes del comercio internacional, de las inversiones extranjeras y de las reglas básicas del capitalismo global. En el hipotético caso de que el grupo alcanzara una posición hegemónica, la competencia económica se desarrollaría en igualdad de condiciones —y no desde la asimetría actual—, pues operan bajo normas similares a las de Estados Unidos, Europa y resto de economías de la OCDE. A ello hay que sumarle la heterogeneidad interna del propio grupo.

Los países BRICS presentan profundas diferencias internas en cuanto a niveles de desarrollo, estructuras productivas, sistemas políticos y prioridades estratégicas. Estas divergencias se traducen, en muchos casos, en intereses contrapuestos y en tensiones latentes que dificultan la articulación de una estrategia común y coherente a largo plazo. Los BRICS, en definitiva, no actúan como un bloque monolítico, sino que compiten entre sí tanto como con las economías avanzadas —el principal competidor de Brasil en África es China—. Nikola Mikovic publicaba "A pesar de todas las esperanzas depositadas, los BRICS no están unidos ni son eficaces", afirmando que "en realidad, los principales miembros del grupo suelen tener opiniones opuestas sobre cuestiones geopolíticas cruciales y la organización sigue siendo bastante ineficaz en comparación con las instituciones occidentales".[208] Por último, no puede ignorarse la existencia de históricos antagonismos geopolíticos entre algunos de sus miembros —China/India— y la diversidad de intereses, así como una competencia directa en el acceso a distintos mercados. El objetivo compartido, su principal interés común es desligarse del papel hegemónico de Estados Unidos en los ámbitos geopolítico y geoeconómico, impulsando un escenario en la que ellos tengan mayor protagonismo.

A la potencial reconfiguración del orden económico mundial que cuestiona estructuras de poder tradicionales se ha incorporado, a raíz de la guerra de Ucrania, otro actor, oculto desde hace tiempo tras las bambalinas, conocido como Sur Global. Para algunos se trata de un nuevo estamento más amplio que el representado por los BRICS, lo que aumentaría su legitimidad geopolítica. El fenómeno se remonta a mediados del siglo pasado cuando en Sudamérica comenzó a desarrollarse la teoría de la dependencia. La obra seminal fue *El desarrollo de la América Latina y algunos de sus principales problemas* (1949) del argentino Raúl Prebish, continuada por la referencial *Dependencia y desarrollo en América Latina* (1969) de Fernando Henrique Cardoso y Enzo Faletto; sin olvidar *La estructura de la dependencia* (1970) e *Imperialismo y dependencia* (1978) del brasileño Theotonio dos Santos. Las obras mencionadas, junto a los cuatro volúmenes de *El moderno sistema mundial* (entre 1974 y 2011) de Immanuel Wallerstein y su teoría sistema-mundo constituyen el marco teórico del Sur Global.

Más que una categoría geográfica, el término Sur Global —en su dependencia económica y retraso tecnológico— designa un modelo de relación en el sistema económico internacional frente al Norte Global —de economía desarrollada y avanzado tecnológicamente—. La teoría de la dependencia mantiene que el subdesarrollo en países de este grupo es estructural y no transitoria, al ser el propio sistema capitalista quien genera de forma natural la desigualdad internacional. En ese sentido, Wallerstein relaciona las desigualdades internacionales con el colonialismo, necesario para la expansión del capitalismo, e identifica tres zonas estructurales en la "economía-mundo capitalista jerarquizada": el "Centro", formado por los Estados fuertes que controlan las finanzas y el comercio, disponen de alta tecnología y sus economías están altamente industrializadas; la "Periferia", donde se sitúan los países con dependencia económica y tecnológica del "Centro" y su valor reside en la mano de obra barata y las materias primas; por último, la "Semiperiferia", donde encontramos países con industrialización parcial o en procesos de industrialización, combinando rasgos del "Centro" y la "Periferia" y que actúan como zona de amortiguación reduciendo tensiones en el sistema.

Mercosur fue el primer intento de integración regional como estrategia de inserción en la economía global. El Tratado de Asunción de 1991 fue suscrito por Argentina, Brasil, Paraguay y Uruguay, siguiendo el modelo de unión aduanera europeo, con el propósito de liberar el comercio intrarregional, coordinar políticas económicas y fortalecer su papel negociador frente a otros países o alianzas. Sus 270 millones de habitantes lo convierten en espacio estratégico de integración del Sur Global, y su influencia es cada vez más significativa en el comercio mundial de alimentos y materias primas. La firma del acuerdo entre el Mercosur y la Comunidad Europea, el 17 de enero de 2026 y tras veinticinco años de negociaciones, constituye un hito geopolítico y geoeconómico de primer orden. Más allá de su dimensión comercial, el acuerdo representa la apuesta de ambos bloques por un orden económico abierto, en contraste con el giro proteccionista impulsado por la Administración Trump. Se reducen aranceles facilitando el acceso recíproco a mercados estratégicos potenciando la proyección internacional de la CE más allá de Estados Unidos, y convierte a Sudamérica en socio clave para la reconfiguración mercantil europea.

Otra zona incluida en el Sur Global sería la totalidad del continente africano. Un espacio de competencia, una suerte de campo de batalla, entre Oriente y Occidente. En las dos últimas décadas China ha invertido en África a través de proyectos de infraestructuras, energía, minería y transporte vinculados a la Iniciativa de la Franja y la Ruta. Estados Unidos y sus aliados han intentado recuperar influencia con iniciativas como el Corredor de Lobito; uno de los más ambiciosos proyectos de Estados Unidos en el extranjero, promoviendo infraestructuras para conectar África central con el Atlántico facilitando la exportación de minerales críticos y fomentar cadenas de suministro alternativas a China. El Sudeste Asiático, gran parte de las naciones de Asia occidental y países de Oriente Medio también son consideradas parte del Sur Global, incluso China podría incluirse.

Aunque el Sur Global suele vincularse a la idea de un nuevo orden mundial tras el declive de la hegemonía occidental, se encuentra todavía lejos de ocupar una posición hegemónica en el sistema internacional en economía, tecnología, tecnológica o poder militar. Se trata de un conglomerado de países profundamente heterogéneos, con similares trayectorias históricas marcadas por el imperialismo colonial al haber sido recurrentemente maltratados, subordinados y expoliados por el capitalismo occidental. En el presente, y especialmente a raíz de las políticas arancelarias impulsadas por la actual Administración estadounidense, muchos de estos países se refugian en el paraguas chino como opción alternativa con quien comerciar, buscar financiación y recurrir para inversiones en industria e infraestructuras.

La coyuntura internacional actual propicia mejoras significativas en aquellos países con mayor capacidad productiva, demográfica o estratégica, pero no va mucho más allá de eso. En África, por ejemplo, las fuertes inversiones chinas y estadounidenses propician su integración en la economía mundial, una mayor relevancia geopolítica y la construcción de infraestructuras necesarias para su eventual desarrollo. Sin embargo, esos mismos beneficios la sumergen en dinámicas de dependencia y, en algunos casos, de endeudamiento; además, la inexistencia de amplias clases medias y un complejísimo entramado de estratificación social hacen que los beneficios por exportaciones de materias primas se queden en pocas manos sin permear en la población. En América Latina y el Caribe, la combinación drogas-armas en algunos países es una auténtica lacra que lastra su capacidad de mejora en todos los órdenes sociales. Además, sus economías se basan en la exportación de materias primas y productos agroalimentarios con escaso valor añadido; son países con graves problemas de gobernabilidad donde la alternancia política responde a formulaciones de acción-reacción que polarizan la sociedad; su dependencia financiera tan solo es equiparable a la dependencia tecnológica, limitando seriamente la capacidad de reacción. Los países productores de petróleo de Oriente Medio y algunos Estados de la "Semiperiferia" del Sudeste Asiático, en términos de la tipología de Wallerstein, presentan en principio condiciones que podrían permitirles aspirar a un mayor peso hegemónico. Sin embargo, al igual que ocurre con India, sus estructuras sociales internas constituyen un límite insalvable, de momento, para que esa posibilidad se traduzca en una realidad efectiva.

Más que constituir una alianza económica homogénea, el grupo funciona como un espacio heterogéneo con vocación antisistema y en oposición a la concentración del poder global en el Norte, promueve la cooperación entre países en vías de desarrollo al margen de Occidente, y propone reformar las instituciones de financiación y estructuras de gobernanza internacional vigente. Eso es todo. Si en Asia excluimos a China e India y un reducido grupo de economías emergentes del sudeste como Vietnam, en América del Sur a Brasil, en Oriente Medio los países productores de petróleo, y Sudáfrica y Nigeria en África, el resto de naciones sufren tales limitaciones económicas, tecnológicas, financieras y militares que imposibilitan su capacidad de proyección global. Todo ello sin mencionar otros factores como las corruptelas endémicas, intereses nacionales distintos y en ocasiones antagónicos, ausencia de infraestructuras e instituciones financieras propias, insalvables asimetrías de desarrollo económico de los distintos países, rivalidades políticas, conflictos fronterizos y regionales, etc.

4.3.5. El grupo de Shanghái y las esferas de influencia.

El vínculo entre BRICS y Sur Global no es de identidad plena, sino de representación parcial y ambigua dentro de un sistema internacional en transformación; el común denominador entre los dos grupos es la presencia hegemónica de China en concordancia con la agenda establecida en el referido informe *China 2030*:

> China debe desempeñar un papel central en la interacción con sus socios en los ámbitos multilaterales para configurar la agenda de la gobernanza global y abordar cuestiones económicas globales apremiantes como el cambio climático, la estabilidad financiera internacional y una arquitectura de ayuda internacional más eficaz que sirva a la causa del desarrollo en los países pobres menos favorecidos que China.[209]

Desde la lógica teórica de las esferas de influencia, China ha sabido adaptarse a las singularidades del siglo XXI. La teoría de las esferas de influencia sostiene que las grandes potencias tienden a delimitar áreas geográficas en las que buscan ejercer una influencia predominante —política, económica, militar y estratégica— para garantizar su seguridad, proyectar poder y limitar la presencia de rivales. Se trataría de una evolución o actualización del decimonónico concepto de imperio pues, en la lógica de las esferas de influencia, la colonización directa es sustituida por la dependencia económica, la capacidad de teledirigir decisiones y mediar en el establecimiento de alianzas, entre otras. Este modelo adquirió rango de categoría tras la Segunda Guerra Mundial, cuando Estados Unidos y la Unión Soviética reorganizaron el mundo en zonas de influencia, claramente definidas, que ellos controlaban.

El grupo BRICS y el Sur Global eran las propuestas chinas para establecer su propia esfera de influencia configurando un orden internacional multipolar. El modelo tradicional al estilo de Estados Unidos o la URSS se basaba en el control militar; la estrategia china, en cambio, utiliza instrumentos económicos, comerciales y tecnológicos para construir redes de dependencia que refuercen su posición global. A diferencia de Estados Unidos, no ejerce su hegemonía desde el colonialismo cultural; su propuesta social combina la diplomacia de no injerencia con la narrativa de cooperación Sur-Sur, favoreciendo a los más débiles. Los resultados son positivos, pues China está ampliando su esfera de influencia de forma gradual, indirecta y multidimensional sin recurrir a la fuerza.

La Organización de Cooperación de Shanghái (OCS), popularmente conocidos como grupo de Shanghái —idéntica denominación al grupo de políticos que rodearon a Zemin, sin que tengan relación— se reunieron en Tianjin del 31 de agosto al 1 de septiembre de 2025 acordando una serie de medidas recogidas en la *Declaración de Tianjin del Consejo de Jefes de Estado de Organización de Cooperación de Shanghái*,[210] referida como *Declaración de Tianjin*. Las propuestas de actuación conjunta recogidas en tal declaración representan el bautismo oficial de un bloque de países revisionistas, encabezado por China como potencia hegemónica, que aspira a modificar el orden internacional surgido tras el final de la Guerra Fría. En su informe durante el XIX Congreso Nacional del Partido Comunista Chino en octubre de 2017. Xi Jinping aseguró que el modelo socialista chino ofrecía "una nueva opción para otros países y naciones que desean acelerar su desarrollo como mantener su propia independencia".[211] Indudablemente el grupo de Shanghái representa esa "nueva opción", la esfera de influencia definitiva que perseguía China. Probablemente lo hubiera conseguido tarde o temprano, pero la guerra de Ucrania ha sido el factor que ha trasformado profundamente el escenario internacional, propiciando nuevas alianzas y reformulando las ya consolidadas.

El germen de la OCS fueron "los Cinco de Shanghái" —China, Rusia (chino y ruso son los idiomas oficiales), Kazajistán, Kirguistán, y Tayikistán—, que en 1996 se asociaron para solventar problemas fronterizos; el grupo adquirió su denominación actual cuando en el 2001 se incorporó Uzbekistán. En 2005 Estados Unidos solicitó ser admitido como "observador", pero fue rechazado de forma unánime. El grupo fue ganando peso específico y, con la incorporación de India y Pakistán en 2017, la OCS se convirtió en el mayor bloque político eurasiático; en los años 2023 y 2024 fueron admitidos Irán y Bielorrusia, respectivamente. Se trata de la mayor organización regional del mundo en términos de extensión geográfica —con ⅔ de la masa continental euroasiática— y demográfica —"Los líderes de los Estados sentados en esta mesa de negociación representan a la mitad de la humanidad", afirmó el presidente de Kazajistán, Nursultan Nazarbayev.[212]

La alianza tenía vocación político-estratégica de cooperación en seguridad, economía y asuntos regionales; su propósito en absoluto era militarista, pero tomó rápidamente una deriva belicista. Sus miembros han desarrollado maniobras conjuntas —paradójicamente denominadas *Peace Missions*— y creado organismos como RATS (Estructura Antiterrorista Regional), evitando, según datos de la *Encyclopedia Britannica*, 20 atentados terroristas, desmantelado 440 campos de entrenamiento, y arrestando a 2.700 miembros de grupos extremistas.[213] Su creciente interconexión estratégica, desde que en el 2005 comenzaron los intercambios de inteligencia e implantaron un sistema de defensa paralelo al de la OTAN, es percibida en Washington como un contrapeso directo a su hegemonía mundial.

A la cumbre celebrada en Tianjin también acudieron los líderes de Afganistán y Mongolia, con el estatus de "Estados observadores", y los 14 "socios de diálogo" —Arabia Saudita, Armenia, Azerbaiyán, Baréin, Camboya, Egipto, Emiratos Árabes, Kuwait, Maldivas, Myanmar, Nepal, Qatar, Sri Lanka y Turquía— que participan en los foros pero no en las decisiones estratégicas. Resulta lógico que esta cumbre atrajera a tan elevado número de países, pues la presidencia de Trump y medidas económicas controvertidas, como la imposición indiscriminada de aranceles, han alterado de manera significativa el panorama económico mundial. Se trata en muchos casos de economías emergentes que dependen, en buena medida, del comercio internacional y financiación exterior, y el giro de la política estadounidense propiciado por Trump les obliga a explorar nuevas rutas de crecimiento. En este contexto, Pekín intenta aprovechar la ventana de oportunidades que se ha abierto para captar un mayor respaldo político del Sur Global y reforzar su estrategia de presentarse como paladín alternativo en el orden global, en contraste con la creciente imprevisibilidad de Washington. Tal como señalaba el *Financial Times* el 6 de septiembre de 2025, no cabe duda de que se trata de un grupo en expansión con objetivos convergentes.

La OCS defiende la no injerencia en asuntos internos, cuestionando el expansionismo occidental en defensa global de la democracia, y apuesta por un orden multipolar donde ninguna potencia imponga sus reglas. En este sentido, países enfrentados a Estados Unidos encuentran mercados alternativos y rutas comerciales no occidentales que les permiten seguir funcionando. También defienden que el mundo debe caminar mediante equilibrios entre grandes regiones y no bajo dictados de nación alguna, ni debe regirse por los principios sociales propios del liberalismo. Actualmente casi el 50% de la población mundial está bajo el paraguas de la OCS, que acapara casi dos terceras partes de los recursos energéticos globales —casi la mitad del gas natural y ¼ de las reservas mundiales de petróleo— y en conjunto generan más del 20% del PIB mundial con una producción económica combinada de casi 30 billones de dólares. Este espacio económico cuestiona el dólar como referente económico universal e intenta reducir su dependencia del sistema financiero occidental.

Ante este diagnóstico, cabría esperar que la política exterior estadounidense respondiera mediante una estrategia orientada a contener a este bloque emergente y a consolidar sus alianzas tradicionales. Sin embargo, la Administración Trump ha seguido una senda diametralmente opuesta al histórico discurrir de la política exterior estadounidense, cimentada en la coherencia estratégica y la credibilidad internacional. Los continuos cambios de timón, las contradicciones entre discurso y acción, y la ambivalencia y continua rectificación o matización de declaraciones debilitan el vínculo transatlántico y aumentan la incertidumbre entre quienes dependen de su respaldo. Sus pretensiones territoriales en Groenlandia socavan los fundamentos de la OTAN, distanciándole de sus aliados históricos, y ha maltratado a los países no alineados con una irracional política arancelaria. En un momento en que las potencias revisionistas, lideradas por China, coordinan sus esfuerzos para redefinir el equilibrio global, este giro radical de la diplomacia estadounidense resulta incoherente, máxime cuando todas y cada una de las agencias gubernamentales de la nación coinciden en diagnosticar que el eje China-Rusia-Irán, potenciado a raíz de la guerra de Ucrania, representa una amenaza al *establishment* estratégico estadounidense. La guerra lanzada por Israel y secundada por los Estados Unidos contra Irán, que se está librando en estos momentos, ha supuesto un imponderable que obliga a matizar tal apreciación, pues probablemente se traducirá en una reconfiguración de las alianzas regionales y, al mismo tiempo, sus consecuencias bien pudieran alterar las referidas previsiones.

Más allá de que Irán entre o no entre en la ecuación, Rusia y China, con el apoyo puntual de Corea del Norte, aprovechan la incoherencia estratégica estadounidense para ampliar su margen de maniobra e influencia. En un contexto de competencia geopolítica creciente, la falta de claridad en la postura de Washington se percibe como un vacío de liderazgo, propiciando que otros Estados promuevan agendas propias incompatibles con el modelo liberal vigente. Las vacilaciones del gobierno de Trump, sin una política exterior clara y coherente, han acelerado la configuración de un bloque alternativo que aspira a redefinir las reglas del sistema internacional en beneficio propio. Así, por ejemplo, Rusia e Irán han abandonado el dólar como moneda de referencia en sus transacciones comerciales en favor de sus monedas nacionales, y el ejemplo es seguido de forma progresiva por un número de gobiernos cada vez mayor.

La *Declaración de Tianjin*, firmada por los jefes de Estado asistentes a la cumbre, es una hoja de ruta diseñada para convertir al grupo en potencia global, y representa un ataque frontal a la arquitectura geopolítica y geoeconómica actual desde el primer párrafo: "El mundo está atravesando profundos cambios históricos que afectan a todas las esferas de las relaciones políticas, socioeconómicas y sociales. Crece el deseo de crear un orden mundial multipolar más justo, equitativo y representativo".[214] Multipolaridad un tanto *sui generis*, pues su estructura replica la relación existente entre Europa y Estados Unidos en tanto en cuanto una potencia hegemónica lidera el grupo. En el apartado III de la declaración, se pone de manifiesto el liderazgo chino cuando los firmantes "reafirman su apoyo a la Iniciativa de la Franja de la Ruta (BRI) de China". La relación entre ellos encierra un significativo paralelismo con el Plan Marshall que estimuló la reactivación económica en Occidente. China, motor y referente en las 50 áreas de cooperación identificadas, establecerá tres plataformas principales para la cooperación con la OCS en materia de energía, industria verde y economía digital, y también tres importantes centros de cooperación para la innovación científica y tecnológica, la educación superior y la formación profesional y técnica. Estas plataformas y centros buscan, en palabras del ministro de Asuntos Exteriores chino Wang Yi, "aprovechar el nuevo desarrollo de China para brindar nuevas oportunidades a la OCS, permanecer abiertos a todos los Estados miembros de la OCS e impulsar el desarrollo sostenible regional".[215] El liderazgo chino, como en su día el estadounidense en Europa con el Plan Marshall y la OTAN, proporciona la cobertura necesaria en materia de seguridad militar, política y económica necesaria para reforzar la solidez y proyección del bloque.

El ministro chino enumeró ocho acuerdos alcanzados sobre la base del referido multilateralismo —"en respuesta al resurgimiento del unilateralismo y la intimidación"— que constituyen una estrategia de desarrollo para los próximos diez años. Acordaron una reestructuración institucional de los organismos que "conducirá a una estructura organizativa más optimizada"; se propuso la creación del Banco de Desarrollo de la OCS "que promoverá con fuerza el desarrollo de infraestructura, así como el desarrollo económico y social entre los Estados miembros" —distinto al Nuevo Banco de Desarrollo de los BRICS ya fundado—. Resumiendo, la OCS encuentra su razón de ser en la cooperación internacional y un orden mundial multipolar sustentado en normas compartidas, y la *Declaración de Tianjin* articula una propuesta de actuación radicalmente distinta de la aislacionista defendida por Trump y la expuesta en la Estrategia de Seguridad Nacional de 2025.

La *Declaración de Tianjin* de la OCS se hizo pública en octubre de 2025 y la Estrategia de Seguridad Nacional de Estados Unidos en noviembre del mismo año. Ambos documentos presentan propuestas tangencialmente distintas, y la lectura comparada pone de manifiesto que el grupo de Shanghái liderado por China representa una alternativa clara a la histórica hegemonía de la OCDE liderada por Estados Unidos. La Estrategia de Seguridad Nacional de EE.UU. reniega de organismos internacionales bajo el principio de *America First*, la OCS impulsa "un diálogo de alto nivel con la ONU y sus estructuras a fin de mejorar la capacidad para contrarrestar toda clase de desafíos y amenazas en nombre de la paz, la estabilidad y el desarrollo sostenible".[216] Contra el cuestionamiento e incluso rechazo de las históricas alianzas trasatlánticas de Trump, la OCS promueve "una cooperación más estrecha, un funcionamiento más eficiente y una visión más clara de la familia de la OCS [y la] importante contribución práctica del Foro de Jefes de Regiones y del Consejo Empresarial de la OCS al desarrollo de la cooperación comercial y económica dentro de la Organización". Contra la política arancelaria impuesta por Estados Unidos, la OCS apuesta por "elaborar un acuerdo sobre facilitación del comercio en el marco de la OCS". Contra las críticas al sistema multilateral de comercio que representa la Organización Mundial del Comercio, la OCS "apoya la reforma de la arquitectura financiera internacional encaminada a aumentar la representación y el papel de los países en desarrollo en los órganos de gobierno de las instituciones financieras internacionales". Lo mayor paradoja está relacionada con el liberalismo. Trump adopta una política internacional antiliberal, que es respondida por la OCS adaptando los principios liberales económicos, de probada efectividad, a sus estructuras sociales, aceptando las leyes de mercado y la iniciativa privada. Eso sí, sin los marcos normativos rígidos en materia de derechos individuales y laborales propios del liberalismo social.

La guerra de Ucrania ha promovido amistades y alianzas inconcebibles hace tan solo unos años. Estamos asistiendo a una polarización similar a la experimentada durante la Guerra Fría entre los bloques capitalista y comunista, pero ahora el campo de batalla no es ideológico sino económico. La OCS se perfila como el organismo geopolítico alternativo al orden liberal de dominio occidental en lo que supone un cambio de paradigma. El encuentro de Tianjin concluyó con un desfile militar al que asistieron los jefes de Estado asistentes a las reuniones político-económicas, excepto el indio Modi, y dignatarios internacionales invitados, destacando el líder norcoreano Kim Jong-un. En reacción a este encuentro, Trump publicó en sus redes sociales el siguiente mensaje dirigido a Xi: "Por favor, da mis más calurosos recuerdos a Vladimir Putin y Kim Jong-un mientras conspiráis contra los Estados Unidos de América".[217]

4.3.6. El siglo de Asia es el siglo de China.

Taoguang yanghui (literalmente "mantener un perfil bajo y aprovechar el tiempo") fue un aforismo de Deng Xiaoping transmitido como una suerte de filosofía política con el significado de "ocultar nuestra luz y cultivar nuestra fuerza". También se atribuye a Deng la máxima "aumentar la confianza, reducir los problemas, fomentar la cooperación y no buscar la confrontación" como parte de su directriz *bu dang tou* para "no ponerse a la cabeza". Ambas consignas encierran el mensaje de mantener un perfil bajo en política internacional, evitando el enfrentamiento con Estados Unidos, para centrarse en el desarrollo económico y consolidación del Estado hasta que llegue "el momento propicio". Esa ha sido la estrategia internacional china hasta el 3 de septiembre de 2025, día en que tuvo lugar el referido desfile militar en Pekín.

El despliegue de fuerza fue la mayor manifestación del poder militar chino hasta la fecha, y todo indicaba que parecía llegado el "momento propicio" de mostrar abiertamente su potencial bélico, en consonancia con la máxima atribuida a Deng de fortalecerse hasta que las circunstancias permitieran abandonar el perfil bajo. Nada se dejó al azar, la plaza de Tiananmén, epicentro de la celebración, posee una fuerte carga simbólica al ser el espacio asociado tanto al nacimiento de la República Popular como a las aspiraciones frustradas de apertura política. El desfile fue el colofón a una reunión donde, la historia lo dirá, bien pudiera haberse diseñado una nueva ordenación global como en Bretton Woods en 1944. El motivo oficial del desfile fue la conmemoración de la derrota de Japón, país capital de la OCDE y el G-7, lo que potencia una lectura metafórica del evento. Estuvieron invitados numerosos mandatarios extranjeros, todos ellos de países alejados de la esfera de influencia estadounidense. Con aquel desfile, Xi lanzó al mundo el mensaje de que China estaba plenamente preparada para competir, en condiciones de igualdad, con Estados Unidos por la hegemonía mundial y en defensa de un modelo social alternativo a la democracia liberal.

Entre los atributos clásicos de toda potencia hegemónica se encuentra la consolidación de una esfera propia de influencia, acompañada del establecimiento de una red de alianzas estables y comprometidas con una determinada visión del orden internacional. En este sentido, China ha desarrollado una estrategia que presenta significativos paralelismos con el modelo estadounidense de posguerra en Europa. Como hiciera Estados Unidos con el Plan Marshall, China, a través de la Iniciativa de la Franja y la Ruta, ha articulado una densa red de vínculos económicos, financieros y estratégicos, especialmente en el Sur Global, que refuerzan relaciones de dependencia. El plan chino combina incentivos materiales con una narrativa política orientada a la estabilidad, el desarrollo y la no injerencia, ofreciendo a muchos países una alternativa al orden liberal liderado por Occidente y contribuyendo así a la consolidación de una esfera de influencia china de alcance creciente.

Las continuas referencias al orden multipolar es más oratoria china para mostrar distanciamiento con el modelo estadounidense que realidad futura, pues China mantendrá con los países de la Organización de Cooperación de Shanghái la misma relación que Estados Unidos guarda con la OTAN o la CE. Rusia se adjudicará territorios tras la guerra de Ucrania, pero sus heridas económicas tardarán décadas en curarse; en cuanto a India, sí que podría ser una alternativa, pero eso lo trataré en la siguiente sección. El nuevo bloque que se está formando se está consolidando como un grupo con aspiraciones hegemónicas tras el conflicto de Ucrania, pero está muy lejos de reemplazar al poder económico del G-7 o la OCDE, incluso contando con el amparo chino. El despegue de estas economías emergentes se producirá cuando China no sea el principal proveedor de oferta y se convierta en demandante de productos provenientes de estos países. También sería necesaria una apreciación sostenida del renminbi como moneda de intercambio económico entre el grupo. Medidas que, de momento, no figuran en la agenda económica china. Además, se trata de una dislocación de las estructuras del comercio internacional con inciertas consecuencias no deseables por China.

En 2014, el profesor de la Universidad de Columbia Andrew Nathan escribía en *Foreign Affairs* que, aunque China es "más fuerte en apariencia que en cualquier otro momento desde el apogeo del poder de Mao, también es más frágil".[218] En ese momento, Xi había concluido su campaña anticorrupción (2012-2013) con el doble propósito de eliminar rivales internos y disciplinar al Partido, asumiendo el máximo poder en su persona. Según Nathan, esa concentración de poder debilitaba los mecanismos de control interno, aumentaba la dependencia del liderazgo personal y elevaba los costes de los errores. Una década más tarde China, con el liderazgo de Xi, incluso se ha fortalecido pese a las distintas crisis domésticas y mundiales que también ha sufrido. Según algunos politólogos, este pacto de lealtad con el PCCh, con una burguesía de clase media cada vez más numerosa y consolidada, saltará por los aires cuando termine la prosperidad. Todos los indicadores apuntan a que nos separan décadas de tal acontecimiento y, cuando eso ocurra, China tendrá el ejemplo de Europa para reaccionar de forma adecuada.

El libro blanco del Consejo de Estado de la República Popular, *China: la democracia que funciona* (2021), presenta la concepción china de democracia popular como alternativa a los modelos liberales occidentales. Se fundamenta en el liderazgo del PCCh mediante una participación política canalizada a través de mecanismos consultivos y no competitivos. La democracia no se entiende como fin normativo en sí mismo, sino como un instrumento cuya legitimidad política deriva de la eficacia en la mejora del bienestar material y la cohesión social. Asimismo, reivindica la adecuación del sistema político a la historia, cultura y condiciones nacionales chinas. Tal planteamiento comienza a sonar en las sociedades occidentales a música celestial, desde luego que para Trump lo es.

Deng instauró en 1979 la denominada "política del hijo único" con el objetivo de frenar el crecimiento demográfico y facilitar el desarrollo económico del país. Esta medida provocó una fuerte caída de la natalidad, la reducción progresiva de la población en edad de trabajar y un rápido envejecimiento demográfico, lo que supuso un aumento de la carga social y económica sobre los más jóvenes. Además, la legislación migratoria es fuertemente restrictiva, por lo que no puede compensar la baja natalidad mediante la inmigración como en Europa. La reacción no se hizo esperar, y en el 2021 el gobierno de Xi amplió el límite permitido de hijos a tres y se observan indicios de estabilización.

China también ha tenido su particular "crisis del ladrillo", con la consiguiente debacle del mercado inmobiliario en el 2021, de la que todavía se está recuperando. El grupo China Evergrade Group, el más potente y poderoso del sector, entró en crisis al incumplir pagos de deuda y enfrentar una grave falta de liquidez tras las medidas regulatorias que limitaban el endeudamiento excesivo. La compañía tenía unos pasivos por encima de los 300 billones de dólares y un tribunal de Hong Kong ordenó su liquidación en enero de 2024; sus acciones fueron excluidas de la Bolsa de Hong Kong en 2025, simbolizando el colapso de lo que fue un gigante del sector que arrastró a otras gigantescas promotoras como Sunac o Country Garden.

La quiebra de todos ellos no respondía a un simple ajuste cíclico, sino una crisis estructural del modelo de crecimiento del país. La expansión económica se había apoyado de manera excesiva en la inversión inmobiliaria y en infraestructuras, en un uso intensivo de la deuda y en la dependencia fiscal de los gobiernos locales de la venta de derechos de uso del suelo. Esta crisis ha tenido un impacto directo sobre el sistema financiero, especialmente en bancos regionales y entidades locales. La respuesta de Xi ha priorizado la estabilidad política y la disciplina financiera. Como en Europa, el Estado ha intervenido con rescates selectivos, fusiones forzosas y apoyo del banco central para evitar una crisis financiera abierta. El gobierno ha cambiado leyes en clara ruptura con el modelo anterior, que incentivaba a los promotores a endeudarse de forma masiva, ha apoyado a gobiernos locales y ha financiado la conclusión de viviendas inacabadas. La crisis sigue abierta, como abierta sigue la ecuación poder de producción vs. poder de compra en la economía china. En cualquier caso, la crisis de Evergrade no tuvo para China la trascendencia de Lehman Brothers para Occidente porque el sistema propició tomar medidas con carácter inmediato que evitaron quiebras en cadena del sistema bancario y una crisis financiera de la dimensión de Europa.

Obviando las crisis inmobiliarias-financieras, en los cinco primeros años de esta década la economía mundial ha sufrido tres crisis de primer orden, como son la pandemia de la COVID-19, la deriva tomada en la guerra de Ucrania y la guerra arancelaria iniciada por la Administración Trump. El equilibrio geopolítico y geoeconómico global se ha visto gravemente alterado y tanto los mercados internacionales tradicionales como las cadenas de suministro han sufrido a consecuencia de ello. En el caso chino, estas crisis le han servido como una suerte de salvavidas para la desaceleración económica interna derivada de la crisis del ladrillo, e incluso ha salido más reforzada que perjudicada. La pandemia tuvo un elevado coste interno a causa del confinamiento en la estrategia de "COVID cero", pero al mismo tiempo reforzó su posición de liderazgo en las cadenas globales de suministros sanitarios y en la exportación de bienes industriales; el conflicto de Ucrania le ha permitido reforzar su alianza con Rusia accediendo a recursos energéticos a precios muy favorables; la guerra comercial de Trump ha servido a China para diversificar mercados, fortalecer su comercio con economías emergente, ampliar su influencia en el llamado Sur Global e impulsar la proyección internacional del Grupo de Shanghái que lidera. Resumiendo, estas tres crisis que han debilitado las economías mundiales, han favorecido el reposicionamiento estratégico chino en el sistema internacional, potenciándola como alternativa real al liderazgo de Estados Unidos.

Conforme la economía china ha comenzado a desempeñar un papel cada vez más relevante a escala global, se ha generado en su ciudadanía un sentimiento de orgullo nacional que refuerza la aceptación social sin críticas al singular modelo socialista chino. La lealtad popular al sistema no se fundamenta, como en la OCDE, en el sistema democrático, sino en un convenio entre la sociedad y el PCCh que les procura seguridad y progreso económico. Políticas como la arancelaria de Trump fortalecen el convenio y sirven para cohesionar socialmente a la ciudadanía china tanto por la sensación de ser atacados como por salir victoriosos de la contienda.

La estrategia arancelaria de Trump pretendía elevar la presión sobre China como principal competidor y propiciar la relocalización industrial en Estados Unidos. Cuando China entró en la batalla adoptando medidas equivalentes, las manufacturas estadounidenses que necesitaban componentes chinos y la agricultura del Medio-Oeste que tenía en China su principal mercado exportador se vieron seriamente dañadas. En poco más de un par de meses las dificultades económicas estadounidenses se agravaban y China se fortalecía. Trump recurrió a su habitual retórica intimidatoria de confrontación solicitando a China un primer movimiento que no llegó a producirse. Xi optó por una estrategia de espera en el convencimiento de que los costes políticos erosionaban más a Trump que a su propio gobierno. Finalmente alcanzaron un principio temporal de acuerdo que el presidente estadounidense tergiversó vendiéndolo como un logro propio al afirmar: "No buscamos perjudicar a China. China estaba sufriendo un gran daño. Estaban cerrando fábricas. Había mucha inestabilidad y estaban muy contentos de poder hacer algo con nosotros. La relación es muy, muy buena".[219] Ya se ha mencionado, este 2025 el superávit comercial de China ha saltado la barrera del billón de dólares, un nivel nunca alcanzado por ningún otro país.

Algunas voces sostienen que el enfrentamiento entre China y Estados Unidos por la hegemonía mundial va más allá de una guerra comercial, pues se trataría de reemplazar un sistema por otro. Michael Pillsbury, analista de China en la ultraconservadora Heritage Foundation, avisaba en *El maratón de los cien años: la estrategia secreta de China para reemplazar a Estados Unidos como superpotencia global* (2015) del plan chino para superar a Estados Unidos como país hegemónico en el 2049, centenario de la revolución maoísta. Publicaba en su blog personal el artículo "China — *Quid Pro Quo*" de Laurence F. Sanford,[220] donde afirmaba literalmente que "China está en guerra con Estados Unidos. Lo único que falta es el tiroteo. China está construyendo la fuerza militar más grande y moderna del mundo. Está subvirtiendo y corrompiendo a Estados Unidos…".

El verdadero objetivo de China, según entiendo, no pretende reemplazar a Estados Unidos como potencia hegemónica, sino modificar la estructura global existente para que sea más favorable a sus intereses y garantice la supervivencia y perpetuidad de su régimen. Xi se encuentra muy cómodo en el tablero del liberalismo económico y, a diferencia de grupos viviendo en ese escenario, no pretende destruirlo, tan solo reformarlo selectivamente. China rechaza los componentes normativos intrusivos relativos, por ejemplo, a derechos humanos o intervenciones humanitarias, y defiende un modelo de estabilidad global en el que puedan coexistir distintos sistemas políticos sin jerarquías normativas. Llama la atención la singular interpretación del concepto "democracia" expresado en el referido libro blanco, también reproducido en la declaración conjunta Rusia-China del 4 de febrero de 2022:

> La democracia es un medio por el cual los ciudadanos participan en el gobierno de su país con el propósito de mejorar el bienestar de la población y aplicar el principio del gobierno del pueblo. […] No existe un modelo único que sirva de guía para que los países establezcan la democracia. […] Solo corresponde al pueblo de cada país decidir si su Estado es verdaderamente democrático.[221]

La narrativa de la multipolaridad en el nuevo orden mundial es simple retórica, pues China por si sola se vale como única alternativa al potencial de Estados Unidos. Europa interesa a China en la medida en que constituye uno de sus principales mercados de exportación, pero el eje central de su estrategia se orienta a la consolidación de su propia esfera de influencia en Asia y en el denominado Sur Global. El único interrogante pendiente tiene que ver con determinar hasta qué punto las propuestas económicas chinas pueden entenderse como una forma de globalización alternativa al modelo liberal occidental, o como una reconfiguración al servicio de una nueva correlación de poder internacional.

A diferencia de Estados Unidos o Rusia, China no pretende exportar su modelo político a Occidente, sin embargo, está teniendo un impacto indirecto de consideración con consecuencias profundas para la democracia liberal a corto y medio plazo. Paradójicamente, su primer partidario parece ser Trump, quien ha manifestado en diversas ocasiones una explícita admiración —¿envidia?— por el liderazgo personalista de Xi y Putin. Sus formas absolutistas están por encima de los controles institucionales, a los que él está sujeto, que desde su perspectiva coartan la eficacia gubernamental. Desde este enfoque, la acción política prioriza la cohesión interna y el éxito nacional por encima de los derechos individuales y resto de principios liberales democráticos que han constituido el alma de las sociedades occidentales. Se trata de una alternativa que, a la luz de los resultados electorales de los últimos años en distintas naciones, ha logrado un éxito apreciable en determinados contextos nacionales.

4.4. La "Gran Estrategia" de la alternativa india.

Uno de los países con los que la Administración de Donald Trump está siendo especialmente zafia es la India. El gesto de nombrar como embajador a una persona joven —38 años—, sin experiencia diplomática y con el único activo de la fidelidad debida por amistades familiares, revela un profundo desconocimiento del funcionamiento político y cultural del país más poblado del mundo con 1.400 millones de personas. En cualquier otra nación esta torpeza resultaría simplemente anecdótica, pero en la cultura hindú, profundamente tradicional y que considera las formas como parte inseparable del fondo, resulta altamente significativa al poner de manifiesto la ceguera de Estados Unidos respecto a las implicaciones de la "Gran Estrategia India".

La obsesión de Trump con China ha relegado al subcontinente asiático a un papel diplomáticamente secundario, poniendo de manifiesto una miopía estratégica difícil de justificar. No solo eso, sus amenazas arancelarias parecen evocar la doctrina del "Gran Garrote" formulada por Theodore Roosevelt anteriormente referida, que pudo ser efectiva en otros contextos, pero probablemente contraproducente en el actual. India es la única nación con posibilidades de enfrentarse y contrarrestar el creciente poderío chino; la única con capacidad real para ejercer de contrapeso en lo que, sin duda, será el siglo asiático. El país más poblado del mundo está experimentando un proceso de desarrollo acelerado, con una velocidad de crucero comparable a la de la propia China, al jugar ambas con las mismas reglas. En un mundo donde China expande su influencia, su histórico adversario se perfila como la única potencia capaz de equilibrar la balanza con una economía en crecimiento sostenido y una diplomacia internacional que la sitúan en el epicentro del equilibrio regional y mundial, lo que hace aún más desconcertante la torpeza estadounidense para calibrar adecuadamente la creciente relevancia geopolítica india.

La imposición de aranceles, como represalia por la compra de petróleo ruso, puede ser justificable desde la perspectiva de la confrontación bélica, pero resulta extemporánea e incongruente desde una perspectiva geopolítica y económica. Las sanciones de Occidente a Rusia en diciembre de 2022 y febrero del 2023 incluían topar precios y, en última instancia, prohibiciones de comprar crudo e importar productos refinados de Rusia. Para financiar la guerra, Moscú ha debido redirigir hacia Asia el petróleo rechazado por Europa a unos precios sensiblemente inferiores a los del mercado internacional, e India, como cualquier país con necesidades energéticas, ha aprovechado la oportunidad. Comprar crudo ruso a precio reducido garantiza la estabilidad y seguridad de su industria manufacturera a medio y largo plazo. Desde la temprana presidencia de Jawaharlal Nehru, India ha mantenido una inequívoca política de neutralidad y autonomía. Penalizarla por tomar decisión puramente pragmática, ajena a ideologías, en una coyuntura histórica tal vez irrepetible y primando sus intereses energéticos, es una torpeza que contraviene el más elemental sentido geopolítico.

Más allá del riesgo de fortalecer sus históricas buenas relaciones con Rusia, la imposición de aranceles propiciará un mayor acercamiento con su tradicional adversario regional, China. La referencia a India en el plan de Estrategia de Seguridad Nacional de 2025 de EE.UU. se hace en el marco de los QUAD, relativizando su potencial individual a la alianza QUAD: "Debemos seguir mejorando las relaciones comerciales (y de otro tipo) con la India para alentar a Nueva Delhi a contribuir a la seguridad del Indo-Pacífico, entre otros medios continuando con la cooperación cuadrilateral con Australia, Japón y Estados Unidos ('el QUAD')".[222] La Administración Trump no está sabiendo ver que tan importante como controlar y contener a China es fortalecer a India como garante de estabilidad en la zona el siglo XXI; el único país con el peso demográfico, músculo económico y emplazamiento estratégico capaz de contrarrestar el ascenso de China.

Hasta la segunda presidencia de Trump, India ha mostrado de forma inequívoca, sin traicionar su neutralidad, de qué lado estaba. Su integración en QUAD (Diálogo de Seguridad Cuadrilateral) desde su creación en el 2007 es buena prueba de ello. Su origen se remonta al *tsunami* del 2004, cuando los cuatro países se coordinaron en lo relativo a la cooperación humanitaria, pero, al igual que ocurrió con la OCS, sus propósitos iniciales han evolucionado hacia objetivos eminentemente defensivos, en consonancia al discurrir histórico. La geopolítica contemporánea ha transformado el espacio Indo-Pacífico en una auténtica "zona caliente", y, actualmente, la alianza QUAD está orientada a responder de forma común a los desafíos relativos a la seguridad marítima preservando, frente a los desafíos de la creciente hegemonía china, el equilibrio de poder en la región. En este contexto, el QUAD adquiere una dimensión complementaria a otras iniciativas regionales como AUKUS, integrado por Australia, Reino Unido y Estados Unidos, de ámbito eminentemente militar. Ambas asociaciones surgen como respuesta al expansionismo chino para garantizar la seguridad marítima y afianzar alianzas militares. No obstante, al no ser QUAD una alianza militar formal, India no compromete su histórica autonomía estratégica.

Modi sabe moverse con innegable habilidad en el delicado equilibrio entre sus actuales relaciones con China y Rusia por un lado, y las históricas con Estados Unidos por el otro. En la reciente visita de Vladimir Putin a India en diciembre de 2025, el mandatario ruso no dudó en garantizar "suministros ininterrumpidos de combustible";[223] sin embargo, el gobierno indio se mostró reticente a aceptar incondicionalmente tan generoso ofrecimiento pues, en palabras del ministro de Asuntos Exteriores indio, conllevaría "problemas comerciales que debieran considerar al obtener sus suministros [rusos]". Esta fue la cara, la cruz de la moneda sería la sonrisa de Modi caminando literalmente de la mano de Putin para saludar a Xi Jinping durante la cumbre de la Organización de Cooperación de Shanghái. No fue un gesto casual, sino un mensaje cuidadosamente calculado y dirigido a Estados Unidos, escenificando que no aceptará presiones unilaterales ni le amedrentan las sanciones arancelarias. Con aquella puesta en escena, Modi respondía a las amenazas arancelarias proclamando que India está en condiciones de diversificar sus alianzas si Estados Unidos tensiona económicamente su amistosa relación.

Ambas actuaciones —condicionar la compra de petróleo ruso y al mismo tiempo alinearse junto al tándem Rusia/China— reflejan la realidad diplomática de India, que siempre actuó en escenarios geopolíticos complejos. La diplomacia india se ha aprovechado históricamente de las estructuras institucionales existentes y las coaliciones reformistas surgidas a lo largo del siglo XX para avanzar sus intereses nacionales. Tiene experiencia moviéndose en terrenos resbaladizos y, en su intento por equilibrar las dinámicas globales de poder, contraviene las pretensiones hegemónicas de las grandes potencias —lo mismo Estados Unidos que China— en favor de una redistribución del poder desde el Norte hacia el Sur Global que pretende liderar. Esta estrategia acrecienta su influencia entre los países en vías de desarrollo, reforzando su autonomía e independencia, y postulándose como actor protagonista en la reforma del orden mundial.

En el contexto de vecindades, aunque el conflicto con Pakistán en torno a Cachemira persiste, se ha evitado que la disputa derive en una escalada de gran envergadura; apreciación extrapolable a las tensiones con China por los conflictos en el Himalaya. En el ámbito geopolítico ha tomado la iniciativa en la defensa activa de los intereses del Sur Global y adquirido protagonismo en la OCS o el G-20, llegando incluso a ocupar su presidencia —desde diciembre de 2022 a noviembre de 2023—. Abundando en el ámbito de las alianzas estratégicas internacionales, India pertenece al denominado grupo BRICS desde su creación, jugando un papel relevante al apoyar instituciones financieras como el Fondo de Acuerdos de Reserva Contingente de los BRICS y el Nuevo Banco de Desarrollo de los BRICS. También participa en proyectos conjuntos como el Foro de Diálogo de India, Brasil y Sudáfrica (IBSA) y SAARC (Asociación del Sur de Asia para la Cooperación Regional). Todo ello le ha proporcionado una visibilidad creciente en el escenario internacional, posicionándola como un actor imprescindible en la configuración del nuevo orden mundial emergente, al punto de aspirar a convertirse en miembro permanente del Consejo de Seguridad de la ONU.

La mencionada visita de Putin a India puso de manifiesto que la asociación indo-rusa, que se remonta a mediados del siglo pasado cuando Rusia apoyó de forma decidida a India en sus primeros pasos como nación independiente, goza de excelente salud. También ha revalidado el mensaje de que India mantendrá su autonomía estratégica y no permitirá que presiones externas dicten su política de coaliciones. Gracias a su alianza con India, Rusia logra sortear el aislamiento internacional a consecuencia de la guerra de Ucrania, y para el gobierno de Modi representa una oportunidad para diversificar proveedores, asegurar su seguridad energética y fortalecer su imagen frente a China y la OCDE. Para el tema central de mi tesis en este apartado, India refuerza su posición de "potencia bisagra", capaz de equilibrar relaciones globales, al tiempo que consolida su proyección internacional sin sacrificar su independencia estratégica.

La guerra en Ucrania, y las consecuencias geopolíticas que de ella se derivan, está posibilitando el éxito de lo que ha venido en conocerse como "Gran Estrategia India"—el término se popularizó tras la publicación de *La gran estrategia india: historia, teoría y casos* (2014)—, basada en autonomía, multipolaridad y diversificación de alianzas económicas, energéticas y militares. Se trata de un conjunto de medidas y actuaciones que, aunque nunca recogidas en un documento programático, han determinado la actuación del país desde su independencia y que en el contexto económico actual, como consecuencia del conflicto bélico, adquieren especial relevancia.

En esencia, la Gran Estrategia busca asegurar el progreso económico para posicionar a India como protagonista en la configuración del nuevo orden global pretendidamente multipolar. En este ámbito se vienen implementando, desde comienzos de la década de 1990, exitosas reformas de liberalización de mercado para atraer inversión extranjera. De acuerdo al estudio de Gate Center "La gran estrategia de India: entre potencia regional y aspiraciones globales",[224] con anterioridad a las reformas las inversiones extranjeras no superaban el 1% del PIB; tan solo dos décadas más tarde, 2011, se habían incrementado un 850% alcanzaron el 136,28% del PIB.

El potencial económico indio se reveló a raíz de las restricciones a la exportación de tierras raras impuestas en el 2012 por China, que controlaba el 95% de la producción mundial. En tales circunstancias, India incrementó sus exportaciones de esas materias para compensar la escasez provocada por las restricciones, convirtiéndose en un proveedor esencial dentro de la cadena de suministro global. Así continúa siendo, pues, aunque China produzca más del 80% de las tierras raras del mundo, su producción industrial consume el 70% de la demanda mundial. Dos años más tarde, en 2014, Modi lanzó la iniciativa *Make in India* con el doble objetivo de reducir la dependencia de importaciones y posicionar al país como el gran referente industrial mundial en el sector de las manufacturas. La magnitud de su mercado interno y disponer de una mano de obra barata y cada vez más cualificada la convertía en la alternativa a la supremacía manufacturera china. Su potencial es tal, que en un futuro próximo incluso podría suplantar el liderazgo chino en las cadenas globales de valor; no en vano, gigantes tecnológicos como Apple ya han desplazado su producción a India. Además, la diversificación de su economía, con grandes inversiones en la industria farmacéutica —defensora de producir fármacos genéricos, es considerada la farmacia de los países en desarrollo—, infraestructura —inversiones de 74.300 millones de dólares en este 2025 y previsiones de crecimiento próximas a los 200.000 millones en 2030—, y construcción —los 268.400 millones de dólares invertidos en el 2025 se incrementarán en 100.000 millones en el 2030— ha resultado fundamental para su envidiable crecimiento económico.

En el contexto de la carrera tecnológica mundial, India se sitúa por detrás de las potencias tecnológicas de China y Estados Unidos, y en una posición intermedia respecto a la Unión Europea. No obstante, se perfila como un actor relevante en desarrollo del *software*, servicios digitales, y sectores estratégicos de Tecnologías de la Información (TI) mediante el programa STPI (*Software Technology Parks of India*); también en Tecnología Espacial (TE) gracias a su exitosa agencia espacial ISRO (*Indian Space Research Organisation*), proveedor competitivo en el mercado de lanzamientos, con dos importantes hitos espaciales en el 2023 —sobre todo al comparar su presupuesto con los de Estados Unidos o China— al lograr alunizar el Chandrayaan-3, y situar el Aditya-L1 a 1,5 millones de kilómetros de la Tierra para estudiar la atmósfera solar. Según *The Economic Times*, las exportaciones de servicios de TI alcanzaron en el 2024 un valor aproximado de 224.400 millones de dólares, lo que supone un crecimiento anual superior al 12%, duplicando al occidental.[225] En cuanto a TE, Xpert.digital cifra en 60.000 millones de dólares la contribución de este subsector al PIB nacional.[226]

India ha sabido adaptarse al actual panorama internacional evolucionando según se transformaba la geopolítica global. Gracias a su flexibilidad estratégica y una acertada lectura de las cambiantes dinámicas de poder, está superando los desafíos de un escenario internacional cada vez más competitivo. El equilibrio entre poder económico, autonomía diplomática y creciente relevancia geoestratégica está redefiniendo de manera profunda su papel en el nuevo orden mundial. Reformas en leyes laborales y tributarias para atraer inversión extranjera, alianzas para garantizar la seguridad internacional, su desarrollo industrial y potencial para convertirse en un centro alternativo de manufactura avanzada, sus avances tecnológicos con creciente papel en la producción de componentes electrónicos y producción farmacéutica, junto a un crecimiento económico sostenido, autonomía energética y aumento demográfico permitirán a India competir, a medio plazo, con China y Estados Unidos.

Se ha convertido en la economía de mayor crecimiento entre las grandes potencias, y según S&P Global será la tercera potencia global mundial superando el PIB de Alemania en 2027 y el de Japón en 2029.[227] En la década de los 2030, si cumple el crecimiento anual previsto del 6,7% de PIB —en el 2024 su PIB fue un 8,2% superior al del 2023, casi un punto más que la estimación gubernamental del 7,3%— podría superar a China en el liderazgo económico internacional. Las economías occidentales, incluido Estados Unidos, tienen una renta 1,5 veces mayor con respecto a 1990, mientras que en India la renta per cápita se ha multiplicado por 3,6.

4.4.1. Límites culturales y desafíos geopolíticos de India como potencia global.

Cifras, porcentajes, y proyecciones, juegan a favor de India y la sitúan en una posición excepcional para convertirse en potencia global y uno de los pilares del próximo orden mundial. Su dinamismo económico, un mercado interno gigantesco y una creciente presencia geopolítica en el Indo-Pacífico auguran un futuro de relevancia global. Sin embargo, este brillante futuro no está en absoluto garantizado, pues desigualdades internas, tensiones sociales, vulnerabilidad económica externa y un entorno geopolítico altamente conflictivo constituyen obstáculos que pueden condicionar su trayectoria. Mencionar, de manera especial, que India todavía tiene pendiente una profunda transformación social interna y, de no abordarla con rapidez y determinación, se generarán fuertes tensiones domésticas que podrían ralentizar, o incluso truncar, su proyección global.

Me refiero a las profundas desigualdades sociales en una sociedad de grupos jerarquizados por nacimiento. Aunque el sistema de castas está formalmente abolido, la estructura social basada en el determinismo natalicio continúa profundamente arraigada en el imaginario cultural colectivo de tradición hindú. En *Una gloria incierta: India y sus contradicciones* (2013), sus autores Jean Drèze y Amartya Sen defienden que es requisito imprescindible para que India se convierta en potencia mundial modernizar su estructura social para superar las históricas deficiencias morales. Amplias capas sociales, condicionadas por su origen social, tienen acceso limitado a la educación, sanidad y sus empleos son precarios y en algunos casos de subsistencia. Según datos del Banco Mundial, 130 millones de personas vivían en condiciones de pobreza extrema en 2019. El reparto de la riqueza en el país, es uno de los más desiguales del mundo, pues el 10% de la población acapara el 77% de la riqueza total. Estos guarismos dificultan la consolidación de una clase media amplia y estable, con niveles de renta altos, lo que garantizaría el crecimiento sostenido y la estabilidad política. Si comparamos el PIB per cápita indio con el de sus competidores, los 7.000$ de India resultan degradantes comparados con los 17.600$ de China, los casi 50.000$ de la zona euro, o los más de 85.000$ de Estados Unidos.[228]

Se ha mencionado que la demografía constituye un activo económico relevante tanto por la productividad como por el consumo interno. Sin embargo, esta misma magnitud poblacional puede convertirse en un factor de vulnerabilidad al entrañar riesgos significativos en el ámbito político, pues India tiene a gala ser la mayor democracia del mundo. La tercera reelección de Narendra Modi en 2024 refleja el clima de paz social, pero una sociedad de tal magnitud poblacional es compleja por su propia naturaleza y, como tal, está expuesta a tensiones sociales. La polarización política, que también se vive en India, los movimientos nacionalistas o los recurrentes conflictos interreligiosos son amenazas para la continuidad de las reformas económicas que están impulsando su valor de mercado.

Las cifras económicas siguen el mismo patrón que la demografía pues, al mismo tiempo que proyectan su fortaleza, suponen una amenaza. La economía india está cada vez más integrada en los mercados globales, y según el Banco Mundial sus exportaciones le reportaron un 21,2% del PIB en 2024.[229] Esta proporción es significativamente superior a la de Estados Unidos (10,9%)[230] y similar a la de China (20,02%).[231] En un mundo tan cambiante e inestable como el actual la materialización de la amenaza bélica a mayor escala podría derivar en una recesión internacional que afectara sus exportaciones. Sin llegar a tales extremos, una guerra comercial arancelaria como la iniciada por Trump podría afectar gravemente al crecimiento indio, que depende en gran medida de la demanda externa.

En la esfera geopolítica, India transita auténticas arenas movedizas. Las referidas imágenes de amistad y cooperación con China en foros como la OCS o los BRICS responden, fundamentalmente, a coyunturales estrategias tácticas sin que inciten a conjeturar siquiera, una alianza sólida. Cuando Modi fue elegido primer ministro de la India (2014), los más reputados analistas coincidieron en aventurar que las relaciones bilaterales con China se tensarían, pues su Partido Popular siempre ha defendido posiciones de dureza frente a China en el conflicto del agua. China defiende su derecho a embalsar aguas en las regiones montañosas del Himalaya, donde nacen ríos como el Brahmaputra, para abastecer la agricultura e industria de ciudades chinas; la misma agua que necesita India.

Ambos países se perciben mutuamente como futuros rivales en un escenario global en transformación, y competirán por ocupar un lugar hegemónico en el nuevo orden que llama a la puerta. Hay más, ambas naciones mantienen disputas fronterizas, que se remontan a los años 50 del siglo pasado, imposibles de solventar con puntuales apretones de mano. Los conflictos por la hegemonía de territorios, como la región de Aksai Chin, considerados esenciales para su seguridad e integridad territorial, desembocaron en la guerra sino-india de 1962. Desde entonces, los enfrentamientos se han venido sucediendo de forma recurrente; primero la crisis de Sumdorong Chu en 1987; en el 2017 el conflicto en la meseta del Doklam; por último, el más grave de todos ellos, los enfrentamientos de Galwan en 2020, que causaron víctimas mortales en ambos bandos.

Una solución *de facto*, que no de derecho, solventó provisionalmente el conflicto al establecerse la "Línea de Control Actual" (LAC), un arreglo puntual similar al armisticio que rige entre las dos Coreas. Desde entonces, estas áreas se han convertido en los espacios más militarizados del planeta. Las muestras de cordialidad diplomática que ocasionalmente exhiben Xi y Modi pueden conducir a engaño, pues no implican que el contencioso esté siquiera en vías de solución. La relación entre India y China continúa siendo un foco permanente de tensión —ambas naciones disponen de armamento nuclear— con implicaciones directas para la estabilidad del área Indo-Pacífico. Todo ello sin mencionar su rivalidad respecto a Bután, fundamental para equilibrar el poder en tan sensible región. No obstante, de acuerdo a la teoría de interdependencia económica, cuanto más interconectadas estén las economías de dos Estados menos probable es una guerra.

India mantiene un segundo conflicto vecinal con Pakistán, que se remonta a la independencia de ambos países. Se trata del histórico enfrentamiento por la región de Cachemira desde la independencia del Imperio británico. La disputa ha desencadenado múltiples guerras (1947-48, 1965, 1971 y 1999) y episodios de grave tensión, como la crisis de Pulwama-Balakot en 2019, también con víctimas mortales. Al igual que con

China, ambas naciones disponen de armamento nuclear, lo que convierte cualquier incidente fronterizo en un asunto de especial preocupación al ser un potencial foco de escalada bélica que bien pudiera alterar el equilibrio estratégico global en el siglo XXI. Mantener un estado de latente confrontación obliga a India a incurrir en un costoso gasto militar dedicando recursos estratégicos necesarios para sus reformas sociales.

Coincido con la apreciación de Alyssa Ayres en *Ha llegado nuestra hora: cómo India está forjando su lugar en el mundo* (2018), en línea con los mencionados Drèze y Sen, en cuanto a que la condición para que India se consolide como potencia global pasa necesariamente por equilibrar sus ambiciones internacionales con la profunda transformación social interna aún pendiente.

4.5. Oriente Medio y la encrucijada de caminos.

En *El gran desengaño*, John Mearsheimer distingue dos formas de actuación del liberalismo, diferenciando el ámbito doméstico del internacional. Se muestra especialmente crítico con los Estados Unidos por haber hecho del mundo un lugar más inseguro a consecuencia de su desmedida ambición en política exterior. Tal hipótesis adquiere categoría de tesis al recorrer la historia de Oriente Medio desde el triunfo de la Revolución Iraní, liderada por el ayatolá Jomeini en 1979, poniendo fin a la dinastía Pahlavi. Obviando el sempiterno conflicto árabe-israelí que nos remonta a 1948, Oriente Medio, junto con Afganistán y Pakistán, constituye la zona geográfica más belicosa del orden internacional contemporáneo. Conflictos de singular trascendencia fueron la guerra civil en el Líbano (1975-90), la guerra Irak-Irán (1980-88), la primera guerra del Golfo (1990-91), la guerra civil afgana (1992-96), la segunda guerra del Golfo (2003), la guerra de Irak (2003-2011), la guerra civil siria (2011-2025), la guerra civil en Yemen (desde 2014), una nueva guerra civil en Irak (2014-17), la guerra contra el Estado Islámico (2014-2019)… En ese mismo período tuvo lugar la invasión soviética y posterior retirada de Afganistán (1989), repetida años después por las potencias occidentales (2021), la Primavera Árabe (2010), los derrocamientos violentos de Sadam Hussein (2006), Muamar el Gadafi (2011), en Egipto de Hosni Mubarak (2011) y Mohamed Morsi (2013), Bashar al-Assad en Siria (2024), las intervenciones saudíes en Yemen (desde 2015), los conflictos en Waziristán contra talibanes pakistaníes y redes vinculadas a Al Qaeda (2018), el ataque a las instalaciones nucleares en Irán (2025) y en la misma nación los protestas juveniles con miles de muertos (2026)…

No ha existido un solo año de estabilidad desde que en 1948 Israel proclamó su independencia, reconocida por la ONU en 1949, iniciándose la primera guerra árabe-israelí (1948-49). Después vino la invasión de la península del Sinaí a raíz de la crisis de Suez (1956), la guerra de los Seis Días (1967), la guerra de Yom Kipur (1973), la operación Litani contra la OLP en territorio libanés (1978), la guerra del Líbano (1982-1985), la intervención contra Hezbolá ocupando territorio libanés (2006), las "intifadas" palestinas de 1987-1993 y 2000-2005, ataques selectivos en territorio Sirio, Iraní, y Qatarí, y, por supuesto, operaciones en la franja de Gaza como la Plomo Fundido (2008), Pilar Defensivo (2012), Margen Protector (2014), Guardián de los Muros (2021), y la actual Carros de Guerra de Gedeón (iniciada en el 2023), que tiene más de guerra desigual que de operación.

Con cierta frecuencia se recurre a explicar la inestabilidad de la zona mediante interpretaciones monocausales, unas veces de carácter geoeconómico, vinculándola a los recursos energéticos de las naciones en conflicto, y otras de naturaleza geopolítica, señalando a Israel como principal elemento desestabilizador. Ambas interpretaciones resultan insuficientes pues la inestabilidad en aquella región responde a una pluralidad de factores y variables estructurales que van más allá de la economía, el poder o la seguridad. La violencia persistente en Oriente obedece a la interacción de dinámicas históricas, enfrentamientos de raíz confesional y factores geopolíticos de carácter coyuntural. A diferencia de Europa, los estados de Oriente Medio se construyeron por imposiciones coloniales tras la disolución del Imperio otomano y, en el caso de Israel, apoyos externos. Los conflictos se remontan a los procesos de formación de los distintos Estados, mucho antes de la consolidación de la hegemonía petrolífera, cuando comenzaron a emerger tensiones de carácter identitario y disputas fronterizas. En cuanto a reducir la inestabilidad regional al conflicto árabe-israelí —hoy reconvertido a conflicto israelí-palestino— supone sobredimensionar su peso como causa explicativa global. A lo largo de los años hemos asistido a crisis de todo tipo y condición, desde guerras tradicionales interestatales y prolongados conflictos domésticos, hasta enfrentamientos sectarios entre chiíes y suníes de índole religiosa. También han intervenido potencias externas al modo de las guerras *proxy*, o como respuesta a ataques terroristas, introduciendo una dimensión inexistente en otros conflictos.

La Revolución iraní de 1979 supuso una anacronía histórica de primer orden al reinstaurar el modelo de Estado teocrático, propio de siglos anteriores, recortando libertades y derechos individuales, algo inherente a este tipo de regímenes. Sin embargo, he escogido esa fecha como punto de inflexión histórica en la región por las profundas consecuencias que dicho acontecimiento tuvo en la geopolítica regional, primero, y más tarde internacional.

Desde las guerras mundiales, las históricas tensiones entre los dos grandes bloques confesionales del islamismo —suníes y chiíes— se habían estabilizado gracias a la mediación y al equilibrio impuesto por Estados Unidos. Desde la Guerra Fría, el Irán gobernado por la dinastía Pahlavi era su gran aliado en la zona para contrapesar el poder soviético. También mantenía Estados Unidos excelentes relaciones diplomáticas y comerciales con Arabia Saudí desde que en 1945 el presidente Franklin D. Roosevelt y el rey saudí Abdulaziz Ibn Saud acordaron una alianza estratégica entre ambos países, garantizando el primero seguridad a cambio de la estabilidad energética que prometía el segundo. Este *status quo* se derrumbó con la llegada de Jomeini al poder, cuestionando la existencia misma del Estado del Israel, alterando el orden regional y desafiando el papel de Estados Unidos —reconvertido en "Gran Satán"— como gendarme de la zona.

A partir de entonces, el régimen de los ayatolás comenzó a financiar grupos abiertamente antiestadounidenses, como Hezbolá en Líbano, el régimen sirio de Bashar al-Asad, las milicias chiíes en Irak, los hutíes en Yemen, y cuantos grupos terroristas se opusieran a Occidente, ampliando su influencia regional en detrimento de Arabia Saudí y contrarrestando la presencia estadounidense. Se inició entonces una rivalidad entre Arabia Saudí e Irán que se incrementó cuando Riad apoyó a Bagdad en la guerra entre Irán e Irak, alcanzó su punto de mayor intensidad en las revueltas árabes de 2011, y recientemente ha resurgido en el conflicto del Yemen. Reducir el conflicto a desavenencias religiosas entre suníes y chiíes, con toda su importancia, es un análisis parcial, pues lo que está en juego es el liderazgo regional. La alineación en bloques de poder antagónicos —Irán con Rusia y Arabia Saudí con Estados Unidos— contribuye a la polarización y fragmentación en la zona.

El tercer actor protagonista en la zona es Israel, y también en este caso existe una cierta tendencia a simplificar su relación con los Estados Unidos. Relacionar el continuo apoyo de los gobiernos estadounidenses, especialmente republicanos, a la influencia del poderoso *lobby* judío estadounidense vuelve a ser simplista y reduccionista. El electorado judío ha tendido mayoritariamente a apoyar al Partido Demócrata, normalmente mucho más crítico hacia determinadas políticas israelíes que el Partido Republicano. En el terreno de la anécdota la felicitación de Benjamin Netanyahu a Joe Biden por su victoria presidencial provocó la ira de Donald Trump que, según rumores, exclamó enfurecido "¡Que le jodan!".[232] Chismorreos aparte, el apoyo continuo de Estados Unidos responde a consideraciones estratégicas, geopolíticas e institucionales de mayor alcance. Existe en Estados Unidos un amplio consenso bipartidista para apoyar de forma prácticamente incondicional a Israel en instituciones supranacionales como la ONU, incluso cuando determinadas actuaciones israelíes generan tensiones con aliados o críticas en el ámbito internacional. La superioridad militar de Israel, su capacidad tecnológica y su destacado papel en el ámbito de la inteligencia lo convierten en un socio preferente para la contención de actores regionales hostiles a los intereses occidentales, en particular Irán y las organizaciones aliadas que operan bajo su influencia. En este sentido, Israel ha funcionado durante décadas como un bastión estratégico de Occidente en Oriente Próximo, no solo por su alineamiento geopolítico, sino también por su integración en una narrativa de afinidad política al ser considerado la única democracia liberal en una región dominada mayoritariamente por regímenes autoritarios. Al mismo tiempo, es Israel quien asume buena parte de los costes militares y de seguridad vinculados a la defensa de los intereses occidentales, reduciendo el desgaste político interno que supondría para Estados Unidos y sus aliados intervenir directamente contra actores extremistas o contra las redes de influencia iraníes en la región.

El respaldo continuado de Washington a Israel responde a esta lógica estratégica, claramente reflejada en las Estrategias de Seguridad Nacional estadounidenses de 2017 y 2022. En dichos documentos se subraya la importancia de mantener el equilibrio regional mediante la cooperación con aliados fiables capaces de compartir cargas en materia de seguridad, evitando así la necesidad de una presencia militar estadounidense masiva y permanente en Oriente Próximo. Es en este contexto estratégico donde debe situarse el alineamiento estadounidense en la guerra con Irán.

En mi análisis, fue Israel quien decidió iniciar el conflicto al percibir que su principal adversario regional atravesaba un momento de especial debilidad. Irán, más allá del apoyo testimonial de Rusia y China en la Guerra de los Doce Días, además de encontrarse aislado en el tablero internacional, sufría un desgaste interno y una fragilidad doméstica sin precedentes, como pusieron de manifiesto las revueltas populares del mes de enero (2026). Para Israel, esta coyuntura suponía una oportunidad difícilmente repetible para terminar con su enemigo histórico. Una Administración como la de Trump, inequívocamente alineada con las posiciones israelíes desde el primer mandato, facilitó este movimiento. Con un presidente en Washington que acababa de intervenir en Venezuela saltándose la legislación nacional e internacional, Netanyahu podía contar con el respaldo estadounidense para una estrategia encaminada a derrotar o neutralizar definitivamente a Irán como actor regional dominante. No es descartable, además, que Trump considerara que una victoria contundente en Irán podría reforzar su posición política interna y contribuir a asegurar el control de ambas cámaras del Congreso en las elecciones de medio mandato de noviembre de 2026.

Indistintamente del desenlace del conflicto —que en el momento de escribir estas líneas continúa siendo incierto—, resulta incuestionable tanto el aislamiento de Irán como el fin del régimen de los ayatolás como lo hemos conocido hasta ahora. Más allá de las consecuencias económicas inmediatas o de la duración que pueda alcanzar la guerra, todo apunta a que Oriente Próximo se encamina hacia una profunda reconfiguración geopolítica. Desde mi interpretación, esta reorientación podría desembocar en un escenario regional potencialmente más estable que el que ha caracterizado a la región durante las últimas cinco décadas, marcado por una persistente rivalidad estratégica entre Israel e Irán y por una compleja red de conflictos indirectos.

En el escenario descrito, el asunto palestino y, en particular, las terribles atrocidades que un despiadado Netanyahu está llevando a cabo en la actual guerra de Gaza, plantea connotaciones éticas de primer orden; sin embargo, desde una perspectiva estrictamente geopolítica, su relevancia actual es limitada. La inmoral ocurrencia de Trump al sugerir la conversión de ese territorio en un enclave turístico resulta indignante por el desprecio al sufrimiento humano, pero ilustra de manera elocuente el estado de la cuestión. Hamás constituye un grupo terrorista despreciable que instrumentaliza a su propia población civil, sin el menor escrúpulo, como escudo y como recurso propagandístico para provocar la solidaridad internacional, aunque ello implica la muerte de decenas de miles de inocentes. Amparándose en que fueron los terroristas de Hamás quienes iniciaron la guerra, Europa ha permanecido indiferente ante el uso continuado y desproporcionado de la fuerza por parte del ejército israelí contra la población civil de Gaza, lo que ha erosionado gravemente su papel de referente moral. Más allá de considerandos de carácter humano y humanitario, el asunto palestino en general y la guerra de Gaza en particular presentan una relevancia relativa tanto en el ámbito geopolítico regional como en el internacional.

El presente histórico en absoluto favorece los intereses palestinos, más bien todo lo contrario. Hamás carece en estos momentos de aliados regionales con capacidad real de apoyo y está imposibilitado para infringir daños de importancia a Israel. Su principal valedor, Irán, ha perdido toda capacidad de apoyo indistintamente del resultado de la guerra. Lo mismo ocurre con Hezbolá en el Líbano, duramente golpeado por Israel y con una limitada capacidad de actuación. Otro de sus soportes, Siria, atraviesa su particular catarsis, y Rusia, el principal aliado estratégico de todos ellos, no tiene capacidad operativa internacional al encontrarse inmersa en su propio conflicto bélico. En cuanto al posicionamiento de los países árabes, difiere sustancialmente del de etapas anteriores, y el conflicto palestino ya no es el eje vertebrador de su agenda regional y política internacional. El pronóstico es más bien sombrío para los palestinos, pues todo apunta a que, con el paso del tiempo, Israel se anexionará definitivamente la Franja de Gaza y Cisjordania, provocando un desplazamiento masivo de la población palestina, con consecuencias comparables —en términos de hechos consumados y respuesta internacional— a las observadas tras la anexión del Sáhara occidental por parte de Marruecos.

Los Acuerdos de Abraham representa proceso de normalización y pacificación regional ajenos a la cuestión palestina. Un ejemplo ilustrativo de esta tendencia fue el reciente ataque israelí a instalaciones de Hamás el 9 de septiembre de 2025 en territorio catarí, causando cinco fallecidos "de bajo rango", en expresión oficial. Esa misma semana se reunieron en Doha los Estados miembro de la Liga Árabe y de la Organización de Cooperación Islámica y suscribieron una declaración conjunta de solidaridad con Qatar y condena al ataque. Reacción lógica y acorde con la gravedad de los acontecimientos, pero que adquiere una doble lectura al compararla con lo que estaba ocurriendo simultáneamente en Gaza. Pese a la existencia de decenas de miles de víctimas mortales, en ningún momento esas mismas organizaciones regionales se reunieron ni emitieron comunicados de condena respecto a las operaciones israelíes en la Franja de Gaza; Netanyahu se disculpó y asunto concluido. El conflicto palestino es marginal en la agenda política de los países árabes.

En un contexto marcado por la eventual ampliación de los Acuerdos de Abraham incorporando otros países islámicos, habiendo perdido Irán buena parte de su influencia en la región, con Arabia Saudí como gendarme en Yemen, abandonado Afganistán a su suerte, y relativizándose el "problema" palestino, comienza a vislumbrarse por primera vez en décadas un cierto atisbo de paz en la zona. Si a ello sumamos el potencial económico de los países del Golfo, tanto por las reservas petrolíferas y gasísticas como por las inversiones estratégicas que están realizando fuera de sus fronteras, podría deducirse que el mundo árabe podría contar en el nuevo orden mundial.

Sobredimensionando el Estado árabe: política y sociedad en Oriente Medio (1995), de Nazih al-Ayubi, fue una obra de referencia para comprender la realidad política y social de la región. Defendía al-Ayubi que la aparente fortaleza de los países árabes ocultaba profundas debilidades estructurales, derivadas de la confusión entre la solidez de los regímenes gobernantes y la fortaleza real del Estado. El devenir histórico ha confirmado esta tesis hasta la última coma; aún más, muchos de los problemas señalados por el autor son de carácter endémico, limitando de forma sustancial la capacidad de estos países para integrarse como élites hegemónicas del nuevo orden internacional.

Existe una línea sutil pero trascendental entre el mundo árabe, países islámicos y Oriente Medio que con frecuencia tiende a confundirse en Occidente. Estos Estados, especialmente los más poderosos económicamente, tienen gobiernos que no se ajustan ni al modelo de liberalismo democrático ni al modelo absolutista comunista. Se trata, más bien, de un singular modelo de corte capitalista-absolutista sustentado en élites familiares o grupales, lo que supone una deficiencia institucional de inciertos resultados futuros. Pese al mencionado poder económico y su posición geoestratégica, difícilmente constituirán una zona hegemónica por sus condiciones políticas e institucionales estructurales.

En términos genéricos, el mundo árabe no es un bloque sólido con una proyección internacional común, más bien todo lo contrario; en muchos casos las disputas vecinales o los intereses nacionales conducen a enfrentamientos que impiden desarrollar una política exterior coordinada. Su progreso económico se ha sustentado en el petróleo y sus derivados, pero no todos los países musulmanes disponen de petróleo, lo que produce importantes diferencias de PIB entre las distintas naciones. Más allá de cuanto tenga que ver con la energía, son países con una mínima producción industrial teniendo una gran dependencia de las importaciones de bienes de consumo. Su modelo social jerarquizado y proteccionista, en el que las mujeres están relegadas en el estamento social, dificulta la transformación del poder económico en influencia política sostenida. A todo ello se debe sumar la lacra del extremismo religioso como factor desestabilizador de primer orden. En cualquier caso, estos países carecen de aspiraciones hegemónicas y su posicionamiento internacional tiene más que ver con ser objeto de competencias entre grandes potencias. Arabia Saudí es buen ejemplo de lo expuesto al mantener una política internacional ambivalente entre la alianza militar con Estados Unidos, actuar como potencia pacificadora regional en el Consejo de Cooperación del Golfo (CCG), y aproximándose a China y Rusia el grupo de los BRICS, y con estatus de "Socio de Diálogo" en la Organización de Cooperación de Shanghái.

CONCLUSIÓN

CONCLUSIÓN

El punto en que estamos.

En literatura, la figura del desequilibrado loco-lúcido ha sido tradicionalmente utilizada para representar al heraldo que proclamaba realidades que nadie quiere ver y verdades que nadie quiere escuchar. Esa era la función del personaje del bufón en *El rey Lear* (1605) de Shakespeare, o el príncipe Lev Nikilaievich en *El idiota* (1869) de Dostoievski. En el pragmatismo económico, la figura del descerebrado encajaría en la expresión *animal spirits* que utiliza John M. Keynes en *Teoría general del empleo, el interés y el dinero* (1936) para razonar —justificar, más bien— por qué las personas actúan de forma imprecisa, emocional e intuitiva, influyendo en la evolución de la economía. Michel Foucault, por último, elevó estos singulares personajes al nivel de categoría socio-histórica cuando en *Historia de la locura en la época clásica* (1961) defendía que la locura es un constructo social. Particularmente considero el loco que Friedrich Nietzsche dibuja en *La gaya ciencia* (1882) como el más entrañable y atractivo de todos ellos. Su loco busca a Dios a pleno día con una linterna. La gente se ríe de él, y el pobre loco termina finalmente aceptando que Dios ha muerto. "¡Los dioses también se corrompen! ¡Dios ha muerto! ¡Dios está muerto! ¡Y lo hemos matado nosotros!", y concluye el loco: "Para ser vistos y oídos, los actos necesitan tiempo después de su realización, como lo necesitan el relámpago y el trueno, y la luz de los astros".

Nietzsche escribió *La gaya ciencia* en momentos de gran incertidumbre y desconcierto moral para la civilización occidental debido a las teorías evolutivas de Darwin, que desmantelaban los cimientos de sus principios religiosos. La razón científica, el progreso positivista y el empiricismo habían vaciado de sentido la creencia dogmática por excelencia que sostenía la cultura occidental cristiana. Lo que Nietzsche intentaba trasmitir, más allá de tergiversadas vulgarizaciones, era que el vacío dejado por la muerte de Dios no había sido llenado y que su muerte suponía la desaparición de la moral y valores tradicionales occidentales. Intentaré expresarme mejor recurriendo a sus propias precisiones en *Así habló Zaratustra* (1883-1885). En ningún momento afirma Nietzsche que Dios haya muerto en el sentido de que primero existió y luego desapareció; su filosofía expresa que los avances científicos y el razonamiento empírico han deteriorado la fe cristiana y, como consecuencia, la humanidad ha dejado de creer en Dios.

Viene este filosófico preámbulo a cuento por las coincidencias entre las últimas décadas del siglo XIX, cuando el mundo occidental comenzó a cuestionar la centralidad de la figura de Dios como fundamento del orden moral y social, y el momento actual, en el que esa misma sociedad pone en entredicho los beneficios y la legitimidad del orden liberal surgido con la Ilustración. En ambos contextos históricos, los principios que habían estructurado la vida colectiva dejan de ofrecer respuestas satisfactorias y, actualmente, todo indica que nos encontramos en un momento de transición, de transformaciones sociales de gran alcance que configurarán un nuevo orden mundial. En vez de "Dios ha muerto" se grita "Se acabaron los días en que Estados Unidos apuntalaba todo el orden mundial como Atlas", como proclama del informe de Estrategia de Seguridad Nacional de Estados Unidos de 2025.[233]

¿Significa tal afirmación que el liberalismo democrático se marchita al florecer el absolutismo de corte nacionalista? ¿Tan trascendente es un conflicto local como para cambiar el natural discurrir histórico? ¿Acaso renuncia Estados Unidos a continuar siendo el gendarme del mundo? ¿Será China la nueva potencia hegemónica? ¿Es Trump un *kamikaze* o un visionario?

Los ejemplos del pasaje introductorio en estas conclusiones podrían inducir a considerar a Trump como un visionario equiparable al loco nietzscheano a quien nadie toma en serio, cuando en realidad es el más astuto; o al de Foucault, en la medida de ser un constructo social producido por distintos grupos de poder; tal vez encarne el espíritu de los *animal spirits* al proponer decisiones inverosímiles en momentos de extrema complejidad histórica; o incluso compararse con el príncipe Nikolaievich, que no se rige por la lógica social, o con el bufón shakespeariano, por ser conciencia crítica de una sociedad adormecida. Sin embargo, tanto Shakespeare como Dostoievski contrapesaron estos personajes con otros que, por su estupidez y zafiedad, arruinan la vida de quienes dependen de ellos. El rey Macbeth es tan impulsivo, vengativo y dominado por la ambición que conduce su reino al caos; Smerdiakov, el hermano ilegítimo de los Karamazov, se mueve por el resentimiento y es el responsable último de la tragedia final. El contrapunto al loco de *La gaya ciencia* lo encontraríamos en *El proceso* (pub. 1925) de Kafka o en *La subasta del lote 49* (1966) de Pynchon, donde se presenta al lector un sistema tan absurdo como incoherente, gobernado por mediocres sin objetivos racionales que empujan a la sociedad al precipicio.

La dicotomía en torno a la lucidez o el desvarío de Trump puede resolverse en el marco de las *condiciones de aceptabilidad*, concepto acuñado por Foucault para referirse a los marcos institucionales y discursivos en los que determinadas ideas o formas de poder se vuelven aceptables y legítimas en un momento histórico determinado. Planteamiento ciertamente similar al de la ventana de Overton, pues lo políticamente aceptable no es fijo, sino que puede desplazarse gradualmente mediante el discurso, la repetición y la normalización de ciertas ideas. Estas sufren una singular metamorfosis desde lo inicialmente absurdo o delirante a lo radical para llegar a ser primero razonables, después aceptables y configurando finalmente el discurrir político generalmente aceptado.

La primera victoria de Trump fue consecuencia del descontento social frente a unas políticas percibidas como excesivamente liberales o permisivas por amplios sectores de la población más conservadora. Su reelección representó, de forma inequívoca, el agotamiento del modelo reaganiano que propició la transformación del liberalismo en globalismo. La segunda victoria electoral fue debida, en buena medida, por el temor social a que Estados Unidos quedara relegado por China como potencia mundial. Las imágenes de las desbandadas en el aeropuerto de Kabul con los marines abandonando Afganistán (2021) recordaban aquellas también caóticas y cobardes de los helicópteros en el techo de la embajada de Saigón huyendo de Vietnam (1975), grabadas en el imaginario colectivo estadounidense como uno de los momentos más vergonzosos de su historia. Trump conoce perfectamente a qué debe su triunfo electoral, y los dos asuntos que verdaderamente ocupan y preocupan a Trump son el control de la deuda interna como salvaguarda económica, e impedir, al menos limitar, el ascenso de China al liderazgo mundial. Esto último no sin razón, pues lo está logrando a costa de los Estados Unidos.

Las grandes transformaciones históricas siempre han estado dirigidas por una potencia hegemónica capaz de imponer su modelo económico y político. El Reino Unido protagonizó la Primera Revolución Industrial en el siglo XIX gracias a su temprana industrialización y a dominar las rutas marítimas. La Segunda Revolución Industrial fue liderada por Estados Unidos, acompañado por algunos países europeos como Alemania, que aprovecharon el declive del imperialismo clásico para imponer un modelo basado en la producción a gran escala, la integración de mercados y la consolidación de grandes corporaciones. Hoy, al igual que en esos momentos de inflexión, nos encontramos a las puertas de una Tercera Revolución Industrial que, como las anteriores, no solo transformará los sistemas productivos, sino que dará lugar a una nueva ordenación geopolítica. El ingreso de China en la Organización Mundial del Comercio en 2001 tuvo importantes consecuencias en el mercado global, provocando el cierre de empresas y la destrucción de empleo en las economías desarrolladas; tal terremoto vino en conocerse como "China Shock". Un cuarto de siglo después, el mundo se enfrenta a una situación de naturaleza similar ante el previsible papel hegemónico chino en la recién iniciada Tercera Revolución Industrial; si finalmente lidera las tecnologías avanzadas de inteligencia artificial, provocará un "segundo China Shock".

El cambio de paradigma resultaba inevitable desde la irrupción de nuevas tecnologías informáticas tras la aparición de Internet, el desarrollo de la robótica y más recientemente la inteligencia artificial, que están transformando profundamente los ámbitos sociales, políticos y económicos. Además, el mundo occidental arrastraba desde hacía décadas problemas estructurales como la desindustrialización, pérdida de competitividad, crisis de representación política, endeudamiento crónico... de difícil resolución. Tampoco se pueden obviar los evidentes signos de agotamiento que muestra el modelo liberal occidental. La hegemonía de una cultura política marcada por la moralina del denominado "buenismo", asociado en Estados Unidos al movimiento *woke*, ha debilitado la cohesión social al reconducir el debate político al terreno de los conflictos identitarios y las tensiones sociales derivadas de políticas migratorias aceleradas y mal gestionadas. Por último, el abuso del Estado del bienestar, sin una base productiva que lo respalde, ha provocado una sensación de hartazgo entre las clases medias, sometidas a cargas fiscales, cada vez más gravosas, para beneficio de terceros no contribuyentes.

La coincidencia de una nueva revolución industrial, el ascenso simultáneo de líderes con estilos de gobierno de corte absolutista, la obsolescencia funcional del modelo liberal y la guerra de Ucrania como acontecimiento galvanizador han configurado un punto de inflexión histórico de consecuencias extraordinarias. Aunque parezcan entes aislados, las dinámicas de estas singularidades se refuerzan mutuamente al coincidir temporalmente, y han acelerado transformaciones estructurales que estaban en proceso de gestación. La historia enseña que estas transiciones tensionan los cimientos del orden geopolítico, generando desajustes y resistencias que reconfiguran el sistema global, redefinen la economía y plantean nuevos marcos sociales. En este sentido, la guerra de Ucrania ha actuado como acelerador histórico de una dinámica de cambio del orden mundial establecido tras la Segunda Guerra Mundial, reequilibrado tras la caída de la Unión Soviética, y que con hechos clave como los atentados del 11-S evidenciaron la reconfiguración global. Una de las intervenciones más aplaudidas durante el Foro de Davos en enero de 2026 fue la de Mark Carney, primer ministro de Canadá, al afirmar que "El mundo está en medio de una ruptura, no de una transición", enfatizando que "el viejo orden [mundial] no volverá".[234]

En la reunión que mantuvieron Trump y Zelenski en Mar-a-Lago el 28 de diciembre de 2025, se aseguró que la paz en Ucrania estaba más cerca que nunca. Las fechas resultaban propicias al coincidir con las indicaciones en el informe FSB (Servicio Federal de Seguridad, sucesor del KGB), donde se indicaba que Moscú debía prolongar deliberadamente el conflicto hasta 2026 para debilitar la fuerza negociadora estadounidense.[235] El desenlace final del conflicto resulta de escaso interés para comprender la transformación estructural global. Esta guerra es, ha sido, un punto de inflexión histórico comparable a la Segunda Guerra Mundial al proponer alternativas al sistema liberal surgido en 1945 y consolidado en 1989, acelerando la conformación de un nuevo orden internacional basado en bloques y rivalidades. Desde una perspectiva geopolítica, han dejado de ser relevante la demarcación final de fronteras entre Ucrania y Rusia y otros acuerdos de índole económica o despliegue de fuerzas; lo capital han sido las consecuencias globales —políticas, económicas y geopolíticas— a raíz de la invasión y que perdurarán más allá de cualquier acuerdo de paz.

La guerra de Ucrania, a diferencia de la inevitable Tercera Revolución Industrial, era evitable; pudo haberse evitado con una arquitectura de seguridad europea más inclusiva y mecanismos diplomáticos eficaces. Su prolongación temporal y la sucesión de errores estratégicos y tácticos cometidos por los distintos actores han transformado el conflicto en un acontecimiento de dimensión global, cuando no debería haber superado el ámbito regional como otros conflictos en el espacio postsoviético tras el final de la Guerra Fría.

La caída del Muro de Berlín proporcionó a Europa, por primera vez en su historia contemporánea, la irrepetible oportunidad histórica de configurar un espacio paneuropeo basado en la seguridad compartida y la integración del antiguo bloque socialista. Sin embargo, las propuestas de cooperación e integración formuladas por Mijail Gorbachov, orientadas a construir una arquitectura de seguridad, la Casa Común Europea, fueron desestimadas —tal vez por presiones estadounidenses— continuando con el mismo modelo defensivo geopolítico. Ese fue su error pasivo, el activo fueron las decisiones precipitadas, como ampliar la OTAN con antiguos países del Pacto de Varsovia cuando se prometió que eso nunca ocurriría. Europa careció de la perspectiva histórica necesaria tras la implosión del imperio soviético al no anticipar las consecuencias que traería tal debacle. En la última década se tomaron decisiones económicas mal ponderadas, como renunciar a la energía nuclear en favor del gas ruso, que desvelaron vulnerabilidades estructurales del proyecto europeo, y adoptaron acuerdos políticos mal calibrados que alimentaron el miedo de Rusia a un cerco geopolítico y la pérdida de su espacio de seguridad, provocando la invasión de Ucrania el 24 de febrero de 2022.

Ahora se previene a la población sobre una eventual invasión rusa a gran escala. Más allá de suponer una oratoria de unidad ante el enemigo común, la amenaza carece de fundamentos sólidos que la haga verosímil. Rusia no tiene motivos para llevarla a cabo, ni dispone de capacidad material para emprender una expansión de ese tipo, ni tiene posibilidad de asumir los costes desproporcionados de tal intervención. La verdadera amenaza bélica en el actual escenario geopolítico global se sitúa en el eje Asia-Pacífico y es la reivindicación china sobre Taiwán. La víspera de navidad de 2025, el *New York Post* publicaba un artículo firmado por Caitlin Doornbos, titulado "China se prepara para 'ganar una guerra contra Taiwán' en 2027, advierte un nuevo informe del Pentágono".[236] La noticia remitía al informe anual de la defensa estadounidense asegurando que "desde hace tiempo se ha señalado que el año 2027 será el año en que Pekín habrá acumulado suficientes recursos para llevar a cabo su anhelado objetivo de apoderarse de la nación insular por la fuerza". No ha sido algo nuevo, en el 2021 el almirante estadounidense Philip S. Davidson advertía de que la amenaza de Pekín sobre Taiwán se ejecutaría en esta década a tenor del avance chino en el Sudeste Asiático.[237]

El apellido del almirante ha servido para bautizar como "Davidson window" (la ventana de Davidson) el período de tiempo (2021-2027) en que China tendría capacidad militar para invadir Taiwán. Las históricas aspiraciones chinas no hacen descartable tal eventualidad, y la reunificación nacional, por el medio que sea, será una realidad previsiblemente en este siglo. El contexto actual propicia un doble análisis respecto a la anunciada invasión. Por un lado, en momentos de progreso económico y aspirando a convertirse en país hegemónico, no resulta lógico iniciar una guerra de consecuencias inciertas. Sin embargo, la actitud displicente de Trump respecto al conflicto en Ucrania podría ser interpretada en Pekín como una irrepetible ventana de oportunidad. La misma ventana que creyó ver Bill Clinton tras la caída de la Unión Soviética para reforzar su hegemonía sin contrapesos y que ha desembocado, una generación más tarde, en la guerra más importante desde la derrota nazi. Las consecuencias de la invasión serían de tal magnitud que hoy resultan difíciles de calibrar. La incorporación de la isla al territorio continental, por ejemplo, bien pudiera acarrear un cambio de régimen que, indudablemente, no se realizaría de forma pacífica.

Nuevos retos económicos.

La Tercera Revolución Industrial está propiciando una profunda alteración de la interacción entre poder, organización social y tecnología. La producción industrial de bienes de consumo no es prioritaria como en el siglo pasado; ahora estamos en la era del control tecnológico, la digitalización, la biotecnología, la inteligencia artificial… Lo importante no es la producción de acero o la extracción de petróleo, sino la capacidad de procesar información y dominar el universo algorítmico. Esta profunda transformación no está exenta de fuertes tensiones sociales, provocando la aparición de movimientos neoludistas, evocando a quienes se oponían a la mecanización industrial en el siglo XIX. Otros, como Yanis Varoufakis, profetizan que los individuos nos convertiremos en una suerte de vasallos de nuevos señores feudotecnológicos que controlan los datos, los algoritmos y las plataformas, en un modelo social que ha bautizado como tecnofeudalismo, donde grandes plataformas digitales manejarán y sustituirán la economía de mercado. Colin Crouch actualizó en el 2020 su *Posdemocracia* (2000) incorporando las consecuencias de la crisis del 2008 y teorizando sobre la influencia política de las grandes corporaciones. Según él, y el tiempo parece darle la razón, aunque las democracias occidentales mantengan las formas en cuanto a elecciones entre distintos partidos o instituciones de representatividad, la democracia real está condicionada en el fondo por élites corporativas que deciden las líneas maestras de actuación. De sus teorías puede derivarse que el nuevo modelo de gobernanza facilita la concentración de poder y la emergencia de liderazgos fuertes en un mundo cada vez más complejo.

La concurrencia histórica de líderes como Donald Trump, Vladimir Putin y Xi Jinping trasciende la simultaneidad biográfica, pues los tres encarnan un tipo de liderazgo personalista que condiciona los márgenes negociadores en su dimensión geopolítica —con Putin en la guerra de Ucrania— y geoeconómica —con Xi en la guerra arancelaria—. Trump entiende su relación con Putin como si de una partida de ping-pong se tratase, con una red entre ambos, en que lo importante es anotarse el próximo punto; Putin plantea su relación con Trump como una partida de póker, ocultando las cartas, gestionando tiempos y esperando el momento oportuno para apostar todo en una baza ganadora. Continuando con las metáforas, Trump plantea su relación con Xi como un combate de boxeo cuerpo a cuerpo, con continuas demostraciones de fuerza esperando inclinar el resultado a su favor; Xi, por el contrario, juega una partida de ajedrez donde la victoria depende de la coordinación de distintas piezas, estudiar los movimientos del contrario y planificar una estrategia a largo plazo. De confrontación en todos los casos. En cuanto a la relación entre Putin y Xi, sería la de un matrimonio de conveniencia por la convergencia de intereses estratégicos; son las alianzas de carácter pragmático, y no emocional, las que ofrecen mayores garantías de futuro.

Cada uno de los tres líderes despliega un particular tipo de liderazgo personal: Xi refuerza su poder con políticas absolutistas, Putin utiliza a su antojo mecanismos institucionales de resiliencia, y Trump abusa de una hipotética contingencia legislativa y se engrandece coaccionando al adversario. En conjunto, la simultaneidad de estos tres líderes no es la causa última del cambio de época, pero sus liderazgos, en el preciso momento histórico del conflicto ucraniano, intensifican y aceleran el desplazamiento desde una gobernanza internacional de sesgo demócrata liberal, hacia otra absolutista y nacionalista. Las consecuencias de esta triple convergencia son profundas e interesan tanto a la geopolítica, al consolidarse un nuevo escenario de polarización global, como a la geoeconomía, al implementarse nuevas reglas proteccionistas en el comercio internacional. En el espacio político de la OCDE, se normaliza una lógica de excepcionalidad permanente para justificar la concentración del poder, el debilitamiento de derechos y la eliminación de contrapesos. En lo social, por último, la retórica del miedo y la incertidumbre alimenta una creciente polarización interna y propicia la irrupción de partidos extremistas, en detrimento de las formaciones políticas tradicionales.

El siglo XXI se perfila claramente como el siglo de Asia. El dinamismo económico, el peso demográfico y la capacidad de planificación a largo plazo de países como China, India o las potencias del Sudeste Asiático contrastan con el estancamiento de Europa. Estados Unidos seguirá siendo una potencia económica, tecnológica y militar de primer orden, pero su liderazgo global se ve condicionado en el ámbito doméstico por una polarización interna creciente, y en el internacional por la desconfianza generada entre sus aliados históricos. Europa ha quedado relegada a un papel secundario en el sistema internacional y se enfrenta a un escenario de creciente irrelevancia política y a un potencial declive económico difícil de revertir.

En poco más de una década hemos conocido cuatro propuestas para el nuevo desarrollo mundial. En 2012, el Banco Mundial junto con el Centro de Investigación para el Desarrollo del Consejo de Estado de China publicó *China 2030: la construcción de una sociedad moderna, armoniosa y creativa de altos ingresos*,[238] planteando la transición de China hacia un crecimiento sostenible, basado en la innovación, la productividad y un mayor peso del consumo interno. La Asamblea General de las Naciones Unidas adoptó en el 2015 el documento *Transformar nuestro mundo: la Agenda 2030 para el Desarrollo Sostenible*,[239] en el que se establecen los Objetivos de Desarrollo Sostenible también hasta el año 2030 adoptados por la Comunidad Europea fundamentalmente. El Grupo de Shanghái fijó durante su reunión en Tianjin en octubre de 2025 la *Declaración de Tianjin*,[240] impulsando la cooperación entre sus miembros en materia de seguridad, desarrollo económico y estabilidad regional frente a amenazas comunes. También se publicó en el 2025 la Estrategia de Seguridad Nacional de los Estados Unidos de América[241] como marco referencial de la Administración estadounidense para orientar su política exterior y de seguridad.

La conclusión que se desprende de la lectura conjunta de los cuatro documentos es que el mundo se encamina hacia un escenario de competencia sistémica prolongada. Estados Unidos ha adoptado el modelo soviético al sustituir cooperación por presión; China construye y afianza alianzas donde Trump las destruye sin ofrecer marcos alternativos; y Rusia instrumentaliza todo ello en beneficio propio. En esta lógica del mundo al revés, produce perplejidad el intercambio de papeles entre China y Estados Unidos. El plan estratégico de la nación americana se centra, de manera exclusiva, en sí misma y lo formula con carácter taxativo: "Ante todo, queremos la supervivencia y la seguridad continuadas de los Estados Unidos como una república independiente y soberana, cuyo gobierno garantice los derechos naturales otorgados por Dios a sus ciudadanos y priorice su bienestar y sus intereses".[242] Se trata de una manifestación política abiertamente proteccionista y nacionalista que, en su tono y prioridades, recuerda a lógicas propias de gobernantes autócratas y naciones absolutistas. En cambio, la *Declaración de Tianjin* parece apropiarse de elementos del liberalismo occidental para reinterpretarlos y adaptarlos a un marco social y político distinto, proyectando hacia el exterior una imagen de orden y previsibilidad que contrasta con el repliegue estadounidense:

> Los Estados miembros reafirman su compromiso con la conformación de un orden mundial más representativo, democrático, justo y multipolar, basado en los principios universalmente reconocidos del derecho internacional, incluidos los consagrados en la Carta de la ONU, el respeto a la diversidad cultural y una cooperación mutuamente beneficiosa e igualitaria entre los Estados, con la ONU desempeñando un papel central de coordinación.

Trump atinó en el diagnóstico al señalar que la globalización, tal y como había sido diseñada, había generado profundas asimetrías económicas, desindustrialización en amplias regiones occidentales y una pérdida progresiva de competitividad frente a China. Asimismo, supo captar el malestar social derivado de la erosión de las clases medias y del desplazamiento del centro de gravedad económico hacia Asia. En este sentido, acertó en su lectura del cambio de paradigma que reflejaba transformaciones estructurales reales del sistema internacional. Más cuestionable son sus formas y medidas para afrontar la nueva realidad.

La confrontación trumpista trasciende el universo chino al provocar un escenario de competencia estratégica permanente —al menos durante su presidencia— que ha debilitado instituciones internacionales de referencia. El nuevo orden mundial que se está configurando va más allá del reajuste de equilibrios geopolíticos y geoeconómicos, pues implicará una transformación profunda y transversal de la política y la economía; incluso de la cultura y la identidad individual. Revolución tecnológica, inteligencia artificial, crisis de los tradicionales marcos liberales de convivencia… están trastocando las bases organizativas en las sociedades contemporáneas. La economía ya no se estructura prioritariamente en torno a la producción industrial y el comercio internacional, sino en redes digitales, datos, automatización y control tecnológico; la política adopta nuevas formas donde la emocional narrativa de la "posverdad" sobrepasa espacios institucionales clásicos como parlamentos o medios de comunicación tradicionales.

El enfrentamiento con China en su primer mandato supuso un error estratégico de consideración. Trump optó por la confrontación abierta estableciendo barreras arancelarias que encarecieron las cadenas de suministro y reforzaron el proteccionismo nacionalista, radicalizando la política económica de bloques que incrementa la inestabilidad. China no era simplemente un competidor comercial; el crecimiento mundial de las últimas décadas se sustentaba, en buena parte, en su participación en la economía global. Una estrategia negociadora que estableciera mecanismos de coexistencia competitiva, redefiniendo de forma gradual las normas comerciales y financieras, podía haber resultado beneficiosa para ambos países y reducido los riesgos de fragmentación del sistema internacional.

En su segundo mandato, Trump ha perseverado y potenciado los mismos errores que en el primero. La Doctrina Trump de confrontación económica directa respecto a China recuerda la Doctrina Reagan de confrontación política directa con la URSS. La diferencia estratégica es que, en la década de 1980, Rusia se encontraba en una fase de declive irreversible, mientras que en la de 2020 China se halla en pleno proceso de ascenso. Los ataques a narcotraficantes venezolanos y posterior apresamiento de Maduro, las deportaciones de emigrantes en situación irregular, las represalias por los asesinatos de cristianos en Nigeria…, aunque relevantes en el plano discursivo y mediático, funcionan como elementos de escenificación política con el propósito de satisfacer a sus incondicionales y retener el apoyo de su electorado, más que a definir su acción de gobierno. Lo que verdaderamente le interesa es la competencia China en el futuro orden mundial.

El "Trump Shock" —evocando el "Nixon Shock" por la crisis a comienzos de los 1970—, en vez de ofrecer una solución al cambio de paradigma, ha tensionado las estructuras del sistema internacional, incrementando los costes económicos, políticos y estratégicos para todos los actores implicados y dificultado la construcción de un nuevo equilibrio global estable. Esta actuación recuerda, en ciertos aspectos, a lo ocurrido en la Rusia de Boris Yeltsin, cuando los intentos de resolver un problema estructural —la transición desde el sistema soviético— se llevaron a cabo de manera abrupta y descoordinada, generando un colapso económico y social que terminó agravando la crisis que se pretendía resolver. De manera análoga, la política de confrontación impulsada por Trump no aborda las causas profundas de la transformación del sistema internacional, sino que, en su ceguera de *America First*, contribuye a intensificar sus efectos más disruptivos.

China, por el contrario, ha sabido interpretar con rapidez la transformación que se está produciendo y ha relegado el modelo industrial de producción manufacturera con poco valor añadido. Ahora su interés se centra en sectores estratégicos como las energías renovables, las baterías eléctricas, las redes 5G, la robótica industrial y la infraestructura digital, apoyado por inversiones estatales masivas en inteligencia artificial, computación cuántica y biotecnología. Esta combinación de planificación estatal, escala industrial y control de datos coloca a China en una posición privilegiada para dominar las tecnologías que estructurarán la economía mundial en las próximas décadas, con altas probabilidades de superar incluso a Estados Unidos en algunos de estos ámbitos. Este desplazamiento del centro de gravedad económico se refleja también en la proliferación de bloques económicos y militares alternativos. El grupo de los BRICS, el denominado Sur Global y, sobre todo, el Grupo de Shanghái, están ganando peso como motores del crecimiento mundial. Aunque estos grupos son heterogéneos y carecen de una cohesión política plena, comparten una dinámica expansiva basada en el crecimiento demográfico, el acceso a recursos naturales y menor dependencia de normas laborales, económicas, e institucionales que los países de la OCDE. Frente a una Europa envejecida y estancada, estas regiones concentran el dinamismo económico y el potencial de expansión a medio y largo plazo.

Sobre los BRICS existen interpretaciones divergentes. Se sostiene que el bloque carece de una línea económica coherente y operativa que permita una verdadera emancipación del hegemonismo occidental, en parte porque las élites de varios de sus Estados miembro no estarían genuinamente interesadas en una ruptura estructural con el orden vigente. A diferencia de China, y en parte de Rusia, los modelos económicos de países como India, Brasil o Sudáfrica siguen respondiendo en gran medida a parámetros neoliberales integrados en el sistema social y comercial dominado por Occidente. El Grupo de Shanghái agrupa a la mayoría demográfica y económica del mundo y supone una amenaza real para la OCDE. La hoja de ruta diseñada en Tianjin articula un marco de cooperación internacional con la exclusión de Estados Unidos, constituyéndose en alternativa al sistema de comercio actual y a la dominación financiera occidental, transformando las economías mundiales. Incluso se podría ir más lejos y aventurar que las transformaciones propuestas en Tianjin son de similar envergadura y tendrán efectos parecidos a los Acuerdos de Bretton Woods en 1944 al establecerse, como en aquel histórico momento, los fundamentos estructurales de una configuración sistémica alternativa a la existente.

We the people en la posdemocracia.

A mediados del siglo pasado Frederick Hayek publicó *Camino de servidumbre* (1944), argumentando que la concentración del poder económico por el Estado planificando la economía se traduce inevitablemente en concentración del poder político, que degenera en regímenes autoritarios y pérdida de libertades y derechos individuales. También en ese ámbito la guerra en Ucrania ha dado paso a una nueva coyuntura histórica que provoca el surgimiento de alternativas sociales, en una evolución singular del liberalismo surgido en el siglo XVIII, sometido ahora a tensiones y reinterpretaciones profundas.

El futuro de la democracia liberal, tal como la hemos conocido hasta ahora, resulta un tanto incierto. Las formas autoritarias de gobernar de Trump, negándose a reconocer los resultados de procesos democráticos, despreciando recurrentemente a sus adversarios y forzando la legislación hasta un finísimo filo entre lo alegal e ilegal —por ejemplo, en la orden federal que le obligó a retirar la Guardia Nacional de las ciudades donde unilateralmente la había desplegado—,[243] constituyen un serio ataque a la democracia y la convivencia política. Sus propuestas tienen vocación internacionalista tal como apunta la Estrategia de Seguridad Nacional de 2025 en lo relativo a "la creciente influencia de los partidos europeos patrióticos constituye, en efecto, un motivo de gran optimismo". Patriotas por Europa agrupa en el Parlamento Europeo aquellos partidos que cuestionan el pseudofederalismo europeo, promoviendo una soberanía nacional fuerte en defensa de su diferenciada identidad nacional proponiendo drásticas medidas, por ejemplo, en cuanto a inmigración, derecho a la vida o alternativas de género.

Tras los atentados terroristas del 11-S, amplios sectores de la población aceptaron renunciar a determinadas parcelas de libertad a cambio de mayores cotas de seguridad. La gestión del miedo frente al terrorismo, la inmigración y otros ataques identitarios se convirtió en instrumento político que perdura hasta la actualidad. Viviendo en un capitalismo tardío percibido como caduco, inestable y amenazante, se ha reactivado la disposición a sacrificar libertades individuales y colectivas a cambio de progreso, promesas de orden, protección y afirmación identitaria. En el nuevo orden mundial, el progreso tiende a situarse por encima de la libertad, justificando el mayor control estatal y la restricción de derechos individuales en nombre de la estabilidad.

Xi, Putin y Trump comparten una concepción del poder basada en una centralización de la autoridad que reta los límites institucionales y en una visión del Estado como instrumento directo de la voluntad del líder. Steven Levitsky y Daniel Ziblatt en *Cómo mueren las democracias* defienden que en estos tiempos no son los golpes de Estado o la violencia directa los peligros para la democracia, pues los cambios de timón se deben "menos a manos de hombres armados y más a manos de líderes electos" que, una vez en el poder, debilitan de forma progresiva las normas, las instituciones y los contrapesos que sostienen el sistema democrático.

El apresamiento de Nicolás Maduro en Venezuela tiene una significación que va más allá del propio acontecimiento. Sin entrar en su inocencia o culpabilidad, Trump se ha saltado la legalidad internacional sin que nadie haya reaccionado o, lo que es aún peor, sin que nadie pueda hacer absolutamente nada para evitarlo. Como si se tratara de un singular día de la marmota volvemos a rememorar la acción contra Manuel Antonio Noriega en Panamá en 1989. Acusaciones de tráfico de drogas, un comando que captura al presidente sin el preceptivo permiso del Congreso, y la posterior conducción a Nueva York para ser juzgado. La diferencia del acontecimiento de Venezuela respecto a Panamá tiene que ver con que en Panamá se trató de un caso aislado, sin embargo, en Venezuela se trata de otro más en la larga cadena de actuaciones de Trump saltándose la legislación, tanto la internacional como la nacional, pues la ha efectuado sin la necesaria aprobación del Congreso estadounidense. Hacía menos de una semana que un juez federal le había obligado a retirar la Guardia Nacional de Los Ángeles, Washington y Chicago al haber actuado al margen de la ley, y tiene también contenciosos legales respecto a distintas Órdenes Ejecutivas ya firmadas, la más importante de ellas negar la nacionalidad estadounidense a los hijos nacidos de madres emigrantes que se encuentren en Estados Unidos de forma irregular. La actuación en Venezuela despejó cualquier duda que pudiera tenerse respecto a la vocación absolutista de Trump, que se sitúa por encima de la ley nacional o internacional. Lo acontecido en Venezuela no es solo una violación del derecho internacional; ahora constatamos, de forma inequívoca, que ese derecho ha dejado de ser operativo frente a la fuerza. Se impone de esta forma la lógica, al parecer aceptada, de que el poder se está situando por encima del imperio de la ley; ese es el gran problema de fondo. Se normaliza un escenario en el que quien tiene capacidad coercitiva actúa sin límites ni consecuencias, vaciando de contenido las normas que, en teoría, deben regir las relaciones internacionales. El conflicto de Gaza o la definitiva concesión del Sahara a Marruecos se enmarcan en esta misma filosofía. De similar talante ha sido la reiteración de anexionarse Groenlandia tras haber apresado a Maduro en Venezuela. El asunto tiene más de amenaza que de realidad factible, pues ello implicaría el fin de la OTAN y en el Pentágono saltarían todas las alarmas.

La transformación tecnológica redefine profundamente el papel del individuo en la economía y en la sociedad. Jeremy Rifkin en *La Tercera Revolución Industrial: cómo el poder lateral está transformando la energía, la economía y el mundo* (2011) acuña la expresión "poder lateral" y sostiene que el capitalismo industrial clásico, basado en estructuras jerárquicas, grandes centros de producción y flujos de poder verticales, está siendo reemplazado por un modelo en el que el poder se distribuye de manera horizontal a través de redes digitales, sistemas energéticos descentralizados y plataformas colaborativas. Los ciudadanos se convierten en "prosumidores", es decir, en productores y consumidores simultáneamente, integrados en plataformas digitales, redes energéticas inteligentes y ecosistemas de datos. El individuo ya no se limita a consumir bienes y servicios, sino que genera información, contenidos y valor económico de forma constante, a menudo sin una conciencia clara de su contribución ni del uso que se hace de ella. Esta condición de "prosumidor", siguiendo con Rifkin, difumina las fronteras tradicionales entre la esfera privada y la pública, y refuerza la dependencia de infraestructuras tecnológicas controladas tanto por grandes corporaciones —en línea con Crouch— como por el Estado. Elon Musk, por el contrario, presenta una alternativa optimista al asegurar que los avances tecnológicos derivados de la inteligencia artificial liberarán a la humanidad del trabajo, que no sería obligación sino una actividad voluntaria o meramente recreativa, propiciando una existencia cercana a un nuevo Edén.

Más allá de escenarios que parecen rememorar *1984* (1949) de George Orwell y *Un mundo feliz* (1932) de Aldous Huxley, la democracia de derechos individuales y limitación y separación de poderes parece estar agotada. Los resultados electorales en las naciones occidentales, marcadas por una creciente fragmentación social y deterioro económico, parecen apoyar propuestas radicales de carácter antiliberal, autoritarias y nacionalistas, percibidas como más eficaces en términos de control interno y crecimiento económico. En este contexto, la democracia está dejando de ser fin normativo de derechos individuales para convertirse en instrumento de mejora social, y es el pragmatismo de los resultados lo que legitima el sistema; en línea con la propuesta de democracia china expuesta en *China: la democracia que funciona*. La deconstrucción democrática, en la que la seguridad y el progreso se perfilan como valores superiores a las libertades, sirve para justificar un mayor control estatal y la restricción de derechos en nombre de la estabilidad. De este modo, la posdemocracia no implica necesariamente autoritarismo según modelos dictatoriales, sino una normalización progresiva del control y una reducción del espacio de autonomía ciudadana.

En conjunto, el nuevo orden mundial apunta hacia sociedades más interconectadas, pero también más vigiladas; más tecnológicamente avanzadas, pero potencialmente menos libres; más eficientes en términos productivos, pero más frágiles desde el punto de vista democrático. La transformación no afecta únicamente a las estructuras de poder, sino a la manera en que los individuos se perciben a sí mismos, se relacionan con la autoridad y construyen su identidad. Prepararse para este escenario implica no solo adaptarse a cambios económicos y geopolíticos, sino también afrontar un profundo replanteamiento de los límites entre libertad, seguridad y control en un mundo que avanza hacia formas de gobernanza cada vez más complejas y ambivalentes.

Quo vadis, vieja Europa.

El declive del modelo liberal europeo es un fenómeno difícilmente discutible en el contexto actual. *Think tanks* como el Center for European Reforms se hacía eco del estudio de Ignacio J. Domingo publicado en *ElDiario.es* titulado "El ciclo económico de Europa ensombrece el camino para competir con China y Estados Unidos"[244] argumentando que "la capacidad innovadora de Europa está disminuyendo, al igual que su dinamismo empresarial" debido a un problema estructural de competitividad económica y augurando un futuro "sombrío, con un PIB que crece a ritmo mediocre y mucho más lento que en EE.UU. y Asia". El *think tank* Bruegel, reconocido como uno de los más prestigiosos en asuntos económicos, publicaba "Transformación industrial limpia: ¿Dónde se sitúa Europa?"[245] asegurando que el tejido productivo europeo está sufriendo una erosión silenciosa de su base manufacturera, más peligrosa que cualquier crisis inmediata. Todos los indicadores apuntan en el mismo sentido, pero Europa se muestra reacia a reconocer que ha perdido protagonismo e influencia en el nuevo panorama internacional surgido con la guerra de Ucrania. Ahora son Estados Unidos y China, incluso potencias emergentes como India y Turquía —no olvidemos el conflicto sirio—, quienes definen la agenda global.

La vieja Europa aspira a recuperar relevancia estratégica, pero todo apunta a que este proceso de pérdida de hegemonía es profundo y, tal vez, irreversible. El envejecimiento acelerado de la población constituye uno de los mayores desafíos del continente al reducirse la base productiva, incrementar el gasto social y comprometer la sostenibilidad del Estado del bienestar a medio plazo. Sin una renovación demográfica y una profunda reforma de los sistemas fiscales y de protección, el modelo social europeo difícilmente podrá mantenerse en las condiciones actuales, lo que amenaza con generar futuras tensiones económicas y políticas de alcance imprevisible. Las intenciones expansionistas de Trump respecto a Groenlandia y las amenazas arancelarias, sin el mínimo rubor, a las ocho naciones europeas que han enviado tropas a la isla, escenifican la realidad tal cual es. Aunque una invasión resulte improbable, por no decir imposible, los Estados implicados han actuado de forma individual y voluntaria, sin una coordinación efectiva de la OTAN. Esta falta de cohesión, al igual que la retórica de Trump, constituye en sí misma otra escenificación reveladora de la realidad tal como es.

El potencial de este episodio pudiera redefinir, ahora sí, las futuras relaciones entre Europa y Estados Unidos. La primera ministra italiana, Giorgia Meloni, declaró públicamente en una conferencia de prensa el 9 de enero de 2026 que "ha llegado el momento de que la Unión Europea hable con Rusia", y defendió la apertura de un diálogo directo con Moscú en las negociaciones sobre la guerra en Ucrania sin la intermediación estadounidense.[246] Pero fue en el Foro Económico Mundial de Davos, entre el 19 y el 23 de enero de 2026, donde se escenificó de manera contundente la reacción europea contra Trump, quien ha tensado en exceso la cuerda con la amenaza de incorporar Groenlandia al territorio de Estados Unidos. Sus posteriores bravuconadas provocaron una reacción inusualmente beligerante por parte de líderes europeos. El presidente francés Emmanuel Macron utilizó una retórica especialmente dura contra el presidente estadounidense al hablar de "el respeto por encima de los matones" y "el Estado de derecho por encima de la brutalidad", denunciando el uso de la coerción económica de "quienes pretenden tener la voz o el garrote más fuerte". En línea similar se manifestó la presidenta de la Comisión Europea, Ursula von der Leyen, proponiendo "una nueva forma de independencia europea" y enfatizando que Europa no puede depender indefinidamente de Estados Unidos.[247]

Las posteriores declaraciones, también de von der Leyen, durante la conferencia anual de embajadores de la UE (Bruselas, 9 de marzo de 2026), enfatizando que Europa debía "construir su propio camino" y afirmando que no podía seguir siendo "la guardiana del viejo orden", provocaron el rechazo inmediato de distintos gobiernos europeos.[248] Las críticas a von der Leyen supusieron una discrepancia estratégica, sí, pero más peligroso resultó el síntoma europeo de negar lo obvio al Trumpismo y reconfiguración global Interpretarse el pragmatismo del discurso como una suerte de renuncia europea a su papel tradicional como defensora del orden internacional. Las palabras de von der Leyen no representaban una gran novedad, pues tanto Mark Carney en el Foro Económico Mundial (Davos, 19-23 de enero de 2026) como Marco Rubio al llegar a la conferencia de Seguridad de Múnich (13-15 de febrero de 2026) apuntaban exactamente en la misma dirección. Carney afirmó sin ambigüedad que el momento actual no es una evolución del sistema existente, sino una fractura de sus fundamentos —"No estamos en un momento de evolución ni de continuidad, sino en una ruptura"—, concluyendo que el orden basado en reglas, tal como lo conocíamos, se está desmoronando. Por su parte, Marco Rubio, al llegar a la Conferencia de Seguridad de Múnich, insistía en que estamos entrando en una nueva era —"El viejo mundo se ha ido"—, advirtiendo además que Europa parecía no ser plenamente consciente de ello. En este contexto, la polémica causada por von der Leyen no debiera centrarse en sus palabras, sino en la incapacidad de parte de Europa para asumir lo que esas palabras describen: el final de una época, algo que Europa no parece dispuesta a aceptar. Y ahí es donde emerge el verdadero problema europeo. Mientras distintos protagonistas del orden geopolítico ya asumen que el orden liberal internacional ya no puede sostenerse en los términos del pasado, otros siguen aferrados a una inercia política y mental que responde a un mundo que ya no existe.

Los flujos migratorios son necesarios, imprescindibles, pero si no logran integrarse en el modelo social ni en los valores del Estado-nación europeo, se convertirán en problema en vez de solución. La falta de integración cultural produce tensiones sociales y fragmentación interna, erosionando la cohesión que históricamente ha sustentado a las democracias liberales del continente. Este fenómeno está propiciando la creación de grupos políticos radicales de tintes xenófobos que provocan fuertes digresiones sociales. De forma paralela, el gran logro social del liberalismo que es el Estado del bienestar está siendo pervertido en sus principios de igualitarismo por abusos con tintes electoralistas. Su mantenimiento en las circunstancias actuales exige una elevada carga fiscal que recae, sobre todo, en las clases productivas que sostienen el grueso de la recaudación, provocando un creciente descontento social. Mientras el coste del sistema continúa creciendo, la presión fiscal socava la motivación para el trabajo productivo, inhibe la inversión empresarial y reduce el dinamismo económico.

Una Europa dividida se enfrenta con desventaja a la Tercera Revolución Industrial, marcada por la transición hacia energías renovables, la digitalización, la automatización, el desarrollo de redes inteligentes y la expansión de la inteligencia artificial. La fragmentación interna está limitando su capacidad de actuar de manera coordinada en un escenario internacional cada vez más competitivo. Nuestro continente no está preparado para competir en la Tercera Revolución Industrial, lo que implica ocupar un papel secundario en el orden mundial. La fragmentación política, la ausencia de una estrategia industrial común, la dependencia tecnológica del exterior y la lentitud en la toma de decisiones dificultan la capacidad europea para competir con Estados Unidos y, sobre todo, con China en estos sectores estratégicos. Mencionaba unos párrafos antes que China se mueve en el universo del 5G e incluso ha comenzado a investigar el 6G. Europa, con modelos regulatorios y estratégicos que priorizan la estabilidad normativa frente a la innovación disruptiva y la soberanía tecnológica, ha perdido esta carrera al continuar anclada en la tecnología 3G.

La economía europea está condicionada por estructuras productivas, regulatorias y fiscales diseñadas para un contexto histórico ya superado. Su base industrial, aunque todavía relevante en determinados sectores tradicionales, avanza con lentitud hacia los ámbitos que definen la competitividad del siglo XXI. La fragmentación del mercado interior, la excesiva regulación, la falta de una política industrial común y la dependencia energética y tecnológica han reducido de forma significativa la capacidad europea para modernizarse al ritmo que exige la competencia global. Mientras tanto, las economías asiáticas, y muy especialmente China, han actuado con una visión estratégica de largo plazo, ocupando posiciones clave en sectores emergentes cuando Europa no ha logrado siquiera consensuar una respuesta coordinada.

La falta de cohesión estratégica, las profundas divergencias entre los Estados miembros y la ausencia de una visión común en materia de política exterior, defensa e industria limitan seriamente la capacidad de la Comunidad Europea para actuar como un actor autónomo en el nuevo orden internacional que se está configurando. La solución sería más Europa y más independencia, pero la tendencia parece ser la contraria. La existencia de intereses nacionales divergentes ralentiza la toma de decisiones y dificulta el establecimiento de estrategias comunes. Lejos de consolidarse como un polo de poder propio, Europa corre el riesgo de quedar atrapada entre grandes potencias, reaccionando ante los acontecimientos en lugar de modelarlos, en un mundo cada vez más definido por la competencia entre Estados fuertes y liderazgos centralizados. La doble dependencia de Estados Unidos y China limita la autonomía estratégica del continente, condiciona sus decisiones diplomáticas y debilita su capacidad para definir una agenda propia.

Sin una redefinición profunda de su estrategia económica, industrial y tecnológica, Europa corre el riesgo de consolidar una pérdida de relevancia difícilmente reversible. Se encuentra en una encrucijada en la que debe decidir si continúa avanzando por el camino de la complacencia institucional, el endeudamiento estructural y la dependencia estratégica, o si, por el contrario, emprende una renovación estructural profunda que le permita recuperar su protagonismo histórico.

Las consecuencias de la crisis económica del 2008, la pandemia de la COVID-19, las tensiones geopolíticas y la crisis energética provocada por el conflicto de Ucrania, entre otros, son indicadores de que el modelo vigente se ha vuelto insuficiente para sostener un proyecto que aspire a la autonomía y a la relevancia global. Las naciones de la eurozona solo podrán mantener su hegemonía mundial si abandonan la arrogancia y la quimera de la abundancia infinita y rediseñan sus instituciones en beneficio de una cohesión transnacional real y total para actuar como una única entidad política, social, y económica. Lo que ahora tenemos es un Frankenstein social que se está revelando contra el modelo liberal que le dio vida, y todo indica que el declive actual no es coyuntural, sino el prólogo de su definitivo declive hegemónico.

La complejidad normativa europea, sumada a una pesada burocracia difícil de simplificar, genera barreras a la innovación, eleva los costes operativos y ralentiza la respuesta empresarial ante cambios globales. El efecto inmediato es un entorno económico menos atractivo para la inversión y más vulnerable a la competencia de economías más flexibles. A largo plazo, esta hiperregulación alimenta el estancamiento de la productividad, una de las causas fundamentales del declive competitivo europeo. La falta de un sistema fiscal común robusto debilita la capacidad de la CE para actuar como una unidad política. Sin instrumentos de financiación propios, Europa depende de la voluntad de sus Estados miembro y, en última instancia, de actores externos para emprender grandes proyectos estratégicos. La consecuencia es un déficit de soberanía que obstaculiza su capacidad para proyectar poder y defender sus intereses.

Las políticas de sostenibilidad y transición ecológica son necesarias, pero su aplicación en Europa ha sido rígida y poco adaptativa. Las exigencias normativas, a menudo desconectadas del ritmo tecnológico e industrial, imponen costes elevados a las empresas y reducen su capacidad de competir globalmente. En el contexto actual, sectores industriales estratégicos pierden competitividad frente a competidores que implementan transiciones más graduales o con mayores subsidios estatales. El cierre de centrales nucleares en Alemania, impulsado por movimientos ecologistas, ilustra cómo decisiones políticas motivadas por principios éticos pueden tener consecuencias económicas y estratégicas graves, especialmente en tiempos de inestabilidad e incertidumbre. El resultado es una desindustrialización progresiva que debilita la autonomía económica europea. Según el referido informe de CaixaBank,[249] la CE se enfrenta a un triple desafío. Por una parte, deberá incorporar de manera exitosa las nuevas tecnologías —en especial la IA— mitigando las disrupciones en el mercado laboral para evitar el auge del neoludismo; también deberá potenciar la inversión y mejorar la productividad en un contexto de elevada heterogeneidad entre países y, por último, alcanzar una verdadera integración de sus sistemas financieros para financiar estas inversiones.

A ello debe unirse la reducción de unos niveles de deuda pública históricamente elevados, resultado de décadas de crecimiento basado en el endeudamiento, con crisis financieras recurrentes, e incontrolada expansión del gasto social. Esta carga limita severamente su margen de maniobra fiscal, reduce la capacidad de inversión en innovación y condiciona la respuesta ante futuras crisis económicas o geopolíticas. En contraste, muchas economías emergentes, pese a sus propias vulnerabilidades, no están lastradas por una deuda externa de magnitud comparable, lo que les otorga mayor flexibilidad para invertir en nuevas tecnologías de desarrollo industrial.

Estos condicionantes revelan que el proyecto europeo resulta poco eficaz en un contexto internacional que requiere cohesión y valentía. El desfase entre las exigencias del entorno internacional y la capacidad de respuesta europea alimenta la percepción de declive y refuerza la necesidad de una redefinición profunda del proyecto continental. La integración europea se encuentra constreñida por las reticencias de los Estados miembro a ceder competencias sustantivas, generando un equilibrio inestable que limita la proyección internacional y acentúa su vulnerabilidad frente a naciones emergentes más cohesionadas. Se está configurando, en este sentido, un escenario en el que Europa se enfrenta a un declive estratégico difícil de revertir sin una reestructuración profunda de sus fundamentos políticos, económicos y sociales. La combinación de desunión interna, dependencia externa, rigidez fiscal, tensiones culturales, hiperregulación, transición energética poco adaptativa y carencias en materia de seguridad colectiva, limita su capacidad para actuar como un actor global con autonomía real. El resultado es un continente atrapado en sus propias contradicciones, consciente de su herencia histórica y de su potencial económico, pero incapaz de articular una visión común que le permita afrontar los desafíos de un mundo cada vez más competitivo.

La falta de unidad limita la capacidad de los países de la zona euro para mostrarse como potencia geopolítica; la dependencia energética y militar reduce su margen de autonomía estratégica; y la fragmentación política obstaculiza cualquier intento de reforma profunda. Si Europa no redefine sus prioridades, moderniza sus estructuras y logra cohesión interna, se convertirá, definitivamente, en un actor secundario en el nuevo orden internacional. En última instancia, se trata de tener capacidad para iniciar una transformación unificadora que solvente sus grandes diferencias y deficiencias estructurales internas para hablar con una sola voz y actuar como una entidad sólida y unida, y abandonar la inercia actual confiando en estructuras que vienen demostrando su ineficacia desde hace más de una década. El resultado dependerá, como propone el aforismo, de "hacer de la necesidad virtud"; en absoluto será fácil, pero en tal caso todavía podría aspirar a desempeñar un papel relevante en el siglo XXI.

NOTAS

NOTAS

[1] Šmelev, Nikolaj y Ed. A. Hewett. "A Pragmatist's Approach to the Soviet Economy: A Conversation with Nikolaj Šmelev and Ed. A. Hewett". *The Brookings Review*, vol. 8, no. 1, 1989, pp. 27-32. https://doi.org/10.2307/20080132.

[2] Fukuyama, Francis. "The End of History?" *The National Interest*, no. 16, 1989, pp. 3-18, https://www.jstor.org/stable/24027184.

[3] "Carta de París para una Nueva Europa". *Conferencia sobre la Seguridad y Cooperación en Europa (CSCE)*. 19-21 de noviembre de 1990, p. 1, https://www.osce.org/files/f/documents/9/d/39521.pdf.

[4] "CHINA / CUMBRE – OCS". *Departamento de Seguridad Nacional, Gabinete de la Presidencia del Gobierno de España*, 2 de septiembre de 2025, https://www.dsn.gob.es/es/actualidad/Ultima-hora/china-cumbre-ocs.

[5] Lenin, Vladimir. "Nueva política económica". *X Congreso del Partido Comunista Ruso*, 16 de marzo de 1921.

[6] Para la elaboración de esa sección, de forma especial y específica en lo relativo a las promesas realizadas a Mijail Gorbachov sobre la contención expansiva de la OTAN, ha resultado fundamental la descatalogación de documentos depositados en el Archivo de Seguridad Nacional de la George Washington University, y particularmente el extenso artículo "La expansión de la OTAN: lo que Gorbachov escuchó" (Savranskaya, Svetlana y Tom Blanton. "NATO Expansion: What Gorbachev Heard". *National Security Archive*, Briefing Book no. 613, 12 de diciembre de 2017, https://nsarchive.gwu.edu/briefing-book/russia-programs/2017-12-12/nato-expansion-what-gorbachev-heard-western-leaders-early, consultado el 20 de octubre de 2025).

Me permito aconsejar la lectura del discurso de Jeffrey Sachs, "La geopolítica de la paz", también consultado el 20 de octubre de 2025 (véase nota nº 33).

[7] "Acuerdo de Potsdam". *Gobiernos de los Estados Unidos, la Unión Soviética, China y el Reino Unido*, 1 de agosto de 1945, p. 5, https://salempress.com/Media/SalemPress/samples/dd_coldwar_pgs.pdf.

[8] "Documento 18: Record of Conversation Between Mikhail Gorbachev and James Baker in Moscow". *Gorbachev Foundation Archive*, Fond 1, Opis 1, 18 de mayo de 1990, p. 19, https://nsarchive.gwu.edu/document/16132-document-18-record-conversation-between.

[9] "Memorandum from Paul H. Nitze to George H.W. Bush about "Forum for Germany" Meeting in Berlin". *George H. W. Bush Presidential Library*, 6 de febrero de 1990, https://nsarchive.gwu.edu/document/16114-document-03-memorandum-paul-h-nitze.

[10] Ekaizer, Ernesto. "Baker a Gorbachov: 'La OTAN no se expandirá ni una pulgada hacia el Este'". *El Periódico*, 3 de septiembre de 2022, https://www.elperiodico.com/es/internacional/20220903/baker-gorbachov-promesa-ernesto-ekaizer-118413194.

[11] "Documento 22: Letter from Mr. Powell (N. 10) to Mr. Wall: Thatcher-Gorbachev memorandum of conversation". *Documents on British Policy Overseas, series III, volume VII: German Unification, 1989-1990*. Foreign and Commonwealth Office, editado por Patrick Salmon, Keith Hamilton y Stephen Twigge, Routledge, 2010, p. 415, https://nsarchive.gwu.edu/document/16136-document-22-letter-mr-powell-n-10-mr.

[12] "Hoja Informativa: Desmintiendo las acusaciones rusas". *Organización del Tratado del Atlántico Norte*, abril de 2014, p. 2, https://www.nato.int/nato_static_fl2014/assets/pdf/pdf_publications/20140604_SPA_Factsheet_Russia.pdf.

[13] Savranskaya, Svetlana y Tom Blanton. "NATO Expansion: What Gorbachev Heard". *National Security Archive*, 12 de diciembre de 2017, https://nsarchive.gwu.edu/briefing-book/russia-programs/2017-12-12/nato-expansion-what-gorbachev-heard-western-leaders-early#_ednref3.

[14] "Documento 1: U.S. Embassy Bonn Confidential Cable to Secretary of State on the Speech of the German Foreign Minister: Genscher Outlines His Vision of a New European Architecture". *U.S. Department of State*. FOIA Reading Room. F-2015 10829, 1 de febrero de 1990, p. 4, https://nsarchive. gwu.edu/document/16112-document-01-u-s-embassy-bonn-confidential-cable.

[15] "Documento 2: Mr. Hurd to Sir C. Mallaby (Bonn). Telegraphic N. 85: Secretary of State's Call on Herr Genscher: German Unification". *Documents on British Policy Overseas, series III, volume VII: German Unification, 1989-1990*. Foreign and Commonwealth Office, editado por Patrick Salmon, Keith Hamilton y Stephen Twigge, Routledge, 2010, p. 2, https://nsarchive.gwu.edu/document/16113-document-02-mr-hurd-sir-c-mallaby-bonn.

[16] Savranskaya, Svetlana y Thomas Blanton. *The Last Superpower Summits*. CEU Press, 2016, p. 538.

[17] Brzezinski, Zbigniew. "La nueva rusia y la ampliación de la OTAN". *Política Exterior*, vol. 9, no. 43, 1 de febrero de 1995, https://www.politicaexterior.com/articulo/la-nueva-rusia-y-la-ampliacion-de-la-otan/.

[18] Véase nota nº 3, p. 6.

[19] "Declaración sobre una Alianza del Atlántico Norte transformada. Punto no. 2". *Organización del Tratado del Atlántico Norte*, 5-6 de julio de 1990, https://www.nato.int/cps/en/natolive/official_texts_23693.htm.

[20] "Strengthening NATO and European Security". *The White House*, 11 y 12 de enero de 1994, https:// clintonwhitehouse5.archives.gov/WH/EOP/NSC/html/nsc-05.html.

[21] Talbott, Strobe. "Draft Letter from Strobe Talbott to George Kennan". *State Department, National Security Archive Freedom of Information Lawsuit*, 9 de febrero de 1997, p. 7, https://nsarchive.gwu.edu/document/32234-document-11-draft-letter-strobe-talbott-george-kennan.

[22] Kennan, George F. "A Fateful Error". *The New York Times*, 5 de febrero de 1997, https://www.nytimes.com/1997/02/05/opinion/a-fateful-error.html.

[23] Kornblum, John. "Memorandum NATO-Russia: A Framework for the Next Phase". *State Department, National Security Archive Freedom of Information Lawsuit*, 29 de julio de 1996, https://nsarchive.gwu.edu/document/32232-document-9-john-kornblum-memorandum-nato-russia-framework-next-phase.

[24] "Memorandum of Conversation, Clinton-Yeltsin Summit, Helsinki, Finland, 'Subject: Morning Meeting with Russian President Yeltsin: NATO-Russia, START, ABM/TMD'". *Clinton Presidential Library, Mandatory Review 2015-0782-M-2*, 21 de marzo de 1997, https://nsarchive.gwu.edu/document/32237-document-14-memorandum-conversation-clinton-yeltsin-summit-helsinki-finland-subject.

[25] Poch, Rafael. "Haciendo memoria. De una Guerra Fría a otra, de la mano de la OTAN". *Contexto y Acción*, 16 de febrero de 2022, https://ctxt.es/es/20220201/Firmas/38771/rusia-rafael-poch-gorbachov-otan-osce-europa-carta-de-paris.htm.

[26] Véase nota nº 25.

[27] Burns, William J. y Condoleezza Rice. "*Nyet* Means *Nyet*: Russia's NATO Enlargement Redlines". *WikiLeaks*, 1 de febrero de 2008, https://wikileaks.org/plusd/cables/08MOSCOW265_a.html.

[28] del Pozo, Fernando. "Tras la Cumbre de la OTAN en Bucarest". *Real Instituto Elcano*, 23 de julio de 2008, p. 3, https://media.realinstitutoelcano.org/wp-content/uploads/2021/12/ari60-2008-pozo-cumbre-otan-bucarest.pdf.

[29] Putin, Vladimir. "Speech and the Following Discussion at the Munich Conference on Security Policy". *Kremlin*, 10 de febrero de 2007, http://en.kremlin.ru/events/president/transcripts/24034.

[30] Véase nota nº 29.

[31] "Emmanuel Macron Warns Europe: NATO is Becoming Brain-Dead". *The Economist*, 7 de noviembre de 2019, https://www.economist.com/europe/2019/11/07/emmanuel-macron-warns-europe-nato-is-becoming-brain-dead.

[32] Dobbins, James, *et al.* "Extending Russia. Competing from Advantageous Ground". *RAND*, 24 de abril de 2019, p. xii y contraportada, https://www.rand.org/pubs/research_reports/RR3063.html.

[33] Sachs, Jeffrey. "La geopolítica de la paz". Discurso pronunciado ante el Parlamento Europeo el 19 de febrero de 2025. *Brave New Europe*, 28 de febrero de 2025, https://bravenewurope.com/jeffrey-sachs-the-geopolitics-of-peace-speech-to-the-european-parliament.

[34] Putin, Vladimir. "Address by the President of the Russian Federation". *Kremlin*, 21 de febrero de 2022, http://en.kremlin.ru/events/president/news/67828.

[35] Putin, Vladimir. "Address by the President of the Russian Federation". *Kremlin*, 24 de febrero de 2022, http://en.kremlin.ru/events/president/news/67843.

[36] Fisayo-Bamb, Jerry. "'Una pérdida de tiempo': Trump cancela su reunión con Putin en Budapest tras las dudas del Kremlin". *EuroNews*, 22 de octubre de 2025, https://es.euronews.com/2025/10/22/trump-putin-encuentro-budapest-perdida-tiempo.

[37] Atlamazoglou, Stavros. "Trump Says Ukraine Peace Deal Is 95% Done". *The National Interest*, 29 de diciembre de 2025, https://nationalinterest.org/blog/buzz/trump-says-ukraine-peace-deal-is-95-done-sa-122925.

[38] Seddon, Max, Christopher Miller y Felicia Schwartz. "How Putin Blundered into Ukraine — Then Doubled Down". *Financial Times*, 23 de febrero de 2023, https://www.ft.com/content/80002564-33e8-48fb-b734-44810afb7a49.

[39] Torbakov, Igor. "Putin's Sick Political Imagination". *Eurozine*, 25 de febrero de 2022, https://www.eurozine.com/putins-sick-political-imagination/.

[40] Wilkinson, Tracy. "Why Is Russia's Vladimir Putin So Obsessed with Invading Ukraine?". *Los Angeles Times*, 24 de febrero de 2022, https://www.latimes.com/politics/story/2022-02-24/why-is-russias-vladimir-putin-so-obsessed-with-ukraine-invasion.

[41] Véase nota nº 34.

[42] Carlson, Tucker. "La entrevista a Vladimir Putin". *Tucker Carlson Network*, 8 de febrero de 2024, https://www.youtube.com/watch?v=hYfByTcY49k.

Para ver la transcripción completa de la entrevista, véase el siguiente enlace (p. 10): https://omegalfa.es/downloadfile.php?file=libros/entrevista-completa-de-putin-a-tucker-carlson.pdf.

[43] "Joint Statement on Economic and Commercial Cooperation". *Office of the Press Secretary, The White House*, 4 de marzo de 1994, https://clintonwhitehouse6.archives.gov/1994/03/1994-03-04-joint-statement-on-us-ukraine-economic-cooperation.html.

[44] Entous, Adam y Michael Schwirtz. "The Spy War: How the C.I.A. Secretly Helps Ukraine Fight Putin". *The New York Times*, 25 de febrero de 2014, https://www.nytimes.com/2024/02/25/world/europe/cia-ukraine-intelligence-russia-war.html.

[45] "Nuland-Pyatt leaked phone conversation _COMPLETE with SUBTITLES". *YouTube*, 30 de abril de 2014, subido por Diddley Squat, https://www.youtube.com/watch?v=WV9J6sxCs5k.

[46] EFE. "Los escándalos de corrupción llevan a Yushchenko a destituir al Gobierno". *El Mundo*, 9 de septiembre de 2005, https://www.elmundo.es/elmundo/2005/09/08/internacional/1126173332.html.

[47] Popescu, Nicu y Andrew Wilson. *The limits of enlargement-lite: European and Russian power in the troubled neighbourhood.* European Council on Foreign Relations, junio de 2009, https://ecfr.eu/wp-content/uploads/ECFR14_The_Limits_of_Enlargement-Lite._European_and_Russian_Power_in_the_Troubled_Neighbourhood.pdf.

[48] Putin, Vladimir. "Presidential Address to Federal Assembly". *Kremlin*, 21 de febrero de 2023, http://en.kremlin.ru/events/president/news/70565.

[49] "Bush y Putin abren 'una era de amistad' con un acuerdo de desarme nuclear". *La Voz de Galicia*, 24 de mayo de 2022, https://www.lavozdegalicia.es/noticia/internacional/2002/05/24/bush-putin-abren-era-amistad-acuerdo-desarme-nuclear/0003_1099351.htm.

[50] Miller, Greg e Isabelle Khurshudyan. "Ukrainian Spies with Deep Yies to CIA Wage Shadow War Against Russia". *The Washington Post*, 23 de octubre de 2023, https://www.washingtonpost.com/world/2023/10/23/ukraine-cia-shadow-war-russia/.

[51] Putin, Vladimir. "On the Historical Unity of Russians and Ukrainians". *Kremlin*, 12 de julio de 2021, http://www.en.kremlin.ru/events/president/news/66181.

[52] "Treaty between The United States of America and the Russian Federation on security guarantees". *Ministry of Foreign Affairs of the Russian Federation*, 17 de diciembre de 2021, https://mid.ru/ru/foreign_policy/rso/nato/1790818/?lang=en.

[53] "Borrell: 'Esperamos lo mejor pero nos preparamos para lo peor'". *Radio Televisión Canaria*, 7 de febrero de 2022, https://rtvc.es/borrell-esperamos-lo-mejor-pero-nos-preparamos-para-lo-peor/.

[54] "Oleksiy Arestovych and His Prediction of Russian Aggression (2019) - EN subtitles". *YouTube*, 14 de marzo de 2022, subido por RuCz Subs, https://www.youtube.com/watch?v=DwcwGSFPqIo, minuto 0:35.

[55] McCreesh, Shawn. "'This Is Going to Be Great Television': Trump Sums Up His Zelensky Showdown". *The New York Times*, 28 de febrero de 2025, https://www.nytimes.com/2025/02/28/us/politics/television-trump-zelensky-ukraine.html.

[56] "General Harald Kujat: exjefe del ejército alemán expone mentiras sobre la guerra de Ucrania". *YouTube*, 19 de septiembre de 2025, subido por Glenn Diesen, https://www.youtube.com/watch?v=sJ-pWvv--FM, minuto 9:15.

[57] Véase nota nº 33.

[58] Véase nota nº 27.

[59] Duch, Juan Pablo. "Para frenar a la OTAN, Yeltsin buscó 'un pacto de caballeros' secreto". *La Jornada*, 22 de julio de 2024, https://www.jornada.com.mx/2024/07/22/mundo/027n1mun.

[60] Cuesta, Javier G. "Putin exige garantías sólidas de que la OTAN no llegará a sus puertas". *El País*, 2 de diciembre de 2021, https://elpais.com/internacional/2021-12-02/putin-exige-garantias-solidas-de-que-la-otan-no-llegara-a-sus-puertas.html.

[61] Putin, Vladimir. "Vladimir Putin's Annual News Conference". *Kremlin*, 23 de diciembre de 2021, http://en.kremlin.ru/events/president/news/67438.

[62] Putin, Vladimir. "Ceremony for Presenting Foreign Ambassadors' Letters of Credence". *Kremlin*, 1 de diciembre de 2021, http://en.kremlin.ru/events/president/news/67250.

[63] Akin, Ezgi. "Lavrov elogia a Trump en Turquía mientras Ankara se ofrece a acoger las conversaciones entre Rusia y Ucrania". *Al-Monitor*, 24 de febrero de 2025, https://www.al-monitor.com/es/originals/2025/02/lavrov-elogia-trump-en-turquia-mientras-ankara-se-ofrece-acoger-las?utm_source=.

[64] Kurianowicz, Tomasz y Moritz Eichhorn. "Gerhard Schröder in An Interview: How the Peace Negotiations Between Ukraine and Russia Failed". *Berliner Zeitung*, 21 de octubre de 2023, https://www.berliner-zeitung.de/politik-gesellschaft/gerhard-schroeder-im-exklusiv-interview-was-merkel-2015-gemacht-hat-war-politisch-falsch-li.2151196.

[65] "Guerra en Ucrania: Putin dice que las conversaciones de paz con los ucranianos están 'en un callejón sin salida'. *BBC News Mundo*, 12 de abril de 2022, http://bbc.com/mundo/noticias-internacional-61085050.

[66] Romaniuk, Roman. "From Zelenskyy's 'Surrender' To Putin's Surrender: How the Negotiations with Russia Are Going". *Ukrainska Pravda*, 5 de mayo de 2022, https://www.pravda.com.ua/eng/articles/2022/05/05/7344096/.

[67] La entrevista a Oleksiy Arestovych de la que se extraen tales afirmaciones se produce en un momento de enfrentamiento con Volodimir Zelenski, a quien acusa de autoritario y corrupto —incluso menciona que cree más a Putin que a Zelenski—, estando en el exilio postulándose como candidato presidencial. La mención a las palabras de David Arakhamia, señalando la responsabilidad de Johnson en el fracaso de las negociaciones, también fue referida por Harald Kujat en la citada entrevista en este apartado. Según Kujat, lo que Johnson dijo fue: "No deberían negociar, simplemente deberían seguir luchando" (véase nota nº 56, minuto 17:26). La posterior referencia a Arestovych respecto a la inevitabilidad del conflicto si Ucrania se incorporaba a la OTAN fue efectuada años antes (2019), ocupando cargos de responsabilidad en el gobierno.

[68] "'Boris Johnson bloqueó la paz': Exasesor de Zelenski revela por qué Ucrania continuó la guerra con Rusia". *YouTube*, 23 de diciembre de 2024, subido por Valuetainment, https://www.youtube.com/watch?v=ckWJubAcumY, minuto 1:00.

[69] "US, Germany BLOCKED Russia-Ukraine Peace Deal: Former Israel PM Bennett". *YouTube*, 7 de febrero de 2023, subido por The Hill, https://www.youtube.com/watch?v=O10svZJ2Fps, minuto 1:03.

[70] Véase nota nº 56.

[71] "'Te estás jugando la tercera guerra mundial': Trump y Zelenski discutieron y no llegaron a acuerdo para la explotación de minerales en Ucrania". *La Diaria*, 28 de febrero de 2025, https://ladiaria.com.uy/mundo/articulo/2025/2/te-estas-jugando-la-tercera-guerra-mundial-trump-y-zelenski-discutieron-y-no-llegaron-a-acuerdo-para-la-explotacion-de-minerales-en-ucrania/.

[72] Lapham, Jake. "What To Know About the Trump-Putin Meeting in Alaska". *BBC*, 15 de agosto de 2025, https://www.bbc.com/news/articles/crev9ep2vdgo.

[73] "Trump on Russia-Ukraine War: 'This Is Biden's War, Not Mine' | Plans Talks with Putin | News9". *YouTube*, subido por NEWS9 Live, 11 de agosto de 2025, https://www.youtube.com/watch?v=NAGuiSLlBaU, minuto 1:35.

[74] Saavedra, Bárbara. "Trump, a Zelenski en la Casa Blanca: 'Estoy aliado con el bien del mundo. Estás jugando con la tercera guerra mundial'". *La Gaceta*, 28 de febrero de 2025, https://gaceta.es/estados-unidos/trump-a-zelenski-en-la-casa-blanca-estoy-aliado-con-el-bien-del-mundo-estas-jugando-con-la-tercera-guerra-mundial-20250228-1908/.

[75] Landale, James. "Por qué el vicepresidente J.D. Vance lideró los ataques contra Zelenski en la Casa Blanca". *BBC News Mundo*, 2 de marzo de 2025, https://www.bbc.com/mundo/articles/c2d45xdywk1o.

[76] "La cumbre Trump-Putin acaba sin acuerdo y Washington pasa la pelota a Zelenski y a Europa". *Euractiv*, 16 de agosto de 2025, https://euractiv.es/news/no-deal-trump-says-its-up-to-zelensky-to-get-it-done/.

[77] "Trump Backs Plan to Cede Land for Peace in Ukraine". *The New York Times*, 16 de agosto de 2025, https://www.nytimes.com/live/2025/08/16/world/trump-putin-meeting-alaska.

[78] "Lavrov Stuns Trump with Territory Declaration After Washington Summit: 'Not Crimea, Donbás or…'". *YouTube*, subido por Hindustan Times, 19 de agosto de 2025, https://www.youtube.com/watch?v=Oifcut3oQPM, minuto 6:47.

[79] "Alemania ampliará la ayuda a Ucrania permitiendo a Kiev fabricar armas utilizables en Rusia". *EuroEFE*, 28 de mayo de 2025, https://efe.com/mundo/2025-05-28/zelenski-visita-berlin-merz/.

[80] Hubenko, Dmytro, *et al.* "Ukraine: Merz announces long-range weapons with Zelensky". *DW*, 28 de mayo de 2025, https://www.dw.com/en/ukraine-merz-announces-long-range-weapons-with-zelenskyy/live-72693164.

[81] "heute journal vom 11.07.2025 Raketen für Kiew, Gescheiterte Richterwahl, Gedenken an Srebrenica". *YouTube*, 11 de julio de 2025, subido por ZDFheute Nachrichten, https://www.youtube.com/watch?v=G5rXd2jEUKs&t=800s, minuto 13:20.

[82] "Discurso del Comisario Kubilius". *Foro Económico Español Wake Up, Spain! 2025*, 31 de marzo-4 de abril de 2025, https://spain.representation.ec.europa.eu/noticias-eventos/noticias-0/discurso-del-comisario-kubilius-en-el-foro-economico-espanol-wake-spain-2025-2025-03-31_es.

[83] Colbert, Stephen. "Entrevista con Terry Gross". *Fresh Air*, 2 de noviembre de 2016, https://www.npr.org/transcripts/500303201.

[84] "President Bush Discusses Freedom in Iraq and Middle East. Remarks by the President at the 20th Anniversary of the National Endowment for Democracy". *United States Chamber of Commerce,* 6 de septiembre de 2003, https://georgewbush-whitehouse.archives.gov/news/releases/2003/11/20031106-2.html.

[85] "Barack H. Obama – Facts". *The Nobel Prize,* https://www.nobelprize.org/prizes/peace/2009/obama/facts/.

[86] Dans, Paul y Steven Groves. *Mandate for Leadership. The Conservative Promise.* Heritage Foundation, 2023, https://static.heritage.org/project2025/2025_MandateForLeadership_FULL.pdf.

[87] Gancarski, A.G. "Donald Trump floats 'unstoppable' JD Vance/Marco Rubio team in 2028". *Florida Politics,* 27 de octubre de 2025, https://floridapolitics.com/archives/762385-donald-trump-floats-unstoppable-jd-vance-marco-rubio-team-in-2028/.

[88] "Why Susie Wiles Is So Good at Managing Donald Trump". *Politico Magazine,* 11 de agosto de 2024, https://www.politico.com/news/magazine/2024/11/08/trumps-chief-of-staff-susie-wiles-00188467.

[89] Guterres, António. *Nuestra agenda común.* Naciones Unidas, septiembre de 2021, https://www.un.org/es/common-agenda.

[90] Véase nota nº 86, p. xiii.

[91] Heartney, Edward. "Remarks At the UN Meeting Entitled 58th Plenary Meeting of the General Assembly". *United States Mission to the United Nations,* 4 de marzo de 2025, https://usun.usmission.gov/remarks-at-the-un-meeting-entitled-58th-plenary-meeting-of-the-general-assembly/.

[92] Véase nota nº 86, p. ix.

[93] "National Security Strategy of the United States of America". *United States National Security Council,* noviembre de 2025, p. 1, https://www.whitehouse.gov/wp-content/uploads/2025/12/2025-National-Security-Strategy.pdf.

[94] @AccountableGOP. "Jack Posobiec at CPAC: 'Welcome to the end of democracy. We are here to overthrow it completely. We didn't get all the way there on Jan. 6, but we will endeavor to get rid of it.' Trump's Republican Party openly wants to end democracy. We must stop them". *X,* 22 de febrero de 2024, 21:22, https://x.com/AccountableGOP/status/1760761957437599856?s=20.

[95] McCain, John. "Farewell Statement from Senator John McCain". *John McCain,* 27 de agosto de 2018, https://www.johnmccain.com/2018/08/farewell-statement-from-senator-john-mccain/.

[96] Trump, Donald J. "The Inaugural Address". *The White House,* 20 de enero de 2025, https://www.whitehouse.gov/remarks/2025/01/the-inaugural-address/.

[97] "President Trump: 'I am the chosen one'. *YouTube,* subido por C-SPAN, 21 de agosto de 2019, https://www.youtube.com/watch?v=lzlxrPC_E_U, minuto 1:36.

[98] Escrito con fecha 20 de diciembre de 2025.

[99] Sanger, David E., et al. "Trump Lays Out a Vision of Power Restrained Only by 'My Own Morality'". *The New York Times,* 8 de enero de 2026, https://www.nytimes.com/2026/01/08/us/politics/trumpinterview-power-morality.html.

[100] "I hate my opponent and I don't want the best for them". *YouTube,* subido por C-SPAN, 22 de septiembre de 2025, https://www.youtube.com/watch?v=rukllP7OQrE, minuto 1:05.

[101] "FY2025 Debt Increased by $2.2 Trillion, Stands at Over $37.6 Trillion". *Joint Economic Committee of the United States Congress,* 1 de octubre de 2025, https://www.jec.senate.gov/public/index.cfm/republicans/2025/10/fy2025-debt-increased-by-2-2-trillion-stands-at-over-37-6-trillion.

[102] "Trump Says Tariffs Are the Most 'Beautiful Words to Me' in the Dictionary". *YouTube,* subido por Bloomberg Television, 21 de enero de 2025, https://www.youtube.com/watch?v=ExWLTayuuzs.

103 Trump, Donald J. "A Plan for Establishing a United States Sovereign Wealth Fund". *The White House*, 3 de febrero de 2025, https://www.whitehouse.gov/presidential-actions/2025/02/a-plan-for-establishing-a-united-states-sovereign-wealth-fund./

104 Autor, David H., David Dorn y Gordon H. Hanson. "The China Shock: Learning from Labor-Market Adjustment to Large Changes in Trade". *Annual Review of Economics*, vol. 8, no. 205-240, https://doi.org/10.1146/annurev-economics-080315-015041.

105 Bown, Chad P. "US-China Trade War Tariffs: An Up-to-Date Chart". *Peterson Institute for International Economics*, 14 de noviembre de 2025, https://www.piie.com/research/piie-charts/2019/us-china-trade-war-tariffs-date-chart.

106 Clausing, Kimberly y Mary E. Lovely. "Trump's Tariffs on Canada, Mexico, And China Would Cost the Typical US Household Over $1,200 A Year". *Peterson Institute for International Economics*, 3 de febrero de 2025, https://www.piie.com/research/piie-charts/2025/trumps-tariffs-canada-mexico-and-china-would-cost-typical-us-household.

107 Hufbauer, Gary Clyde y Ye Zhang. "Who Is Paying for Trump's tariffs? So Far, It's US Businesses". *Peterson Institute for International Economics*, 16 de septiembre de 2025, https://www.piie.com/blogs/realtime-economics/2025/who-paying-trumps-tariffs-so-far-its-us-businesses.

108 Guild, Blair. "Trump: 'If you don't have borders, then you don't have a country'". *CBS News*, 25 de junio de 2018, https://www.cbsnews.com/news/trump-rally-south-carolina-today-governor-henry-mcmaster-today-live-stream-updates/.

109 Wolf, Zachary B. "Trump's Divisive Address to the Nation, Annotated". *CNN*, 18 de diciembre de 2025, https://edition.cnn.com/2025/12/18/politics/white-house-address-trump-speech-annotated.

110 "Trump Says US Will Not Be a Migrant Camp". *BBC*, 19 de junio de 2018, https://www.bbc.com/news/world-us-canada-44523541.

111 "Donald Trump: Mexico Will Pay for Wall, '100%'". *BBC* News, 1 de septiembre de 2016, https://www.bbc.com/news/election-us-2016-37241284.

112 Trump, Donald J. "Donald Trump's Announcement of Candidacy". *The White House*, 25 de junio de 2015, https://docs.house.gov/meetings/JU/JU00/20191211/110331/HMKP-116-JU00-20191211-SD1001.pdf.

113 Trump, Donald J. "Remarks at a 'Make America Great Again' Rally in Tupelo, Mississippi". *The American Presidency Project*, 1 de noviembre de 2019, https://www.presidency.ucsb.edu/documents/remarks-make-america-great-again-rally-tupelo-mississippi-0.

114 "Biden's Growing Border Crisis: Death, Drugs, and Disorder on the Northern Border". *Committee on National Security, House of Representatives, United States Congress*, 28 de marzo de 2023, https://www.congress.gov/event/118th-congress/house-event/115595/text.

115 Passel, Jeffrey S. y Jens Manuel Krogstad. "What We Know About Unauthorized Immigrants Living in the U.S.". *Pew Research Center*, 22 de julio de 2024, https://www.pewresearch.org/short-reads/2024/07/22/what-we-know-about-unauthorized-immigrants-living-in-the-us/.

116 Inskeep, Steve y Christopher Thomas. "Trump promised the 'largest deportation' in U.S. history. Here's how he might start". *NPR*, 14 de noviembre de 2024, https://www.npr.org/2024/11/12/nx-s1-5181962/trump-promises-a-mass-deportation-on-day-1-what-might-that-look-like.

117 Passel, Jeffrey S. y D'Vera Cohn. "Number of Babies Born in U.S. to Unauthorized Immigrants Declined in 2013". *Pew Research Center*, 11 de septiembre de 2015, https://www.pewresearch.org/short-reads/2015/09/11/number-of-babies-born-in-u-s-to-unauthorized-immigrants-declines/.

118 Arcand, Cameron. "Trump Administration Sets New Goal Of 3,000 Illegal Immigrant Arrests Daily". *Fox News*, 29 de mayo de 2025, https://www.foxnews.com/politics/trump-administration-aims-3000-arrests-illegal-immigrants-each-day.

[119] Trump, Donald J. "Protecting the American People Against Invasion". *The White House*, 20 de enero de 2025, https://www.whitehouse.gov/presidential-actions/2025/01/protecting-the-american-people-against-invasion/.

[120] Scanlon, Kate. "La Diócesis de San Bernardino suspende la obligación de asistir a Misa para quienes tengan 'temor real' por las redadas del ICE". *The Record*, 10 de julio de 2025, https://therecordnewspaper.org/la-diocesis-de-san-bernardino-suspende-la-obligacion-de-asistir-a-misa-para-quienes-tengan-temor-real-por-las-redadas-del-ice/.

[121] "Bad Bunny explica que no irá a Estados Unidos en su gira de conciertos por temor a las redadas migratorias". *Primicias*, 11 de septiembre de 2025, https://www.primicias.ec/entretenimiento/bad-bunny-conciertos-estados-unidos-explica-miedo-migratorias-104944/.

[122] Chishti, Muzaffar y Kathleen Bush-Joseph. "In First 100 Days, Trump 2.0 Has Dramatically Reshaped the U.S. Immigration System, but Is Not Meeting Mass Deportation Aims". *Migration Policy Institute*, 24 de abril de 2025, https://www.migrationpolicy.org/article/trump-2-immigration-first-100-days.

[123] Prchal Svajlenka, Nicole. "Undocumented Immigrants in Construction". *Center for American Progress*, 2 de febrero de 2021, https://www.americanprogress.org/wp-content/uploads/sites/2/2021/02/EW-Construction-factsheet.pdf.

[124] "Immigrants Are Integral to Our Nation's Economic Well-Being". *National Immigration Forum*, 4 de agosto de 2025, https://forumtogether.org/article/undocumented-immigrants-are-integral-to-our-nation/.

[125] Edwards, Ryan y Francesc Ortega. "The Economic Impacts of Removing Unauthorized Immigrant Workers. An Industry- and State-Level Analysis". *Center for American Progress*, 21 de septiembre de 2016, https://www.americanprogress.org/article/the-economic-impacts-of-removing-unauthorized-immigrant-workers/.

[126] Davis, Carl, Marco Guzman y Emma Sifre. "Tax Payments by Undocumented Immigrants". *Institute on Taxation and Economic Policy*, 30 de julio de 2024, https://itep.org/undocumented-immigrants-taxes-2024/.

[127] Williams, Austin. "Trump Falsely Claims Migrants in Ohio Are Eating Dogs and Cats During Debate". *Fox 11 Los Angeles*, 10 de septiembre de 2024, https://www.foxla.com/news/trump-false-claims-migrants-eating-pets.

[128] "Undocumented Immigrant Offending Rate Lower Than U.S.-Born Citizen Rate". *National Institute of Justice*, 12 de septiembre de 2024, https://docs.house.gov/meetings/JU/JU01/20250122/117827/HHRG-119-JU01-20250122-SD004.pdf.

[129] Ruiz Soto, Ariel. "Immigrants and Crime in the United States". *Migration Policy Institute*, octubre de 2024, https://www.migrationpolicy.org/content/immigrants-and-crime.

[130] "Debunking the Myth of Immigrants and Crime". *American Immigration Council*, octubre de 2024, https://www.americanimmigrationcouncil.org/fact-sheet/debunking-myth-immigrants-and-crime/.

[131] Seid, Brianna, Rosemary Nidiry y Ram Subramanian. "Debunking the Myth of the 'Migrant Crime Wave'". *Brennan Center for Justice*, 29 de mayo de 2024, https://www.brennancenter.org/our-work/analysis-opinion/debunking-myth-migrant-crime-wave.

[132] Bier, David J. y Julián Salazar. "Immigrants Cut Victimization Rates, Boost Crime Reporting". *CATO Institute*, Policy Analysis no. 1003, 26 de agosto de 2025, p. 2, 3, https://www.cato.org/policy-analysis/immigrants-cut-victimization-rates-boost-crime-reporting.

[133] Arthur, Andrew R. "How Many Aliens Have Voluntarily Left Under Trump?". *Center for Immigration Studies*, 12 de junio de 2025, https://cis.org/Arthur/How-Many-Aliens-Have-Voluntarily-Left-Under-Trump.

[134] Oliphant, J. Baxter, *et al.* "Americans Have Mixed to Negative Views of Trump Administration Immigration". *Pew Research Center*, 17 de junio de 2025, https://pewrsr.ch/446QJwe.

[135] Gottfried, Jeffrey. "Americans' News Fatigue Isn't Going Away – About Two-Thirds Still Feel Worn Out". *Pew Research Center*, 26 de febrero de 2020, https://www.pewresearch.org/short-reads/2020/02/26/almost-seven-in-ten-americans-have-news-fatigue-more-among-republicans/.

[136] Zelizer, Julian E. "Will Richard Nixon's Three-Pronged Defense Work for Trump?". *The Atlantic*, 7 de diciembre de 2017, https://www.theatlantic.com/politics/archive/2017/12/will-trumps-adoption-of-richard-nixons-defense-strategy-work/547682/.

[137] "2025 Donald J. Trump Executive Orders". *Federal Registry of the National Archives*, https://www.federalregister.gov/presidential-documents/executive-orders/donald-trump/2025, consultado el 27 de octubre de 2025.

[138] Rosenzweig, Paul. "It's Not Amateur Hour Anymore". *The Atlantic*, 29 de enero de 2025, https://www.theatlantic.com/ideas/archive/2025/01/trump-administration-strategy/681497/.

[139] Bose, Nandita, Nate Raymond y Maria Tsvetkova. "Trump Administration Moves to Cut All Remaining Federal Contracts with Harvard". *Reuters*, 28 de mayo de 2025, https://www.reuters.com/world/us/trump-administration-moves-cut-all-remaining-federal-contracts-with-harvard-2025-05-27/.

[140] "Harvard University Loses Student and Exchange Visitor Program Certification for Pro-Terrorist Conduct". *U.S. Homeland Security*, 22 de mayo de 2025, https://www.dhs.gov/news/2025/05/22/harvard-university-loses-student-and-exchange-visitor-program-certification-pro.

[141] @realDonaldTrump. "[…] Harvard has been hiring almost all woke, Radical Left, idiots and "bridbrains" […]. *Truth Social*, 16 de abril de 2025, 13:05, https://truthsocial.com/@realDonaldTrump/posts/114347313852363347.

[142] Trump, Donald J. "Remarks by President Trump on Actions Against China". *The White House*, 29 de mayo de 2020, https://trumpwhitehouse.archives.gov/briefings-statements/remarks-president-trump-actions-china/.

[143] Rubio, Marco. "SFRC Confirmation Hearing Opening Remarks". *United States Senate Foreign Relations Committee*, 15 de enero de 2025, p. 2, 3, https://www.foreign.senate.gov/imo/media/doc/6df93f4b-a83c-89ac-0fac-9b586715afd8/011525_Rubio_Testimony.pdf.

[144] Véase nota nº 33.

[145] Ruiz, José Juan. "Hegemonía quebrada: la rivalidad entre Estados Unidos y China en la nueva era de la política de fuerza". *Real Instituto Elcano*, 07 de abril de 2025, https://www.realinstitutoelcano.org/analisis/hegemonia-quebrada-la-rivalidad-entre-estados-unidos-y-china-en-la-nueva-era-de-la-politica-de-fuerza/.

[146] Véase nota nº 33.

[147] Lemire, Jonathan. "The Strategy Behind Trump's Policy Blitz". *The Atlantic*, 28 de enero de 2025, https://www.theatlantic.com/politics/archive/2025/01/trump-executive-actions-week-one/681486/.

[148] "SPJ Leads Over 40 Groups in Joint Statement Condemning Recent Government Press Attacks". *Society of Professional Journalists*, 21 de febrero de 2025, https://www.spj.org/spj-leads-over-40-groups-in-joint-statement-condemning-recent-government-press-attacks/.

[149] "Acciones encubiertas de EE.UU. 'violan la soberanía de Venezuela', según expertos de la ONU". *SwissInfo*, 22 de octubre de 2025, https://www.swissinfo.ch/spa/acciones-encubiertas-de-eeuu-%22violan-la-soberan%c3%ada-de-venezuela%22%2c-seg%c3%ban-expertos-de-la-onu/90205959.

[150] Cohen, Steve. "Tracking the Trump Administration's Harmful Executive Actions". *Congressman Steve Cohen*, 5 de agosto de 2025, https://cohen.house.gov/TrumpAdminTracker.

[151] Welker, Kristen y Megan Lebowitz. "Trump Won't Rule Out Seeking a Third Term in The White House, Tells NBC News 'There Are Methods' for Doing So". *NBC*, 30 de marzo de 2025, https://www.nbcnews.com/politics/donald-trump/trump-third-term-white-house-methods-rcna198752.

[152] Minton Beddoes, Zanny y Edward Carr. "Inside the Mind of MAGA: A Conversation with Steve Bannon". *The Economist*, 23 de octubre de 2025, https://www.economist.com/insider/the-insider/inside-the-mind-of-maga-a-conversation-with-steve-bannon.

[153] "Twenty-Second Amendment, Section 1". *Constitution of the United States*. U.S. Congress, 27 de febrero de 1951, https://constitution.congress.gov/constitution/amendment-22/.

[154] Jewell, Zach. "Trump's Third-Term Talk Puts Leftists in a Tizzy Again". *The Daily Wire*, 27 de octubre de 2025, https://www.dailywire.com/news/trumps-third-term-talk-puts-leftists-in-a-tizzy-again.

[155] Farrow, Fritz. "Trump Rules Out Another Presidential Run, Floats Rubio and Vance as Potential Successors". *ABC News*, 5 de mayo de 2025, https://abc7chicago.com/post/trump-third-term-president-rules-another-presidential-run-floats-rubio-vance-potential-successors/16329961/.

[156] Kendall-Taylor, Andrea y Richard Fontaine. "The Axis of Upheaval. How America's Adversaries Are Uniting to Overturn the Global Order". *Foreign Affairs*, 23 de abril de 2024, https://www.foreignaffairs.com/china/axis-upheaval-russia-iran-north-korea-taylor-fontaine.

[157] "Joint Statement of the Russian Federation and the People's Republic of China on the International Relations Entering a New Era and the Global Sustainable Development". *Kremlin*, 4 de febrero de 2022, http://en.kremlin.ru/supplement/5770.

[158] Wilson, Woodrow. "Address to a Joint Session of Congress on the Conditions of Peace ['The Fourteen Points']". *The American Presidency Project* https://www.presidency.ucsb.edu/node/206651.

[159] "'Going to hell': Trump blasts Europe, UN in General Assembly speech • FRANCE 24 English". *YouTube*, subido por France24_en, 23 de septiembre de 2025, https://www.youtube.com/shorts/HpNPKS4JzME, minuto 0:13.

[160] Véase nota nº 93, p. 25.

[161] "Full Transcript: *POLITICO*'s Interview with Donald Trump". *Politico*, 9 de diciembre de 2025, https://www.politico.com/news/2025/12/09/donald-trump-full-interview-transcript-00681693.

[162] Véase nota nº 31.

[163] Fresneda, Carlos. "Emmanuel Macron anuncia la mili voluntaria en Francia: 'La guerra es una realidad presente'". *El Mundo*, 27 de noviembre de 2025, https://www.elmundo.es/internacional/2025/11/27/6928374ffc6c8352418b45cd.html.

[164] Putin, Vladimir. "Answers to Media Questions Following the State Visit to Kyrgyzstan and the CSTO Summit, Vladimir Putin Answered Questions from Russian Journalists". *Kremlin*, 27 de noviembre de 2025, http://en.kremlin.ru/events/president/news/78571.

[165] "Speech by Foreign Minister Johann Wadephul at the Berlin Foreign Policy Forum of the Körber Foundation". *German Federal Foreign Office*, 25 de noviembre de 2025, https://www.auswaertiges-amt.de/en/newsroom/news/berlin-foreign-policy-forum-koerber-foundation-2746208.

[166] Vakulina, Sasha. "If Europe Wants to Start a War, We Are Ready Now, Russia's Putin Says". *EuroNews*, 2 de diciembre de 2025, https://www.euronews.com/2025/12/02/if-europe-wants-to-start-a-war-we-are-ready-now-russias-putin-says.

[167] "La política de defensa de la UE en cifras". *Consejo Europeo de la Unión Europea*, https://www.consilium.europa.eu/es/policies/defence-numbers/.

[168] von der Leyen, Ursula. "Discurso sobre el estado de la Unión de 2025". *Comisión Europea*, 10 de septiembre de 2025, https://ec.europa.eu/commission/presscorner/detail/es/speech_25_2053.

[169] "Hearing Before the Subcommittee on Asia, The Pacific, And the Global Environment of the Committee on Foreign Affairs House of Representatives". *U.S. Congress*, 25 de septiembre de 2007, p. 13, https://www.congress.gov/110/chrg/CHRG-110hhrg37970/CHRG-110hhrg37970.pdf.

[170] "Fact Sheet: Advancing the Rebalance to Asia and the Pacific". *United States Embassy and Consulates in Indonesia*, 2015, https://id.usembassy.gov/fact-sheet-advancing-the-rebalance-to-asia-and-the-pacific/.

[171] Clinton, Hillary. "America's Pacific Century". *Foreign Policy*, 11 de octubre de 2011, https://foreignpolicy.com/2011/10/11/americas-pacific-century/.

[172] Clinton, Hillary. "Remarks on Regional Architecture in Asia: Principles and Priorities". *U.S. Department of State*, 12 de enero de 2010, https://2009-2017.state.gov/secretary/20092013clinton/rm/2010/01/135090.htm.

[173] Vela, C. y R.R. Lavín. "Alemania agrava la peor recesión de Europa desde la II Guerra Mundial". *Expansión. com*, 16 de mayo de 2009, https://www.expansion.com/2009/05/15/economia-politica/1242423222.html.

[174] "PIB de la Zona Euro". *Expansión/Datosmacro,* https://datosmacro.expansion.com/pib/zona-euro?anio=2017&utm.

[175] "Informe anual 2009". *Banco Central Europeo*, 2010, https://www.ecb.europa.eu/pub/pdf/annrep/ar2009es.pdf.

[176] Malo de Molina, José Luis. "La respuesta del Banco Central Europeo a la crisis". *Banco de España*, Boletín Económico, julio-agosto de 2013, https://www.bde.es/f/webbde/SES/Secciones/Publicaciones/InformesBoletinesRevistas/BoletinEconomico/13/Jul/Fich/be1307-art5.pdf.

[177] "EU Received 5.1 Million Immigrants in 2022". *Eurostat*, 27 de marzo de 2024, https://ec.europa.eu/eurostat/web/products-eurostat-news/w/ddn-20240327-1.

[178] "Migration and Asylum in Europe – 2024 Edition". *Eurostat*, 2024, https://ec.europa.eu/eurostat/web/interactive-publications/migration-2024#.

[179] "Europe's Growing Muslim Population". *Pew Research Center*, 29 de noviembre de 2019, https://www.pewresearch.org/religion/2017/11/29/europes-growing-muslim-population/.

[180] "Population Projections in the EU – methodology". *Eurostat*, https://ec.europa.eu/eurostat/statistics-explained/index.php?title=Population_projections_in_the_EU_-_methodology#Eurostat.27s_mandate_and_published_projections.

[181] "Perspectivas de población mundial 2022". *Departamento de Asuntos Económicos y Sociales de las Naciones Unidas*, 2022, https://www.un.org/development/desa/pd/sites/www.un.org.development.desa.pd/files/wpp2022_summary_of_results.pdf.

[182] Onfray, Michel. "Houellebecq - Onfray : la rencontre". *Front Populaire*, 29 de noviembre de 2022, https://frontpopulaire.fr/revues/houellebecq-onfray-la-rencontre_mi_16966333.

[183] Véase nota nº 93, pp. 26-27.

[184] Véase nota nº 162.

[185] "Emmanuel Macron: 'Nous vivons la fin de l'abondance'". *YouTube*, subido por BFMTV, 24 de agosto de 2022, https://www.youtube.com/watch?v=fOAc2RmeAHU.

[186] "Friedrich Merz declara la guerra al Estado del bienestar alemán". *Spanish Revolution*, 25 de agosto de 2025, https://spanishrevolution.net/friedrich-merz-declara-la-guerra-al-estado-del-bienestar-aleman/.

[187] Enache, Cristina. "Tax Burden on Labor in Europe, 2024". *Tax Foundation Europe,* 4 de junio de 2024, https://taxfoundation.org/data/all/eu/tax-burden-labor-europe-2024/.

[188] "Perspectivas de la economía mundial. La economía mundial está cambiando, con sombrías perspectivas de crecimiento". *Fondo Monetario Internacional*, octubre de 2025, https://www.imf.org/-/media/files/publications/weo/2025/october/spanish/text.pdf.

[189] Véase nota nº 93, p. 25.

[190] Fanjul, Sergio C. "Confesiones de un jarrón chino". *El País*, 9 de enero de 2015, https://elpais.com/ccaa/2015/01/09/madrid/1420835602_793795.html.

[191] Pérez, María Jesús. "Ana Botín en Davos: 'Europa corre el riesgo de convertirse en un museo. Pero ahora no lo es'". *ABC*, 21 de enero de 2025, https://www.abc.es/economia/ana-botin-davos-europa-corre-riesgo-convertirse-20250121150746-nt.html.

[192] "El crecimiento de la productividad en Europa: bajo, desigual y en desaceleración". *Dossier: Unida en la diversidad los desafíos económicos de Europa*, CaixaBank, junio de 2024, p. 40, https://www.caixabankresearch.com/sites/default/files/content/file/2024/06/04/34454/im06_24-09-dossier-3-es.pdf.

[193] Cordero, Dani. "Griffiths (Anfac): 'Si no se venden coches eléctricos en España, ¿para qué fabricarlos?'". *El País*, 18 de noviembre de 2022, https://elpais.com/economia/2022-11-18/griffiths-anfac-si-no-se-venden-coches-electricos-en-espana-para-que-fabricarlos.html.

[194] "Expenditure on Social Protection as Percentage of GDP". *Eurostat*, https://ec.europa.eu/eurostat/databrowser/view/tps00098/default/table?lang=en&category=t_spr.

[195] "El impacto de la crisis económica en los mercados laborales de la zona del euro". *Banco Central Europeo*, octubre de 2014, pp. 49-50, https://www.ecb.europa.eu/pub/pdf/other/art1_mb201410_pp49-68.en.pdf.

[196] Jinping, Xi. "Address to the First Session of the 12th National People's Congress". *International Department of NEAC*, 17 de marzo de 2013, https://www.neac.gov.cn/seac/c103372/202201/1156515.shtml.

[197] *China 2030: Building a Modern, Harmonious, and Creative Society*. The World Bank y Development Research Center of the State Council of the People's Republic of China, https://documents1.worldbank.org/curated/en/781101468239669951/pdf/China-2030-building-a-modern-harmonious-and-creative-society.pdf.

[198] "Fortune Global 500." *Fortune*, https://fortune.com/ranking/global500/?sector=Technology.

[199] Plackett, Benjamin. "Nature Index 2025 Research Leaders: United States Losing Ground as China's Lead Expands Rapidly". *Nature Index*, 11 de junio de 2025, https://www.nature.com/nature-index/news/nature-index-research-leaders-united-states-losing-ground-china-lead-expands-rapidly.

[200] Irwin-Hunt, Alex. "China's Universities Outpace US Peers Amid Tech Competition". *FDI Intelligence*, 30 de abril de 2025, https://www.fdiintelligence.com/content/d0a58f39-0ed0-4b58-8c51-477133b6d9e1.

[201] Zwetsloot, Remco, *et al*. "China is Fast Outpacing U.S. STEM PhD Growth". *Center for Security and Emerging Technology*, Agosto de 2021, p. 1, https://cset.georgetown.edu/wp-content/uploads/China-is-Fast-Outpacing-U.S.-STEM-PhD-Growth.pdf.

[202] Arsenault, Mark. "Chinese Universities Surge in Global Rankings as U.S. Schools Slip". *The New York Times*, 15 de enero de 2026, https://www.nytimes.com/2026/01/15/us/harvard-global-ranking-chinese-universities-trump-cuts.html.

[203] "CWTS Leiden Ranking Open Edition 2025". *Centre for Science and Technology Studies, Leiden University*, 2025, https://open.leidenranking.com/ranking/2025/list.

[204] "Canadá firma un acuerdo comercial con China, desafiando a Trump". *El Economista*, 19 de enero de 2026, https://www.eleconomista.net/economia/canada-firma-un-acuerdo-comercial-con-china-desafiando-a-trump-20260119-0004.html.

[205] Chotimah, Chusnul. "Superávit comercial de China supera estimaciones". *Trading Economics*, 6 de septiembre de 2025, https://es.tradingeconomics.com/china/balance-of-trade/news/461627.

[206] O'Neill, Jim. "Building Better Global Economic BRICs". *Global Economics Paper*, no. 66, 30 de noviembre de 2001, https://www.almendron.com/tribuna/wp-content/uploads/2013/04/build-better-brics.pdf.

[207] "Brics+ group expected to surpass G7 in global trade by 2026: EY India". *Business Standard*, 31 de octubre de 2024, https://www.business-standard.com/economy/news/brics-group-expected-to-surpass-g7-in-global-trade-by-2026-ey-india-124103100815_1.html.

[208] Mikovic, Nikola. "For all the high hopes, Brics is neither united nor effective". *South China Morning Post*, 9 de octubre de 2024, https://www.scmp.com/opinion/world-opinion/article/3281211/all-high-hopes-brics-neither-united-nor-effective.

[209] Véase nota nº 198, p. xxiii.

[210] "Putin, Xi, Modi y el pacto de Tianjin. Texto íntegro de la Declaración de los países de la OCS". *Le Grand Continent*, 2 de septiembre de 2025, https://legrandcontinent.eu/es/2025/09/02/putin-xi-modi-y-el-pacto-de-tianjin-texto-integro-de-la-declaracion-de-los-paises-de-la-ocs/.

[211] Jinping, Xi. "Discurso ante XIX Congreso Nacional del PCCh". *Embajada de la República Popular China en la República Argentina*, 3 de noviembre de 2017, https://ar.china-embassy.gov.cn/esp/jrzg/201711/t20171103_4721909.htm.

[212] Saranovich, Tomás. "Reunión de la Organización de Cooperación de Shanghái que sumó nuevos integrantes". *La Mañana*, 21 de septiembre de 2022, https://www.xn--lamaana-7za.uy/internacional/reunion-de-la-organizacion-de-cooperacion-de-shanghai-que-sumo-nuevos-integrantes/.

[213] Teekah, Ethan. "Shanghai Cooperation Organization". *Encyclopedia Britannica*, 22 de octubre de 2025, https://www.britannica.com/topic/Shanghai-Cooperation-Organization.

[214] Véase nota nº 211.

[215] "Wang Yi presenta ocho resultados principales de la Cumbre de la OCS en Tianjin". *Misión Permanente de la República Popular China ante la ONU*, 1 de septiembre de 2025, https://un.china-mission.gov.cn/eng/zgyw/202509/t20250903_11701370.htm.

[216] Véase nota nº 211.

[217] Mason, Jeff y Trevor Hunnicutt. "Trump Says China Should Have Mentioned US During 'Beautiful Ceremony'". *Reuters*, 3 de septiembre de 2025, https://www.reuters.com/world/china/trump-says-china-should-have-mentioned-us-during-beautiful-ceremony-2025-09-03/.

[218] Nathan, Andrew J. "The New Tiananmen Papers: Inside the Secret Meeting That Changed China". *Foreign Affairs*, 30 de mayo de 2019, https://www.foreignaffairs.com/articles/china/2019-05-30/new-tiananmen-papers.

[219] "'We're not looking to hurt China' Trump speaks about Chinese trade deal". *YouTube*, subido por News 4 Reno, 12 de mayo de 2025, https://www.youtube.com/watch?v=1-F2gxMnXGY, minuto 0:05.

[220] Sanford, Laurence F. "China — *Quid Pro Quo*". *Michael Pillsbury*, publicado originalmente en *The Patriot Post*, 5 de enero de 2023, https://michaelpillsbury.net/china-quid-pro-quo/.

[221] "Joint Statement of the Russian Federation and the People's Republic of China on the International Relations Entering a New Era and the Global Sustainable Development". *Kremlin*, 4 de febrero de 2022, http://en.kremlin.ru/supplement/5770.

[222] Véase nota nº 86, p. 21.

[223] Vikas Pandey, Delhi y Ruth Comerford. "Putin Says Russia Ready to Supply 'Uninterrupted' Fuel to India". *BBC*, 5 de diciembre de 2025, https://www.bbc.com/news/articles/c4g482m3yyzo.

[224] Haffner, Jacqueline A. "La gran estrategia de India: entre potencia regional y aspiraciones globales". *Gate Center*, 24 de abril de 2025, https://gatecenter.org/la-gran-estrategia-de-india-entre-potencia-regional-y-aspiraciones-globales/.

[225] Chakraborty, Subhayan. "IT Exports Climb 12.5% to $224 Billion In FY25: MeitY". *The Economic Times*, 7 de agosto de 2025, https://economictimes.indiatimes.com/tech/technology/it-exports-climb-12-5-to-224-billion-in-fy25-meity/articleshow/123150339.cms?from=mdr.

[226] Wolfenstein, Konrad. "India conquista el espacio: los ambiciosos planes de ISRO - ¿Dónde se encuentra la India a nivel internacional en comparación con SpaceX, China y Rusia?". *Xpert.Digital*, 1 de enero de 2025, https://xpert.digital/es/india-conquista-el-espacio/.

[227] *India Forward: Emerging Perspectives*. S&P Global, 2024, https://www.spglobal.com/content/dam/spglobal/global-assets/en/special-reports/india-forward/0924_IndiaForwardVolume1.pdf.

[228] "India's Economic Rank: Contextualising GDP Numbers—What It Tells Us and What It Doesn't". *The Economic Times*, 11 de junio de 2025, https://economictimes.indiatimes.com/news/india/indias-economic-rank-contextualising-gdp-numberswhat-it-tells-us-and-what-it-doesnt/articleshow/121774443.cms?from=mdr.

[229] "Exportaciones de bienes y servicios (% del PIB) – India". *Grupo Banco Mundial*, https://datos.bancomundial.org/indicador/NE.EXP.GNFS.ZS?locations=IN.

[230] "Exportaciones de bienes y servicios (% del PIB) – Estados Unidos". *Grupo Banco Mundial*, https://datos.bancomundial.org/indicador/NE.EXP.GNFS.ZS?locations=US.

[231] "Exportaciones de bienes y servicios (% del PIB) – China". *Grupo Banco Mundial*, https://datos.bancomundial.org/indicador/NE.EXP.GNFS.ZS?locations=CN

[232] Ravid, Barak. "Trump Blasts Netanyahu for Disloyalty: 'F**k him'". *Axios*, 10 de diciembre de 2021, https://www.axios.com/2021/12/10/trump-netanyahu-disloyalty-fuck-him.

[233] Véase nota nº 93, p. 12.

[234] Yousif, Nadine. "'El mundo está en medio de una ruptura, no de una transición': el contundente mensaje del primer ministro de Canadá en Davos". *BBC News Mundo*, 21 de enero de 2026, https://www.bbc.com/mundo/articles/cqxyq3pv709o.

[235] Oporto, Carmen. "Un documento filtrado desvela la fecha en la que Rusia planea poner fin a la guerra en Ucrania". *La Razón*, 14 de marzo de 2025, https://www.larazon.es/internacional/documento-filtrado-desvela-fecha-que-rusia-planea-poner-fin-guerra-ucrania-p7m_2025031467d497c1de9a6f0001ac58b8.html.

Véase también el artículo "Rusia muestra su cara más dura en el documento para la paz". *Huffpost*, 13 de mayo de 2025, https://www.huffingtonpost.es/global/rusia-muestra-cara-mas-dura-documento-paz.html.

[236] Doornbos, Caitlin. "China Preparing To 'Win A War on Taiwan' by 2027, New Pentagon Report Warns". *New York Post*, 24 de diciembre de 2025, https://nypost.com/2025/12/24/us-news/china-preparing-to-win-a-war-on-taiwan-by-2027-new-pentagon-report-warns/.

[237] de la Cal, Lucas. "China podría invadir Taiwán en los próximos seis años". *El Mundo*, 10 de marzo de 2021, https://www.elmundo.es/internacional/2021/03/10/6048b814fc6c83f06f8b45ba.html.

[238] Véase nota nº 198.

[239] *Transformar nuestro mundo: la Agenda 2030 para el Desarrollo Sostenible*. Asamblea General de las Naciones Unidas, 21 de octubre de 2015, https://unctad.org/system/files/official-document/ares70d1_es.pdf.

[240] Véase nota nº 211.

[241] Véase nota nº 93.

[242] Véase nota nº 93, p. 3.

[243] Sérvulo González, Jesús. "Trump retira de momento a la Guardia Nacional en Chicago, Los Ángeles y Portland tras un varapalo judicial". *El País*, 31 de diciembre de 2025, https://elpais.com/internacional/2025-12-31/trump-retira-de-momento-a-la-guardia-nacional-en-chicago-los-angeles-y-portland-tras-un-varapalo-judicial.html.

[244] "El ciclo económico de Europa ensombrece el camino para competir con China y Estados Unidos". *Center for European Reform*, 1 de febrero de 2025, https://www.cer.eu/in-the-press/el-ciclo-econ%C3%B3mico-de-europa-ensombrece-el-camino-para-competir-con-china-y-estados?utm_source, publicado originalmente en Domingo, Ignacio J. "El ciclo económico de Europa ensombrece el camino para competir con China y Estados Unidos". *El Diario.es*, 1 de febrero de 2025, https://www.eldiario.es/economia/ciclo-economico-europa-ensombrece-camino-competir-china-estados-unidos_1_12009837.html.

[245] Jugé, Marie, *et al.* "Clean Industrial Transformation: Where Does Europe Stand?". *Bruegel*, 24 de febrero de 2025, https://www.bruegel.org/analysis/clean-industrial-transformation-where-does-europe-stand.

[246] "Meloni defiende reanudar el diálogo directo con Rusia y apuesta por nombrar un enviado especial europeo". *Europa Press Internacional*, 9 de enero de 2026, https://www.europapress.es/internacional/noticia-meloni-defiende-reanudar-dialogo-directo-rusia-apuesta-nombrar-enviado-especial-europeo-20260109181408.html.

[247] Zapater, Claudia. "Von der Leyen y Macron reivindican en Davos la autonomía europea ante el desafío de Trump". La Razón, 21 de enero de 2026, https://www.larazon.es/internacional/von-der-leyen-macron-reivindican-davos-autonomia-europa-desafio-trump_2026012169703337eb223406e5aa062a.html.

[248] "La presidenta de la Comisión Europea: 'Europa no puede ser la guardiana del viejo orden mundial'". YouTube, subido por elDiario.es, 9 de marzo de 2026, https://www.youtube.com/watch?v=rXVH6aRfnbc, minuto 1:10.

[249] Veáse nota nº 193.

BIBLIOGRAFÍA

BIBLIOGRAFÍA

OBRAS

Al-Ayubi, Nazih. *Over-stating the Arab State: Politics and Society in the Middle East*. I.B. Tauris, 1995.

Anderson, Benedict. *Comunidades imaginadas: Reflexiones sobre el origen y la difusión del nacionalismo*. 1983.

Ayres, Alyssa. *Our Time Has Come: How India Is Making Its Place in the World*. Oxford University Press, 2018.

Bajpai, Kanti P., Saira Basit y V. Krishnappa, editores. *India's Grand Strategy: History, Theory, Cases*. Routledge, 2014.

Brecht, Bertolt. "Loa a la dialéctica". *Poemas y canciones*. Literatura Alianza Editorial, 1968, p. 39.

Brzezinski, Zbigniew. *El gran tablero mundial: la supremacía estadounidense y sus imperativos geoestratégicos*. Ediciones Paidós Ibérica, 1998.

Caldwell, Chistopher. *La revolución europea: cómo el islam ha cambiado el Viejo Continente*. Penguin, 2009.

Camus, Renaud. *Le Grand Remplacement (introduction au remplacisme global)*. David Reinharc, 2011.

Cardoso, Fernando Henrique y Enzo Faletto. *Dependencia y desarrollo en América Latina*. Siglo XXI, 1969.

Cela, Camilo José. *La colmena*. Alfaguara, 1994, p 125.

Chekhov, Anton. *El jardín de los cerezos*. 1904.

China: Democracy That Works. The State Council Information Office of the People's Republic of China, diciembre de 2021.

Collier, Paul. *The Bottom Billion*. Oxford University Press, 2007, p. 5.

Crouch, Colin. *Enfrentando la posdemocracia*. Fabian Society, 2000.

Crouch, Colin. *Post-Democracy After the Crises*. Polity Press, 2020.

Cuerda, José Luis, director. *Amanece, que no es poco*. Compañía de Aventuras Comerciales, TVE, Paraíso, 1989.

Derrida, Jacques. *Espectros de Marx: el estado de la deuda, el trabajo del duelo y la nueva internacional*. Galilée, 1993.

Dos Santos, Theotonio. *Imperialismo y dependencia*. Editorial Era, 1978.

Dos Santos, Theotonio. *La estructura de la dependencia*. Instituto Nacional de Planificación, 1970.

Dostoievski, Fiodor. *El idiota*. 1869.

Drèze, Jean y Amartya Sen. *Una gloria incierta: India y sus contradicciones*. Princeton University Press, 2013.

Ferguson, Niall. *Dinero y poder en el mundo moderno (1700-2000)*. Taurus, 2001.

Fisher, Max. *The Chaos Machine: The Inside Story of How Social Media Rewired Our Minds and Our World*. Little Brown & Co., 2022.

Foucault, Michel. *Historia de la locura en la época clásica*. Éditions Gallimard, 1961.

Geertz, Clifford. "The Integrative Revolution: Primordial Sentiments and Civil Politics in the New States". *Old Societies and New States: The Quest for Modernity in Asia and Africa*. Collier-Macmillan, 1963.

Gellner, Ernest. *Naciones y nacionalismo*. Cornell University Press, 1983.

Gogol, Nikolai. *Taras Bulba*. Traducido por Gala Arias Rubio, Akal, 2006.

Gorbachov, Mijail. *Perestroika, nuevas ideas para mi país y el mundo*. Harper & Row, 1987, p. 35.

Gramsci, Antonio. *Cuadernos de la cárcel, cuaderno 3, §<34>*. Fondo documental EHK, 1981, p. 286, https://bit.ly/4slsGEY.

Gumiliov, Lev. *Etnogénesis y la biosfera de la Tierra*. 1978.

Hayek, Friedrich. *Camino de servidumbre*. Rouledge Press y Universidad de Chicago, 1944.

Huntington, Samuel P. *¿Quiénes somos? Los desafíos a la identidad nacional de los Estados Unidos*. Simon & Schuster, 2004.

Huntington, Samuel P. *El choque de civilizaciones y la reconciliación del orden mundial*. Penguin Books India, 1997.

Huxley, Aldous. Un mundo feliz. Chatto & Windus, 1932.

Jenofonte. *Constitución de los lacedemonios*. 360 a.C.

Kafka, Franz. *El proceso*. Verlag die Schmiede, 1925.

Kennedy, Paul. *Auge y caída de las grandes potencias*. Random House, 1987.

Keynes, John M. *Teoría general del empleo, el interés y el dinero*. 1936.

Levitsky, Steven y Daniel Ziblatt. *Cómo mueren las democracias*. Crown, 2018, p. 9.

Lewis, Bernard. *La crisis del islam. Guerra Santa y Terrorismo*. Ballantine Books, 2001.

Mahan, Alfred T. *La influencia de la hegemonía marítima en la historia (1660-1783)*. 1890.

Matsuda, Mari, et al. *Palabras que hieren: teoría crítica de la raza, discurso ofensivo y la Primera Enmienda*. Westview Press, junio de 1993.

Mearsheimer, John. *The Great Delusion. Liberal Dreams and International Realities*. Yale University Press, 2018, p. 15.

Mill, John Stuart. *Sobre la libertad*. John W. Parker and Son, West Strand, 1859.

Miran, Stephen. *A User's Guide to Restructuring the Global Trading System*. Hudson by Capital, noviembre de 2024, p. 1.

Navarro, Peter y Greg Autry. *Muerte por China. Enfrentando al Dragón: un llamado a la acción para el mundo occidental*. Pearson FT Press, 2011.

Nietzsche, Friedrich. *Así habló Zaratustra*. Ernst Schmeitzner, 1883-1885.

Nietzsche, Friedrich. *La gaya ciencia*. Ernst Schmeitzner, 1882, p. 81.

Ortega y Gasset, José. *La rebelión de las masas*. 1930.

Orwell, George. *1984*. Secker & Warburg, 1949.

Park, Robert E. *Race and Culture*. Free Press, 1950.

Piketty, Thomas. *Capital e ideología*. Éditions du Seuil y Harvard University Press, 2019.

Pillsbury, Michael. *The Hundred-Year Marathon: China's Secret Strategy to Replace America as the Global Superpower*. Henry Holt and Co., 2015, p. 18.

Prebish, Raúl. *El desarrollo de la América Latina y algunos de sus principales problemas*. CEPAL, 1949.

Putnam, Robert. "E Pluribus Unum: Diversity and Community in the Twenty-first Century". XXI Conferencia del Premio Joahn Skytte 2006. *Scandinavian Political Studies*, vol. 30, no. 2, 2007, https://doi.org/10.1111/j.1467-9477.2007.00176.x.

Pynchon, Thomas. *La subasta del lote 49*. J. B. Lippincott & Co., 1966.

Reinhart, Carmen y Kenneth Rogoff. *Esta vez es distinto. Ocho siglos de necedad financiera*. Princeton University Press, 2011.

Rifkin, Jeremy. *La Tercera Revolución Industrial: Cómo el poder lateral está transformando la energía, la economía y el mundo*. Palgrave MacMillan, 2011.

Scruton, Roger. *La cultura cuenta. Fe y sentimiento en un mundo asediado*. Brief Encounters, 2007.

Shakespeare, William. *El rey Lear*. 1605.

Šmelev, Nikolaj. *The Turning Point: Revitalizing the Soviet Economy*. Doubleday, 1989.

Spengler, Oswald. *La decadencia de Occidente*. 1918-1923.

Taleb, Nassim Nicholas. *El cisne negro. El impacto de lo altamente improbable*. Edición digital ePub, 2012, pp. 8, 22.

Tainter, Joseph. *El colapso de las sociedades complejas*. Cambridge University Press, 1988.

Todd, Emmanuel. *La derrota de Occidente*. A Fondo, 2024, p. 103, 96.

Trump, Donald J. y Tony Schwartz. *El arte de la negociación*. Grijalbo, 1988, pp. 176, 259.

Wallerstein, Immanuel. *El moderno sistema mundial*. University of California Press, 1974-2011.

Winthrop, John. "A Model of Christian Charity". *A Library of American Literature: Early Colonial Literature, 1607-1675*, editado por Edmund Clarence Stedman y Ellen Mackay Hutchinson. Charles L. Webster & Company, 1892, pp. 304-307.

Ye'or, Bat. *Eurabia: The Euro-Arab Axis*. Fairleigh Dickinson, 2005.